Horst Bosetzky

Mord und Totschlag bei Fontane

Horst Bosetzky

Mord und Totschlag bei Fontane

Jaron Verlag

Originalausgabe
1. Auflage 1998

Umschlaggestaltung: Atelier Kattner, Berlin;
Abb. vorn: Horace Vernet (1789–1863), Die Ballade der Leonore, 1839;
Abb. hinten: Horst Bosetzky am Fontane-Denkmal in Neuruppin,
Foto: Günter Schneider
Satz: LVD GmbH, Berlin
Druck und Bindung: Clausen & Bosse, Leck
Printed in Germany

ISBN 3-932202-28-7

Für Alina und Heike

Inhalt

Wie Theodor Fontane ein wenig mit mir geplaudert hat

Bei meiner letzten Lesung in Neuruppin – es war Mittwoch, der 21. Mai 1997 – war ich gut zwei Stunden zu früh am Orte. Denn wenn man mit der Eisenbahn über Oranienburg und Löwenberg (Mark) kommt, läßt sich die Ankunft nicht punktgenau einrichten. Nun, mir war es recht, denn so konnte ich wieder einmal das Haus mit der Löwenapotheke besuchen, in dem Theodor Fontane am 30. Dezember 1819 geboren wurde, um mich danach auf die Stufen seines Denkmals zu setzen und meinen dunklen »Märkischen Landmann« zu trinken.

So, zu den Füßen des großen Dichters, blätterte ich in meinem historischen Roman »Der letzte Askanier«, um mich vor der Lesung noch einmal mit einigen zungenbrecherischen Passagen vertraut zu machen. Dabei blickte ich ein wenig anklagend zu Fontane hinauf. Denn beim Quellenstudium hatten mich seine »Wanderungen durch die Mark Brandenburg« sehr enttäuscht. Ich hatte gerade dort über »meinen« Markgrafen Waldemar etwas zu finden erwartet, aber kaum etwas gefunden. Über jeden, auch den unwichtigsten märkischen Prinzen, Adligen, Major, General und Kriegsobristen hatte er sich seitenlang ausgelassen, nicht aber über den möglicherweise falschen Waldemar, eine unglaublich schillernde Figur, die doch für ihn, den Balladendichter, eine einmalige Vorlage hätte sein müssen. Was mochte das für Gründe gehabt haben? Ich sah Fontane fragend an. Und plötzlich begann er zu sprechen.

»Es gab, als ich mich mit ihm zu beschäftigen begann, längst den zweibändigen Woldemar-Roman von Willibald

Alexis. Und diesem Herrn, Häring hieß er eigentlich, bin ich sogar selber einmal begegnet, in meiner Swinemünder Zeit, bei einem Ausflug ins nahe Koserow. *Ich kannte seinen Namen wohl ..., der erste Dichter, den ich sah. Sein Bild ist mir deutlich im Gedächtnis geblieben. Wer mir damals gesagt hätte, daß ich vierzig Jahre später über ihn schreiben würde, über ihn und Bücher, die damals noch nicht geschrieben waren.*[1*] Für Sie, mein lieber -ky, hätte er doch von besonderem Interesse sein müssen, vor dem Woldemar noch und über diesen hinaus, hat er doch seit 1841 – zunächst mit dem Kriminalgerichtsdirektor Hitzig zusammen und nach dessen Tod 1849 allein – den ›Neuen Pitaval‹ herausgegeben, eine Sammlung der interessantesten Kriminalgeschichten aus aller Herren Länder.«

»Tut mir leid ...« Ich mußte bekennen, dies nicht gewußt zu haben. »Aber zurück zum Wolde- oder Waldemar. Sie haben Alexis' Roman nicht gemocht, wie Sie generell Walter Scott weit über ihn stellten. War es der Neid, daß man ihn, Alexis, als den ›märkischen Scott‹ betrachtete ... und nicht Sie?«

* Die hier *kursiv* gesetzten Passagen sind »O-Ton« Fontane, das heißt, von ihm selbst einmal geschrieben worden. Die Fundstellen finden sich am Ende des Buches, wobei der Großteil aus dem Reclam-Heft 9317 »›Alles kommt auf die Beleuchtung an‹. Fontane zum Vergnügen« stammt. Um das Ganze nicht zu umständlich werden zu lassen, habe ich immer nur die Seitenzahl des Reclam-Heftes (aber auch der Quellen) angegeben, auf der ich das passende Zitat gefunden habe, nicht aber die genauen Fundstellen bei Fontane – zumeist sind seine Briefe »ausgeschlachtet« worden (12 000 bis 15 000 soll er geschrieben haben) –, wie sie im Anhang des Reclam-Heftes (S. 161–177) zu finden sind. Bei den sicherlich nur wenigen Leserinnen und Lesern, die mit diesem Verfahren nicht einverstanden sind, möchte ich mich entschuldigen und Sie bitten, das empfehlenswerte Reclam-Heft für 7 Mark zu kaufen.

Fontane blickte in die Richtung, in der England liegen mochte. »*Was die geschichtliche Darstellung angeht, so gebe ich der Walter Scottschen den Vorzug, trotzdem …*«

»… obwohl«, wagte ich zu korrigieren.

»*… trotzdem sie vielfach einseitiger, flüchtiger und unkorrekter ist. Aber sie ist künstlerisch freier. Er wußte jeden Augenblick, daß er nicht Historiker, sondern eben nur Geschichtenerzähler war.*[2] Sie sind mir in Ihrem ›Askanier‹ auch zu sehr Professor. *Schiffskapitäne, Lebemänner, Geistliche, die viel auf dem Kerbholz haben, Abenteurer, alte Kriegsgurgeln, – die können sich am Ende ihrer Tage hinsetzen und völlig naiv wundervolle Bücher schreiben, Professoren aber, die alles sind, nur nicht naiv, die können es nie.*«[3]

»Nun ja …«

Doch es kam noch dicker. »*Nicht die Richtung ist es, die uns verdrießt, nur das niedrige Kunstmaß innerhalb derselben …*«[4]

Nun fühlte ich mich doch ein wenig gekränkt und zögerte nicht, Gleiches mit Gleichem zu vergelten. »Dann lese ich Ihnen einmal vor, was Helmuth Nürnberger in seiner Fontane-Biographie über Ihre Kriminalromane schreibt, ha ha: ›Fontanes Kriminalgeschichten … sind künstlerisch sämtlich zweiten Ranges; letztlich schrieb er sie gegen sein Talent …‹«[5]

»Für das Zeitschriftenpublikum habe ich sie damals geschrieben, als Fortsetzungsgeschichten. Hätten wir, meine Familie und ich, lieber Hunger leiden sollen …?« Fontane schnippte eine Fliege von seinem Gehrock. »Da war keine Zeit für den großen Stil. *Aber was heißt großer Stil? Großer Stil heißt so viel, wie vorbeigehen an allem, was die Menschen eigentlich interessiert.*«[6]

»Aber Nürnberger geht am angegebenen Ort noch weiter: ›Einen solchen Künstler Mord und Brand in Szene setzen zu sehen, ist etwas deprimierend. Anders als der Selbstmord, der in Fontanes Romanen eine so große Rolle spielt, liegt der Mord außerhalb seiner Vorstellungskraft.‹«

Da fuhr Fontane auf. »... *die verfluchte Bildung hat alles natürliche Urteil verdorben; jeder quatscht nach.*«[7] Und weiter ging es in heftiger Weise: »*Als es noch keine Bildung gab, war alles interessant; die rasch wachsende Verlederung der Menschen datiert von den Examinas, und wir sind deshalb das langweiligste Volk, weil wir das Examenvolk sind.*«[8]

»Ich habe zwar alle meine Examen bestanden, aber dennoch – ich komme vom Hinterhof eines Berliner Kleineleutebezirks, so wie die Pittelkows in ›Stine‹ – habe ich etwas gegen die Bildung, wie sie vom deutschen Deutschlehrertum begriffen wird, und das gerät ja beim Namen Fontane noch immer nicht ins Schwärmen.«

»Ich verabscheue sie, die *modernen Bildungsscheusäler, denen jedes natürliche Gefühl, wenn sie's je hatten, abhanden gekommen ist. Meine grenzenlose Verachtung gegen diese Leute ist in einem steten Wachstum begriffen.*«[9]

»Was meinen Sie, wie wir Kriminalschriftsteller noch heute unter dem deutschen Bildungsbürger zu leiden haben ...«

»Unsinn! ... *die trivialsten Sätze sind immer die richtigsten.*«[10]

Ich mußte an dieser Stelle leicht schmunzeln. Immer wieder wird uns Krimischreibern ja vorgehalten, wir seien nur die zweite Bundesliga der literarischen Kunst, und es bedürfe nur allergeringster schriftstellerischer Fähigkeiten, einen Kriminalroman zu Papier zu bringen. Hier aber wurde einem Großmeister der Literatur bescheinigt, nicht einmal das zu können. Waren es vielleicht also doch zwei grundsätzlich unterschiedliche Paar Schuhe? Sagte die Meisterschaft in dem einen Metier vielleicht gar nichts über die Fähigkeiten in dem anderen aus?

Fontane schien meine Gedanken erraten zu haben, denn nun lächelte auch er. »Ja, so ist es mit Ihrem Genre, mein Lieber: *Die Könner werden es nicht wollen, und die Woller werden es nicht recht können.*«[11] Und er fügte noch hinzu: »*Man muß nicht mehr wollen, als man kann.*«[12]

Das war mir zu sophisticated, deshalb kam ich auf Nürnbergers Kritik an seinen Kriminalromanen zurück. »Und daß Sie nicht wissen sollten, wie es ist, wenn das Blut fließt, scheint mir schlecht recherchiert und eine leichtfertige Unterstellung zu sein«, sagte ich.

Fontane nickte. »Was meinen Sie, wie ich erzogen worden bin: Die im Winter aufgesprungene Haut wurde zur Abhärtung mit Zitronensaft behandelt, und wenn ich einmal etwas verbrochen hatte, dann ...« Er stöhnte auf. »*Eh nicht Blut kam, eh war die Sache nicht vorbei ...*«[13]

»Und in Neuruppin ... haben Sie da nicht im Haus eines Schlächters gewohnt ...?«

»In der Tat, und durch den Hof führte eine Rinne, durch die das Blut der getöteten Tiere abgeflossen ist. Als Junge wurde ich einmal Zeuge, wie gerade ein Schwein abgestochen wurde. Erst war ich starr vor Schrecken, dann lief ich aus der Stadt hinaus und verschnaufte erst oben auf einer Anhöhe, an einen brüchigen Pfosten gelehnt. Mein Vater lachte und erklärte mir, daß das der Galgenberg gewesen sei. *Mir aber war, als lege sich mir schon der Strick um den Hals, und ich bat von Tisch aufstehen zu dürfen.*«[14]

»Das klingt wirklich aufregend. Andererseits ...« Ich vermied es, ihm ins Gesicht zu sehen. »Andererseits sind die meisten Ihrer Romane heute wirklich unlesbar, weil sie ... bei aller Verehrung, Sie werden verzeihen ... aber Sie sagen es ja selber: *Das Schlimmste bleibt schließlich doch immer die Langeweile* (...).[15] Und bei Schmelzer heißt es über eines Ihrer Werke, ›Cécile‹, ganz ungeschminkt: ›Dieses Buch, dessen ‚Langweiligkeit' sogar die eigene Ehefrau beklagt, wird von zwei Verlagen … abgelehnt und liegt eine Weile herum.‹«[16]

Das wollte Fontane nicht auf sich sitzen lassen. »Merken Sie sich: *Der Zauber steckt immer im Detail* – wie ich meinem Freund Georg Friedländer am 30. Mai 1893 geschrieben habe. In ›Frau Jenny Treibel‹ formulierte ich es so: *Das Nebensächliche, soviel ist richtig, gilt nichts, wenn es bloß nebensächlich ist, wenn nichts drin steckt. Steckt aber was drin, dann ist es die Hauptsache, denn es gibt einem dann immer das eigentlich Menschliche.*«[17]

»Darf ich Ihnen etwas vorschlagen …?« Ich brach ab, denn für einen Augenblick verließ mich der Mut, und ich entschloß mich, doch einen etwas längeren Anlauf zu nehmen. »Es gibt kaum eine Lesung, bei der ich es nicht höre, und die meisten unserer selbsternannten Kritiker, blind in ihrer Anhimmelung angelsächsischer Götter, kolportieren es von Jahr zu Jahr: ›Deutschland hat keine Tradition, was den Kriminalroman angeht.‹ Sie alle verachten Karl May, und vor allem: Man kennt Sie, Theodor Fontane, nicht.«

»(…) *kleine Verhältnisse machen klein.*«[18]

»Aber kann man die Ignoranten denn wirklich tadeln? Ist nicht der große Fontane für den modernen Hektiker doch etwas zu ausschweifend und langatmig, und läßt uns seine Causerie nicht doch recht schnell ermüden …?«

»*Man muß sich darin finden, daß immer wer da ist, der einem vorgezogen wird.*«[19]

»Ja, die Amerikaner vor allem. Doch wer von uns kennt denn schon Ihre Werke, außer dem ›Stechlin‹ und der ›Effi Briest‹ vielleicht …? Doch kaum einer. Und Nürnberger hat in seiner Fontane-Biographie wohl weithin recht, wenn er schreibt: ›(…) ein umfangreiches Werk, dem Publikum nur zu einem Teile bekannt, wenn man von den Liebhabern und

Zunftgelehrten absieht.‹[20] Selbst der, der Ihre Gesamtausgabe im Bücherschranke stehen hat, wird sie nicht gelesen haben. Wer kennt denn ›Quitt‹, ›Unterm Birnbaum‹ oder ›Ellernklipp‹? Und eben das sind ja genuine Kriminalromane … Aber auch ›Vor dem Sturm‹, ›Grete Minde‹, ›Graf Petöfy‹, die fünf Bände Ihrer ›Wanderungen durch die Mark Brandenburg‹ und die Werke über die diversen preußischen Kriege enthalten erlesene Spannungselemente. Ich denke, man sollte sie dem eiligen Leser zugänglich machen, indem man sie aus Ihrem Werk herausdestilliert. Mord und Totschlag, Brandstiftungen, Duelle, Selbstmordfälle und das Dahinschlachten von Menschen auf den sogenannten ›Feldern der Ehre‹, ein Blutbad nach dem anderen, Horror pur – das alles gibt es in Hülle und Fülle in Ihrem Werk. Der Tod scheint ja eine wahnsinnige Faszination auf Sie ausgeübt zu haben. Man denke nur an Ihr Gedicht aus dem Jahre 1844.«

Fontane nickte und begann es sogleich vorzutragen:

Ein Jäger

Ich kenn einen Jäger, man heißt ihn »Tod«:
Seine Wang ist blaß, sein Speer ist rot,
Sein Forst ist die Welt, er zieht auf die Pirsch
Und jaget Elen und Edelhirsch.

Im Völkerkrieg, auf blutigem Feld
Ists, wo er sein Kesseltreiben hält;
Haß, Ehrsucht und Geizen nach Ruhmesschall
Sind Treiber im Dienste des Jägers all.

Nicht fürcht ich ihn selber, wie nah er auch droht,
Doch wohl seine Rüden: Gram, Krankheit und Not,
Die Meute, die stückweis das Leben zerfetzt
Und zögernd uns in die Grube hetzt.[21]

Ich applaudierte und versicherte ihm, seine Verse sehr treffend zu finden. Allerdings erinnerte ich mich, daß insbesondere Schmelzer von seiner Lyrik nicht viel zu halten schien. Sie läge Fontane zwar am »blutenden Herzen«: »Aber sie wächst kaum über das hinaus, was Dilettanten in Leutnantsuniform oder poesiebeflissene Stadtarchivare am Feierabend produzieren.«[22] Ich trug Fontane dieses Zitat vor.

Er lächelte schmerzlich. »Ja, junger Freund: (...) *eine schlechte Gesinnung macht zwar ein gutes Gedicht unmöglich, aber eine gute Gesinnung macht noch lange kein gutes Gedicht* (...)«[23] Ihm läge in der Tat die straffe Form der anekdotischen Ballade wesentlich besser.

Inzwischen war in mir der Gedanke gereift, dieses Gespräch zum Anlaß eines Buches zu machen. Ich bat meinen verehrten Kollegen um seine Meinung zu meiner Idee: »›Mord und Totschlag bei Fontane‹ will ich es nennen, und es soll sowohl eine Hommage sein wie auch ein ›Fontane für den eiligen Leser‹, und der gewaltsame Tod von Menschen soll das Selektionskriterium sein, in all seinen Formen, gleichviel ob er als Mord und Totschlag oder als Selbstmord daherkommt, ob er die Menschen im Duell oder im Krieg heimholt in die Ewigkeit, vor dem Kriegsgericht oder bei einem Brand im Flammenmeer.«

»*Ein Tod kann unsterblicher sein als ein ganzes Leben.*«[24]

»Was einen Menschen wie einen Roman erst groß werden läßt. Und es gibt ja kaum Romane bei Ihnen, wo nicht gestorben wird. Ein bißchen wehmütig geht es immer aus ...«

»Ja ... *wo der Tod nicht trennt, trennt das Leben.*«[25]

Ich zögerte einen Moment, bevor ich ihn fragte, ob er mir wohl seinen eigenen Tod schildern wolle. Entrüstet wies er das von sich.

»Und als Sie in französischer Kriegsgefangenschaft hingerichtet werden sollten: Wie war Ihnen da zumute?«

»Das bitte ich Sie selber nachzulesen. Da ging es mir nicht anders als meinem Lewin v. Vitzewitz in ›Vor dem Sturm‹.«

»Ah ja … Und gibt es noch andere Momente, in denen Sie selbst dem Tode nahe waren?«

»Gewiß, so bei den Kämpfen im Märze 1848 … wie auch über vierzig Jahre später in Bayreuth beim ›Parzifal‹.«

Ich legte die Stirn in Falten. »Wie das?«

»König Dunkan wird ermordet. *Und nun geht ein Tubablasen los, als wären es die Posaunen des Letzten Gerichts. Mir wird immer sonderbarer, und als die Ouvertüre zu Ende geht, fühle ich deutlich ›noch drei Minuten und Du fällst ohnmächtig oder tot vom Sitz‹.*«[26] Es war köstlich, wie er erzählte, daß er gerade noch rechtzeitig aus dem Saal gestürzt war und dem Türsteher das Billett in die Hand gedrückt hatte. »Der hat es dann an Wartende verkauft. Meine Eintrittskarte für ›Tristan‹ indes habe ich wieder zurückgegeben und die retour gezahlte Summe einer frommen Stiftung zukommen lassen.«

Ich, den man mit Wagner genauso jagen kann, klatschte Beifall. »Könnten wir nun, wenn ich mir die Bitte erlauben dürfte, zu Ihren Motiven kommen, Kriminalromane zu schreiben, beziehungsweise herausarbeiten, was Sie an abweichendem Verhalten, wie wir es heute nennen, so fasziniert hat?«

Fontane dachte nach. »*Es ist fast, als ob die große Triebkraft mehr im Schlechten als im Guten der menschlichen Natur läge.*«[27] Und nach einigen Augenblicken weiteren Überlegens fügte er, auch im Hinblick auf das Publikum, hinzu: »*(…) Skandal ist immer das süßeste.*«[28]

»Sie haben auch im Privaten Wendungen und Bilder geliebt, die wir Krimischreiber gerne gebrauchen …« Ich sah ihn auffordernd an.

»Sie treffen es, junger Freund. Im August 1891 schrieb ich

an meine Frau Emilie einmal: (…) *Todesangst ist Todesangst, auch wenn man mal leben bleibt.*[29] Und an meinen Freund Bernhard von Lepel gingen, wenn ich mich recht erinnere, im November 1848, die Zeilen: (…) *wer bereits mit dem Rasiermesser vor dem Spiegel steht, um sich den Hals abzuschneiden, den zu erdolchen wäre überflüssig.*«[30]

»Und aus Ihrem Brief an Paul Schlenther vom September 1894 läßt sich womöglich eine klammheimliche Bewunderung des Verbrechens ablesen …«

Fontane erinnerte sich: »*An unbedingte Lauterkeiten glaub ich überhaupt nicht. Ja, sie sind mir unheimlicher als tüchtiges Verbrechertum* (…).[31] Wenn Sie das meinen, nun denn …«

»Ihr Menschenbild, Herr Fontane, was das Verbrechen betrifft, scheint mir klar und eindeutig zu sein. Ich denke da an Ihren Brief an Moritz Lazarus vom November 1894 …«

Auch den konnte er in Sekundenschnelle zitieren: »*Der Mensch ist eine Bestie und seiner Niedertracht muß mit Mitteln aus demselben Arsenal begegnet werden.*«[32]

Ich kam nun auf seine große Leidenschaft zu sprechen: die Kriegsberichterstattung. Vorsichtig, wie ich bin, hielt ich mich zunächst einmal an Schmelzer: »In den ›Wanderungen durch die Mark Brandenburg‹ wird er uns die Geschichte ganzer Truppenregimenter erzählen, dazu die Laufbahn unzähliger bedeutender Soldaten. In den Romanen werden wir Kriegsveteranen, Reservisten, Gardeoffizieren auf Schritt und Tritt begegnen. Der Zeitungskorrespondent wird Truppenoperationen, Aufmarschpläne und ganze Schlachten analysieren, ja wird über die drei großen Kriege, die das Bismarckreich schmieden, auf 4000 Seiten Bericht über deren genauen Verlauf erstatten.«[33]

»Halten zu Gnaden, daß das zum einen der Zeitgeist war, den zu dokumentieren ich die Ehre wie die Aufgabe zu haben glaubte, und zum anderen ist es ja sehr früh mein Wunsch gewesen, Geschichtsprofessor zu werden. Schon als Zehnjähriger, in Swinemünde damals, habe ich ein dickes ledergebundenes Heft mit Aufzeichnungen aus der deutschen Geschichte gefüllt. Hätte mein Vater mich damals nicht wieder vom Gymnasium genommen, dann …«[34]

»… dann wäre uns vielleicht ein großer Romancier verlorengegangen, und wir hätten einen Geschichtslehrer mehr gehabt, der seine Schülerinnen und Schüler mit langweiligsten Zahlen traktiert …«

»Dagegen muß ich mich doppelt verwahren!« rief Fontane und verwies zuerst darauf, daß ein geistreicher Causeur (unterhaltsamer Plauderer) jede Geschichtsstunde zu einem höchst spannenden Ereignis machen könne. Vor allem aber sei etwas anderes geltend zu machen: »*Auch Zahlen haben eine gewisse Romantik. Wie viele Menschen erdrückt oder totgeschossen wurden, hat zu allen Zeiten einen geheimnisvollen Zauber ausgeübt* (…).«[35]

Ich verzog das Gesicht. Doch bevor ich in meiner Kritik an seiner Kriegsverherrlichung, und das ist sie für mich, noch weiterging, hielt ich mich noch einmal an Schmelzer: »Kein Wort in seinen Erinnerungen über Militärgeist, Drill, Kadavergehorsam. Noch als alter Mann bemerkt er in einem Brief, daß selbst Goethe ein Jahr beim Zweiten Garde-Regiment nicht geschadet hätte.«[36]

»Ach, wissen Sie, junger Mann, es ist einmal die Liebe zu meinem Freund und literarischen Bundesbruder Bernhard von Lepel, der ein hoher Offizier war und dem der kaiserliche Kronprinz Friedrich einmal zugerufen hat, daß er dem Großen Kurfürsten immer ähnlicher werde. Gutmütig war er, voll Bonhomie, auch in hitzigen Diskussionen immer überlegen.«[37]

»Das allein kann doch kaum alles gewesen sein. Ich sehe

das Ganze eher dialektisch: Ihr Vater war liebenswürdig und weich, ein Spieler und Trinker, haltlos. Und Sie selbst waren – mit Verlaub – ein dreiviertel Leben lang ein ›unsicherer Kantorist‹, arbeitslos, von den Wohltaten anderer abhängig, ewig kränkelnd … Nun, da ist es doch kein Wunder, daß Sie sich nach festen Mustern sehnten, nach Härte und Gewißheit und die Anbetung alles Militärischen so weit trieben, daß man manche Zeile Ihres Werkes heutzutage nach dem Paragraphen 131 des Strafgesetzbuches glattweg verbieten könnte: Wer grausame oder sonst unmenschliche Gewalttätigkeiten gegen Menschen in einer Art schildert, die eine Verherrlichung oder Verharmlosung solcher Gewalttätigkeiten ausdrückt …«

»Die Zivilbevölkerung hat mir aber immer leid getan!« rief Fontane. »Und gegen die Franzosen, bedenken Sie meine hugenottische Abstammung, habe ich nun gewiß nicht gehetzt, auch nicht gegen Engländer, Dänen, Schweden, Polen und so weiter. Zudem: (…) *man kann alles klein machen, und man kann auch alles beweisen.*«[38]

Ich beeilte mich, das Thema zu wechseln, denn der Alte schien nun wirklich erzürnt. Es war ja auch wirklich reichlich verwegen, wenn nicht gar eine ausgesuchte Unverschämtheit, unter diesem seinem Denkmal sitzend gegen das Denkmal Fontane zu pinkeln. »Vieles an Ihnen bewundere ich ernstlich: daß Sie wunderbare Ehegeschichten komponiert haben; daß Sie lesbar schreiben; daß sie, wie ich, vor dem Schreiben einen ordentlichen Beruf erlernt haben … Übrigens: Ich war Siemens-Stammhauslehrling. Sie müßten doch den alten Werner Siemens noch gekannt haben. Schon 1847 hat er ja in der Schöneberger Straße, dicht am Anhalter Bahnhof, mit Halske zusammen seine Firma gegründet … das elektrodynamische Prinzip.«

»Ich hatte nie etwas gegen Handel und Wandel, gegen das

Neue. Sehen Sie, in der ›Jenny Treibel‹ lasse ich die Frau v. Ziegenhals, eine korpulente Majorswitwe, unzweideutig sagen: *Rittergutsbesitzer sind agrarisch, Professoren sind nationale Mittelpartei, und Industrielle sind fortschrittlich.*[39] Dies ist zwar nicht auf Siemens bezogen, sondern auf die Nähmaschinenfabrikanten Singer und Löwe ...«

»Sie sagten eben: die *Ziegenhals* ... Ich muß Ihnen sagen, daß ich es sehr bewundere, welch herrliche Namen Sie Ihren märkischen Figuren gegeben haben: *Rummschüttel* zum Beispiel, der Arzt und Geheimrat in ›Effi Briest‹, *Bamme*, der General in ›Vor dem Sturm‹, *Borstelkamm*, der Pfarrer in ›Ellernklipp‹, die drei *Hornbostels* in ›Quitt‹, wo es auch noch den Kammergerichtsassessor *Unverdorben* zu bestaunen gibt, *Kluckhohn*, der Dorfschulze im ›Stechlin‹, die *Kniehases* in ›Vor dem Sturm‹, wo wir auch noch *Faulstich* finden, den Lehrer in Kirch-Göritz, und *Seidentopf*, den Pfarrer in Hohen-Vietz.«

»Sie kennen sich gut aus ...« Fontane nickte anerkennend. »Nun ja ... *Wer aus Friesack is, darf nicht Raoul heißen.*«[40]

Es entwickelte sich jetzt ein richtiges kleines Werkstattgespräch zwischen uns. »Den passenden Namen für einen Menschen zu finden, den man bereits überaus plastisch vor Augen hat, das kann mitunter furchtbar quälend sein. Noch schwieriger ist es mit dem Anfang eines Romans. In Camus' ›Pest‹ verbringt ja einer sein ganzes Leben mit der Suche nach dem Anfang ...«

Fontane pflichtete mir bei. »Richtig. Auf der ersten Seite muß bereits der Keim des Ganzen enthalten sein. *Hat man's darin gut getroffen, so muß der Rest mit einer Art von innerer Notwendigkeit gelingen, wie ein richtig behandeltes Tannenreis von selbst zu einer geraden und untadeligen Tanne wird.*«[41]

»Sie sind der literarische Großmeister, sind mein Vorbild ...

doch auch mein Trost. Denn selbst Ihnen ist es ja nicht immer gelungen, Publikum und Kritikern eine gerade und untadelige Tanne hinzustellen ... Ich denke da an ›Graf Petöfy‹, an ›Quitt‹ und ›Ellernklipp‹ ... Alles sei zu sprunghaft und diffus geraten ...«

»... meinen die, deren literarische Potenz nicht einmal ausreicht, 99 lesbare Zeilen zu Papier zu bringen. Aber: *Lücken und Unbestimmtheiten, selbst wenn sie sich bis zum Fehler steigern, sind immer noch besser als Plattheiten.*«[42]

»Die deutschen Fernsehredakteure würden Sie nie ein Drehbuch schreiben lassen!« rief ich.

»Gott sei Dank, denn: *Independenz über alles. Alles andre ist zuletzt nur Larifari.*«[43]

»Independenz ...« Ich erinnerte mich meiner vagen Englischkenntnisse. »Ah ja, Unabhängigkeit. Aber die Redakteure wollen Sie demütig sehen, speichelleckend und gehorsam.«

»*Es gibt keine gröberen Despoten als Redakteure ...*«[44]

»Aber Sie haben beim Fernsehen ein Millionenpublikum, während das Gedruckte ... Zumindest anfangs waren Ihre Verkaufserfolge ja eher bescheiden ...«

»Ach Gott, ja. 60 Millionen Deutsche gab es zu meiner Zeit, und wie viele von ihnen haben meinen ›Schach von Wuthenow‹ gekauft? Ganze 510 ... *Am Ende seines Lebens auf eine vierzigjährige Zappelei zurückzublicken, ist ein schlechtes Vergnügen.*«[45]

»Soviel ich weiß, haben Sie, nachdem das Publikum nicht so recht Kenntnis von Ihnen nahm, einmal an Ihre Frau geschrieben, daß Sie keine rechte Lust zu nichts mehr hätten ...«

»In der Tat: *man kann in der Kunst ohne eine begeisterte Zustimmung der Mitlebenden oder wenigstens eines bestimmten Kreises der Mitlebenden, nicht bestehen.*«[46]

»Und diese Zustimmung hatten Sie bei Ihren ersten Romanen ja kaum ... Die waren Ihren Lesern offenbar zu wenig romanhaft ...«

»Mein Ausgangspunkt ist nun einmal nicht der Roman, sondern die Ballade gewesen, und die *liebt Sprünge, ja diese Sprünge sind ihr Gesetz, ihre Lebensbedingung.*«[47]

»Das mit der Berühmtheit hat also auf sich warten lassen?«

»Und wie! Erst gegen Ende meines Lebens durfte ich mich in Bad Kissingen anläßlich einer Kur in einem ›Berühmtheitenbuch‹ verewigen, gleich nach Menzel. *Das Menzelbild taxiere ich auf wenigstens 500 Mk., meinen Vers auf 50 Pf.*«[48]

»Auf Norderney ... da hatten Sie doch auch mal ein Erfolgserlebnis ...?«

»*Hier traf ich Herrn Apotheker Ommen in Person, einen stattlichen Friesen von Bildung, Manieren und Distinktion. Eine Inselgröße. Ich bat um ein Fläschchen Esprit de Menthe und bestellte mir ... ein großes Oxycroceumpflaster. Bei dieser Gelegenheit nannt ich ihm meinen Namen und begann diesen wie gewöhnlich zu buchstabieren. Er lehnte dies aber mit einer verbindlichen Handbewegung ab und sagte nur, halb fragend, halb sich verneigend: ›Theodor Fontane!‹ mit Betonung des Vornamens. Als ich meinerseits nun nickte und sozusagen meinen Prinzenstern zeigte, murmelte er allerlei dunkle Huldigungsworte, so daß ich die Apotheke mit dem Gefühl verließ, den größten Triumph meines Lebens erlebt zu haben.*«[49]

»Den Wahnsinnserfolg des ›Stechlins‹ haben Sie ja leider nicht mehr erleben können ...«

»... wie das Geld dann endlich zu fließen anfing, da hörte alles auf, so ist es. Ach ja ...« Fontane seufzte. »*Mein Geschriebenes drucken zu lassen, und zwar zu besten Honoraren, hab' ich keine Schwierigkeiten* mehr gehabt; mir kam es aber *darauf an, Geld zu kriegen, ohne zu schrei-*

ben. Das ist das Geheimnis schriftstellerischen Wohlergehens.«[50]

»Das geht mir auch so.«

Unser Gespräch war so sprunghaft, wie die echte Causerie halt ist, und schon waren wir wieder bei den Namen in seinen Werken und, da sich vom Ruppiner See her ein Gewitter näherte, über die Assoziation Gewitter und Sturm bei seinem ersten großen Roman.

»Apropos ›Vor dem Sturm‹ ... Besonders gelungen finde ich dort den Namen *Ladalinski*, der ein preußischer Geheimrat aus Polen ist und zwei Kinder hat: Pertubal und Kathinka. Als hätten Sie geahnt, daß die Polen hundert Jahre später alle ›Lada‹ fahren würden ...«

Er sah mich tadelnd an. »... *geistreich-sein ist bloß gefährlich wie schön-sein und ruiniert den Charakter.*«[51]

Das überhörte ich beschämt. »Als Hommage an Sie habe ich eine der Hauptfiguren in ›Einer von uns beiden‹, meinem ersten Roman, nach der Ziegenhals genannt: Bernd Ziegenhals. Im Film wurde er dann dargestellt von Jürgen Prochnow. Regisseur war kein geringerer als Wolfgang Petersen.«

Das triefte ihm nun doch zu sehr vor Eigenlob und Eigenwerbung. »*Es gibt so wenig Menschen, mit denen man auch nur ein erträgliches Gespräch führen kann. Ich leide jetzt ordentlich darunter.* (...) *wenn ich bedenke, daß wir eine Art Elite repräsentieren, so kommt mir der Jammer an.*«[52] Und er bat mich, ihn langsam wieder zeitlos dahindämmern zu lassen. »... *es gibt wenig Menschen, die, über eine Stunde hinaus, noch irgend was Neues sagen können.*«[53]

Ich war abermals ein wenig gekränkt und fragte ihn, weshalb er wohl so höhnisch sei.

»*Hohn war immer eine berechtigte Form geistiger Kriegführung.*«[54]

Aha, das war also die Retourkutsche für meine Kritik an seiner Kriegsbegeisterung. »Wenn ich dann zurückhöhnen dürfte: Vieles beim großen Fontane scheint mir verdammt dicht an der Kolportage angesiedelt zu sein, bei ›Graf Petöfy‹ beispielsweise oder ›Ellernklipp‹. Und unmittelbar neben Sentenzen und Aphorismen, die wunderbar heiter die ganze Fülle unseres Seins ausloten, stehen, so scheint es mir, Dialoge und gibt es Szenen, die an die Seifen-Opern unserer Tage erinnern. Und wer sich bei Ihnen ans Ausholzen macht, der sollte sich neben Sie aufs Denkmal setzen dürfen.« Ich lachte, halb schadenfroh und spöttisch, halb selbstironisch, und kletterte zu ihm hinauf, um den Arm um ihn zu legen, denn gerade kamen Freunde, um uns zu fotografieren. Leider rutschte ich ab und fiel auf die Nase.

Altersweise sah Fontane mich an. »*Den höchsten Anlauf* (...) *nahm die Menschennatur, als sie einen gotischen Dom in seiner Vollendung dachte; aber er ist ein Ideal geblieben und mit Recht, denn das Vollendete muß unvollendet bleiben. **Die fertigen gotischen Dome sind nicht vollendet, und die vollendeten sind nicht fertig.***«[55]

»Ich weiß, die besten Romane sind immer die, die man noch nicht geschrieben hat.«

»Und Sie meinen, als Nur-Soziologe und Nicht-Germanist meine Werke in Gänze verstehen und kritisieren zu können? Merken Sie sich: *Überlegenheit: Wer hat die? Die ganz Wenigen, die sie vielleicht haben dürften, die wissen, wie schwer Kunst ist, und machen, im Letzten und Innersten bescheiden, keinen Gebrauch davon.*«[56]

Ich schluckte, denn dieser Hieb, der hatte wohl gesessen. »Nun gut. Kommen wir noch einmal zu meinem Thema zurück: ›Mord und Totschlag bei Fontane‹. Es gibt bezeichnenderweise in Ihrem ganzen großen Œuvre nur drei Romane, in denen keiner der Protagonisten getötet wird oder sonstwie stirbt: ›L'Adultera‹, ›Frau Jenny Treibel‹ und ›Die Poggenpuhls‹. In allen anderen Werken aber ...«

»Man muß immer auch an seine Leser denken. Ich *schiebe mein leidliches Zuhausesein in Welt, Leben und Geschichte darauf, daß ich mich immer nur vom* ***unterhaltlichen*** *Stoff, (...) genährt habe.*«[57]

»Ganz meiner Meinung, was den Krimi betrifft. Lesenswerte Kriminalromane sind eine sehr gute Einführung in bestimmte Milieus und Metiers.«

»Sagen Sie es ruhig laut, denn: *Wer sich selbst in die zweite Reihe stellt, kommt nie in die erste.*«[58]

»Doch zurück zu meinem Buch über Sie als Spannungsschreiber ...«

»Vergessen Sie nicht, lieber Bosetzky ...« Fontane betonte dabei das »ky«. »... vergessen Sie nicht, daß ich schon ganz zu Beginn, mit zwanzig ungefähr, mit einer Kriminalerzählung begonnen habe, die dann leider verschüttgegangen ist: ›Du hast recht getan‹. Drucken wollte sie leider niemand, damals 1840, und an den Inhalt kann ich mich kaum mehr erinnern ...«

Ich half ihm aus, indem ich Schmelzer zitierte: »Eine junge Amtsratstochter, mit einem Oberförster glücklich verheiratet, schießt einen schurkischen Jäger über dem Haufen, nachdem dieser von ihr aufgrund eines zurückliegenden Liebesverhältnisses immer höhere Geldbeträge erpreßt hat. Der Ehemann, dem sie nach der Tat alles gesteht, bescheinigt ihr: Du hast recht getan.«[59]

»Ah ja ...«

»Das bestätigt mich nur in meiner Absicht, Sie dem breiten Publikum dadurch bekannt oder wenigstens noch bekannter zu machen, daß ich den reißerischen Titel ›Mord und Totschlag bei Fontane‹ als Mittel benutze, die Leute tüchtig anzulocken. Ich nehme Ihre Werke und tue das, was der eilige Leser recht eigentlich immer tut: die vielen Seiten überschlagen, die endlose Plaudereien über das enthalten, was uns heute kaum noch interessiert – und dann das herausgesucht und an einer Perlschnur aufgehängt, was wirklich wichtig ist. In der Sprache der Systemtheorie Niklas Luhmanns werde ich das betreiben, was heutzutage nötig ist: die Reduktion von Komplexität. Dabei werde ich Ihren Originaltext immer *kursiv* setzen lassen und außerdem mit Seitenangaben versehen, so daß Leserinnen und Leser selber nachschlagen und das Ganze als Ganzes lesen können, wenn Sie denn wollen.* So lernt man auch Ihre weniger bekannten Romane und Texte kennen, was mir für das Fontane-Jahr 1998 ein dringliches Gebot zu sein scheint.« Ich strahlte und erhoffte mir ein dickes Lob von ihm.

* Ich habe weder den Ehrgeiz noch die Fähigkeiten und die Zeit, den vielen ausgezeichneten Fontane-Biographien eine weitere hinzuzufügen. Die CD-Rom des ABC-Bücherdienstes in Regensburg nennt allein deren elf. Sechs davon habe ich im Hinblick auf dieses Buch gekauft und durchgearbeitet: die von Jolles, Nürnberger, Schmelzer, Scholz, Sichelschmidt und Verchau – siehe das Literaturverzeichnis am Ende. Danach war ich von allem so gesättigt, daß ich die von Richard Brinkmann, Walter Müller-Seidel, Heinz Ohff und Hans-Heinrich Reuter nicht mehr in meinem Buchladen bestellt habe. Selektionskriterium war allein der Preis. Charlotte Jolles listet alles auf, was jemals über Fontane geschrieben worden ist. Mit demselben Ernst betreibt Ekkhard Verchau die Fontane-Forschung. Hans Scholz und Gustav Sichelschmidt plaudern so kenntnisreich und unterhaltsam, daß es Fontane sicher riesig freuen würde, könnte er es lesen. Die beiden Bände von Hans-Jürgen Schmelzer kommen dem, was ich mir als Ziel vorgestellt haben, am nächsten: Herausarbeiten des Wesentlichen – eben Fontane für all jene, die viel arbeiten müssen, abends immer müde sind, wenig Zeit haben und keine Kraft, sich durch Fontanes Werke oder die wissenschaftliche Literatur über ihn hindurchzuquälen, aber dennoch mehr über den großen Dichter wissen möchten.

Doch Fontane blitzte und donnerte nur. »Das Komplexe wollen Sie mir nehmen? *Detailschilderung behufs bessrer Erkenntniß und größrer Liebgewinnung historischer Personen, Belebung des Lokalen, und schließlich Charakterisierung märkischer Landschaft und Natur*«, rief er, »*das sind die Dinge, denen ich vorzugsweise nachgestrebt habe. Mein stolzes Beginnen lief ... darauf hinaus: Allerkleinstes – auch Prosaisches nicht ausgeschlossen – exakt und minutiös zu schildern ..., ja es dadurch sogar* **interessant** *oder wenigstens lesensmöglich zu machen.*«[60]

»Wenn Sie doch bitte auch meine gute Absicht sehen würden!« rief ich.

Doch Fontane vermochte seine Contenance noch immer nicht wiederzufinden. »Wenn Sie, verehrter Herr, meine Romane nur auf den dürren Plot zu reduzieren wagen, dann richten Sie mich damit hin und geben mich dem Ridikülen ebenso preis, als reduzierten Sie Schillers wunderbare Strophen im ›Taucher‹ auf das imbecile: ›Gluck, gluck, weg war er‹ oder ›Die Glocke‹ auf das kindliche: ›Loch in die Erde, Bronze rin, Glocke fertig, bimm, bimm, bimm.‹«

Ich war den Tränen nahe. »Ich hab' doch den Vertrag bei Jaron unterschrieben; ich muß dieses Buch schreiben ...«

»Dann bleibt uns nur das Duell.«

Ich zuckte zusammen. Denn selbst wenn ich so treffsicher wie ein Olympiasieger gewesen wäre: Wie hätte ich denn eine metallene Statue durchlöchern und einen Toten töten können? Und so flehte ich ihn an, doch bitte an seinen eigenen Großmut zu denken: »Haben Sie nicht selbst gesagt: *Je älter ich werde, je mehr sehe ich ein: laufen lassen, wo nicht Amtspflicht das Gegenteil fordert, ist das allein Richtige.*«[61]

Doch Fontane entgegnete nur barsch: »Nein! Denn: *Wir sind schließlich doch das, wofür uns andre halten.*«[62]

»Hurra!« rief ich. »Das ist meine Soziologie pur – die moderne Rollentheorie vorweggenommen.«

Da riß er seinen Schirm von der steinernen Brüstung neben sich, und der verwandelte sich noch im selben Augenblick in einen Karabiner aus der Zeit des Ruppiner Regiments Nr. 24.

Und mehrmals schoß Fontane nun auf mich.*

* Ein Hinweis für die geneigte Leserschaft: In den folgenden Kapiteln ist der Original-Fontane immer *kursiv* gedruckt, Auslassungen sind mit (…) gekennzeichnet. Die Seitenzahlen beziehen sich auf die Nymphenburger Taschenbuch-Ausgabe in 15 Bänden. Sind im Originaltext Fontanes Worte *kursiv* gesetzt, so erscheinen sie in diesem Buch ***fett und kursiv***.

Die grossen Kriminalgeschichten

Ein anarchistisches Motiv

»Die Gartenlaube« beginnt 1890 in ihrer Nr. 11 mit dem Abdruck der Erzählung »Quitt«, und Theodor Fontane liefert uns hier genau das, was man heute unter einem echten Krimi versteht. »Die Forschung hat Stoffwahl und künstlerische Gestaltung beanstandet, vor allem auch den in Amerika spielenden Teil kritisiert«, finden wir als Urteil bei Jolles (68), dem sich auch Sichelschmidt anschließt: »Die Schwächen dieses Romans, vor allem die mangelnde Authentizität des zweiten in Amerika spielenden Teils sind nicht zu übersehen.« (263) Und Scholz bemängelt, daß das Ganze eine bloß »moralisierende Erzählung« sei: »Doch das wahre Salz eines Kriminalromans besteht in der vexierenden Aufklärung der Tat und der Aufspürung des Täters, der in der Regel zunächst unbekannt und unerkannt ist, dem Leser aber nicht unbekannt sein muß. In ›Quitt‹ sind aber Tathergang und Tataufklärung die bei weitem kürzesten Abschnitte des Ganzen.« (163) Allein Verchau hebt die sozialkritische und gesellschaftspolitische Dimension hervor: »Bei ›Quitt‹ interessiert der sozialkritische Kern des Wildererromans, in dem das Spannungsverhältnis zwischen Individuum und Gesellschaft eine besondere Zuspitzung erfährt.« (172) Das ist genau meine Meinung, und ich hatte bereits bevor ich Verchau in die Hand nahm die Überschrift »Ein anarchistisches Motiv« gewählt. Nun aber zur Sache selbst ...

Ort des Geschehens ist das Dorf Wolfshau bei Krummhübel auf der schlesischen, also preußischen Seite des Riesengebirges. Hier lebt der freiheitsdurstige Stellmacher Lehnert Menz, *ein schlanker, hübscher Mensch von siebenundzwanzig* (7), mit seiner Mutter, die er als kriecherisch und heuchlerisch, als typische Untertanin empfindet. Er wirft ihr dieses Verhalten vor: *»Du hast nur zwei Gedanken: Angst und Vorteil, und hast keinen Stolz und keine Ehre. Du bist noch ganz aus der Kriechezeit.«* (8) Er aber haßt den preußischen Untertanenstaat, den er in seinem Nachbarn, dem Förster Opitz, versinnbildlicht findet. Dieser ist *ein breitschultriger und kurzhalsiger Mann von Mitte dreißig, dessen Stutzhut und hechtgrauer Rock mit grünen Rabatten* (...) *über seinen Beruf keinen Zweifel lassen konnte. Vorn, im zweiten Knopfloch* (...) *trug er das eiserne Kreuz, das sich* (...) *bei jedem Schritt in herausfordernder und jedenfalls in respekterwartender Weise hin und her bewegte. Der ganze Mann ein Bild von Selbstbewußtsein und Hochmut.* (8) Das sind also die zwei Protagonisten. Die Identität der beiden Männer ist jeweils abhängig von dem Feindbild des anderen.

Obwohl wir bei Lehnert Menz auch eine sehr individuelle Anlage zur Aufsässigkeit erkennen können, sind es doch im wesentlichen strukturelle Gründe, die die beiden Männer aneinandergeraten lassen, womit Fontane einen wahrhaften Sozio-Krimi geschrieben hätte. Sicherlich ist bei Lehnert Menz die sogenannte Reaktanz sehr ausgeprägt (die Motivation, die verlorene oder bedrohte Freiheit wiederherzustellen; vgl. Bosetzky & Heinrich 1994), doch nicht Opitz als Mensch hat ihm seine Freiheit genommen, sondern Opitz als Amtsinhaber und Vertreter des Obrigkeits- und Klassenstaats.

Opitz seinerseits sieht in Lehnert Menz die Bedrohung all dessen, was ihm lieb und teuer und heilig ist, privat wie öffentlich – er ist für ihn ein Anarchist. Als militärischer Vorgesetzter bei den Görlitzer Jägern verhindert er, daß Lehnert Menz im Krieg von 1870/71 das Eiserne Kreuz bekommt, und später bringt er ihn wegen einer Lappalie ins Gefängnis: Er hat Lehnert Menz beim Paschen oder Schmuggeln erwischt. Dafür nun will Lehnert Menz sich rächen, und der Gedanke daran läßt ihn nicht mehr los.

Pastor Siebenhaar versucht zwischen den beiden Männern zu schlichten und macht Lehnert Menz ernsthafte Vorhaltungen: »(...) *Und daß du wieder deine Tobsucht hast und nichts wie bittere Worte sagst und ihm – ich meine natürlich deinen Nachbar Opitz – den Tod an den Hals wünschst und fluchst und dich verschwörst, daß er dran glauben solle.* (...) *ich kenne euch und weiß, daß euch allen der Pascher und Wilddieb von Kindheit an im Leibe steckt. Das wird euch so gleich mit in die Wiege gelegt, und so nehmt ihr's als euer gutes Recht, und wenn ihr einen Grenzer oder Förster über den Haufen schießt, dann ist es nicht ein Mord, dann ist es Notwehr. Ich weiß das alles und find es traurig genug.*« (11 f.)

Aber Siebenhaar ist zu konservativ und steht zu sehr auf seiten des Försters, als daß es ihm gelingen könnte, Lehnert Menz von seinem Haß auf Opitz abzubringen. Die Dialoge decken vieles auf und kreisen immer wieder um die ach, so alte und doch wieder ach, so neue Frage, ob und wieweit man den Menschen an sich von seiner Rolle und von der Sache trennen kann und soll.

»*Und was mich angeht, Herr Prediger*«, sagt Lehnert Menz, »*ich bin nicht gegen das Gesetz, auch wenn ich's nicht immer halte, ich bin bloß gegen den Opitz, diesen Schuft und Schelm, diesen Saufaus und Menschenschinder.*«

Siebenhaar lächelte. »*Da haben wir's wieder, ganz wie ein Puter, wenn er den roten Lappen sieht. Du willst Per-*

son und Sache trennen. Aber geht das, hast du ein Recht dazu?« (13)

Gleichviel, Siebenhaar und andere wirken insoweit mäßigend auf beide ein, als es zu einer Art Waffenstillstand kommt. Opitz *war strenger als nötig, Lehnert war aufsässiger als nötig, und der schlichte Ton, worin das einem jeden gesagt wurde, tat seine Wirkung.* (34) Beruhigend auf Lehnert Menz wirkt auch sein Traum vom freien Leben in Amerika. Dieser positive Anker – »anchoring« heißt es bei den Psychologen vom Neurolinguistischen Programmieren (NLP) – hilft ihm über die nächste Zeit hinweg, hindert ihn aber auch daran, seinen Frieden mit Gott, der Welt und der Obrigkeit zu machen, indem er sich zum Beispiel gegen eine Heirat mit Christine, die ihn hörig liebende Magd Opitz', sträubt: *»Ich versteh meine Sach' und will in die Stadt gehen und eine Städtische heiraten, die Manieren hat. Und am liebsten will ich in die Welt gehen und gar nicht heiraten; es brennt mir hier unter den Füßen, und wenn es nicht deinetwegen wäre, Mutter, so ging ich lieber heut' als morgen. Übers Meer will ich. Es ist mir alles so klein und eng hier, ein Polizeistaat, ein Land mit ein paar Herren und Grafen, so wie unserer da, und sonst mit lauter Knechten und Bedienten.* (...) *Eine jämmerliche Welt hier; immer muß man scherwenzeln, und wenn man nach vorn hin dienert, stößt man nach hinten hin einen um. Eng und klein, sag ich, und ich möchte* (...) *für mein Leben gern nach Amerika, wo's anders aussieht* (...)*.«* (49 f.)

Dennoch scheint sich Lehnert Menz mit Wolfshau und mit Preußen doch noch irgendwie arrangieren zu können. Da aber fällt Diana, die bösartige Hündin des Försters, über seinen Lieblingshahn her. Er muß dem aus der Ferne hilflos zusehen: *Diana hatte den Hahn an seinem Silberkragen gepackt und schüttelte ihn. Und nun ließ der Hund wieder ab, und die plötzliche Lautlosigkeit verriet nur zu deutlich, daß das schöne Tier, das er gepackt und geschüttelt, tot war. Das gab Lehnert einen Stich ins Herz, denn neben dem prächtigen gelben Rosenstrauch an Haus und Dach war der Silberhahn so ziemlich das einzige, woran er hing* (...). (55)

Die Sache eskaliert dann rettungslos, als Lehnert Menz einen Hasen schießt, der zwar über seinen Acker läuft, auf den nach Recht und Gesetz aber nur Opitz einen Anspruch hat. Und so zeigt ihn der Förster beim Grafen an und formuliert den Vorwurf so, daß er ihm das Genick brechen muß. Es steht in diesem Brief, *daß man sich jeder Tat von ihm zu gewärtigen habe* (...) *und daß er aus diesem Grunde beantrage, die Strafe streng zu bemessen, und zweitens auch deshalb, weil er viel Anhang und Zuhörerschaft habe und überall in den Kretschams* (den Wirtshäusern) *herumsitze und den Leuten Widersetzlichkeit beibringe* (...). *Er sei ein Verführer für die ganze Gegend, so recht eigentlich, was man einen Aufwiegler nenne und rede beständig von Freiheit und Amerika* (...). (63 f.) Noch liegt dieser Brief nur bei Opitz auf dem Schreibtisch ...

Als Lehnert Menz von der Anzeige erfährt, weiß er, daß sie für ihn erneut Gefängnis bedeutet – wegen eines Hasens. Er denkt zurück: Wenn ihm Opitz damals nicht den Dienst verleidet hätte, wäre er heute ein hochgeachteter Soldat. Aber: *»Um all das hat er mich gebracht, weil er mir's mißgönnte, weil er nicht wollte, daß wer neben ihm stünde. Ja, er ist schuld, er allein. Um das Kreuz hat er mich gebracht, aber mein Haus- und Lebenskreuz war er von Anfang an und hat mich geschunden und gequält, und wie damals, so tut er's auch heute noch. Er hat mir das Leben verdorben und mein Glück und meine Seligkeit.«* (65)

Der Drang in Lehnert Menz, Opitz zu töten, wird übermächtig, aber es soll ein fairer Zweikampf werden, mit Gottes

Segen sozusagen. *Mann gegen Mann ... und oben im Wald ... und heute noch. Ich sage nicht, daß ich's tun will; ich will es nicht aus freien Stücken tun, nein, nein, ich will es in Gottes Hand legen, und wenn* **der** *es fügt, dann soll es sein* (...). *Und wenn ich ihm* **nicht** *begegne, dann soll es nicht sein* (...). (66) Den Brief des Försters an den Grafen mit der Anzeige will er nach Opitz' Tod aus der Welt schaffen.

Lehnert Menz ist nicht mehr aufzuhalten. *Er wartete bis um die sechste Stunde, legte dann, wie stets, wenn er ins Gebirge wollte, hirschlederne Gamaschen an und stieg, als er sich auf diese Weise marschfertig gemacht hatte, von seiner Bodenkammer wieder in die Wohnstube hinunter. Hier riß er aus dem unter der Jagdflinte hängenden Kalender ein paar Blätter heraus und wickelte was hinein, was wie Flachs oder Werg aussah. Alles aber tat er in eine Ledertasche* (...) *gab dann der Alten, unter einem kurzen »Adjes, Mutter«, die Hand und ging auf das sogenannte »Gehänge« zu, den nächsten Weg zum Kamm und zur Koppe hinauf.* (66)

Oben im Gebirge holt er sein Gewehr aus einem Versteck, lädt beide Läufe mit Hilfe eines Kalenderblattes, aus dem er einen Schußpropfen formt, setzt die Zündhütchen auf und klebt sich einen falschen Bart aus Werg vor sein Gesicht.

Beim matten Licht der Sterne geschieht es dann!

Da kam wer auf ihn zu. »Steh!« Opitz war um eine Wegecke gebogen und hielt auf fünf Schritt.

Und Lehnert stand.

»Gewehr weg! Was ein Richtiger ist, der weiß, wie sich's gehört. Aber du bist wohl ein Böhmscher ... Eins, zwei ...«

Lehnert, das Gewehr in der Hand, zögerte noch.

»Gewehr weg ... Drei.« Und im selben Augenblick schlug der Hahn auf das Piston. Aber das Zündhütchen versagte.

Und nun schlug Lehnert an, und zwei Schüsse krachten.

Opitz brach zusammen. (71 f.)

Wir alle haben das biblische »Du sollst nicht töten« verinnerlicht (oder sollten es wenigstens verinnerlicht haben), doch bis zu dieser Stelle hat unsere Sympathie ganz klar Lehnert Menz gehört, war doch Opitz ein Tyrann (wenn auch nur ein kleiner), und ist doch der Tyrannenmord in der abendländischen Kultur seit alters her immer zumindest ein klein wenig legitim. Da nun muß Fontane seine fast klassenkämpferische Courage verlassen haben, denn er läßt den verhaßten Förster nicht kurz und schmerzlos sterben, sondern in einer Art und Weise, die unser Mitgefühl ganz sicher wecken muß, langsam und qualvoll. Viele Stunden schreit er noch um Hilfe, doch es ist niemand da, der seine Rufe hört. Als man ihn findet, sieht man eine lange Blutspur. Vom Querpfad, wo ihn die Schüsse getroffen haben, hat er sich zu einem Busch geschleppt: *Es war ersichtlich, daß der auf den Tod Getroffene sich nur mit höchster Anstrengung von dem kaum zehn Schritt entfernten Wege bis zu der ansteigenden Stelle hinaufgeschoben und hier sich, um gegen die Sonne oder vielleicht auch nachts gegen die Kälte geschützt zu sein, unter die Zweige des Busches gebettet hatte. Dann, als er sein herannahendes Ende gefühlt, hatte er sich zum Sterben zurechtgelegt, und so lag er nun da, die Jagdtasche unterm Kopf, das Gewehr links neben sich, die Hände gefaltet und im Antlitz die Ruhe des Todes, aber freilich auch die Spuren vorangegangenen Kampfes.* (85)

Gleichzeitig ist es aber auch ein verdammt raffinierter Krimischreibertrick des Kollegen Fontane, die Sache so lange am Laufen zu halten, denn so hatte Opitz noch Zeit genug, *mit schwerer Hand seinen letzten Willen* (87) in sein Notizbuch zu schreiben und dabei eine falsche Spur, den berühmten »Red herring«, zu legen: *Wenn ich sterben sollte, eh' ich gefunden werde, so wisse man, daß ich von einem Wilddiebe geschossen bin; der war ganz nahe mit Doppel-*

flinte, wahrscheinlich ein böhm'scher, ziemlich groß, in braunem Rock und Hut und falschem Bart (...). *Gott, sei mir gnädig! Betet für mich! Ich habe große Schmerzen. Guter Gott, erbarme dich meiner.* (...) *Ich* (...) *habe mein Gewehr abgeschossen, daß man mich höre, aber kein Mensch hört mich. O Gott, erlöse mich! Betet für mich und denket nicht auf Rache ... Gott vergebe meinem Mörder und erbarme sich meiner ... Meine Leiden sind groß.* (87 f.)

Die Untersuchung führt der Gerichtsmann Klose, der instinktiv Lehnert Menz in Verdacht hat, denn der Stellmacher hatte sich, als man aus Opitz' Notizbuch vorgelesen hatte, aus dem Saal geschlichen. *»Es war kein Böhmischer«, wiederholte Gerichtsmann Klose, der seinen ohnehin starken Verdacht gegen Lehnert durch das plötzliche Verschwinden desselben nur noch bestätigt sah, »es war kein Böhmischer, und wenn ich Bestimmung zu treffen hätte, so brächen wir in dieser Minute noch auf, um Lehnert Menz in Verhaft zu nehmen. Alles deutet auf ihn, auf ihn und keinen anderen.«* (89 f.)

So zieht man zu Lehnert Menz, um sein Haus nach eventuellen Spuren des falschen Bartes zu durchsuchen. *Gendarm Brey* (...) *postierte sich vor der Fronttür und überwachte von dieser seiner Hochstellung aus die durch den anderen Trupp erfolgende Besetzung der beiden Brückenstege. Flucht war unmöglich.* (93)

Während sich nun die alte Menz dem Gerichtsmann wehklagend zu Füßen wirft, wird ein junger Forstgehilfe auf die herabgerissenen Kalenderblätter aufmerksam.

»Wir haben ihn!« Und triumphierenden Auges an den alten Gerichtsmann herantretend, wies er auf die Jahreszahl oben rechts in der Ecke. »Wir haben ihn!«

Und unter diesen Worten eilte man nach dem Flur hinaus, um Lehnert, dessen Schuld nun klar war, in Verhaft zu nehmen. Aber wo war er? (94)

Die Stellmacherei der Menz liegt, das muß an dieser Stelle hinzugefügt werden, auf einer kleinen Insel im Flusse Lomnitz.

Die Brückenstege waren nach wie vor dicht besetzt; so mußt er denn, wenn nicht ein Wunder geschehen, im Hause selbst irgendwo verborgen sein. Und bis unter das Dach hin wurde nun jeder Winkel und Verschlag untersucht und die Suche bis in Schuppen und Milchkeller fortgesetzt. Man durchwühlte das Heu, die Hobelspäne, selbst in den Rauchfang stieg man hinauf, und wurde nicht müde, das Oberste zu unterst zu kehren. Alles umsonst. Die Alte wußte nichts. Es war fort. (94)

Das Wunder geschieht, ohne daß uns Fontane das Wie näher erläuterte, und Lehnert Menz kann in der Tat entkommen. Erst sechs Jahre später begegnen wir dem Täter dann wieder, und zwar als Lionheart Menz in den Shawnee-Hills, *einem ausgedehnten, südlich vom Staate Kansas in den sogenannten »Indianterritories« gelegenen Gebirgszuge.* (103)

Wie, liebe Leserin, lieber Leser, Sie denken nun, ich hätte da etwas verwechselt, nämlich den Preußen Theodor Fontane mit dem Sachsen Karl May? Irrtum, es ist in der Erzählung »Quitt« wirklich so wie bei Old Death in »Winnetou II« oder Old Surehand in »Old Surehand«, wo Männer auf deutschem Boden ein Verbrechen begangen haben, in die Staaten fliehen und dort von ihrem Schicksal eingeholt werden.

Anzumerken ist an dieser Stelle, daß Fontane, wie bei Schmelzer (1987, 107) nachzulesen ist, selbst mit dem Gedanken gespielt hat, in die Vereinigten Staaten zu gehen. Leipziger Freunde, nach der 48er Revolution dorthin ausgewandert, ermunterten ihn dazu ebenso wie sein Onkel August, der in der Neuen Welt Kupferstiche vertrieb. Doch Fontane blieb in Preußen, zu sehr fühlte er sich in der deutschen Kultur verwurzelt.

Lehnert Menz jedenfalls ist Goldgräber geworden, hat aber das erworbene Vermögen durch den Bankrott der Neu-Mexiko-Bank ebenso schnell wieder verloren. Seine neue Heimat findet er nun in der Mennoniten-Siedlung Nogat-Ehre, die von einem ebenso charismatischen wie alttestamentarischen Patriarchen geleitet wird: Obadja Hornbostel aus Westpreußen. Bei ihm leben in einer gelungenen Mischung von preußischer Zucht, amerikanischer Freiheit und christlicher Herzensgüte Menschen verschiedenster Nationalitäten und Schicksale in einer »Happy family« zusammen. Lehnert Menz fühlt es ganz klar: *Ja, das ist Bestimmung, Gott will, ich soll mit euch leben.* (109) Und angesichts der Führungsqualitäten des Obadja Hornbostel wird der geborene Anarchist – Bundesligatrainer, Managementberater und Politiker aufgemerkt! – schnell bekehrt: *Wo Verstand befiehlt, ist der Gehorsam leicht.* (110)

Die 90 Seiten, die nun folgen, sind nicht eben spannend, und interessant wird es erst wieder, als Lehnert Menz um die Hand Ruths anhält, der Tochter des Mennoniten-Anführers, aber hingehalten wird:

»Weiß Ruth davon?«

»Nein.«

»Nun, dann gedulde dich, Lehnert!« (193)

Seine Vergangenheit martert Lehnert Menz, er wird krank *im Gemüt* (193). Wieder genesen, rettet er Ruth das Leben, als sie von einer Kreuzotter gebissen wird. Er wirft sich neben sie nieder und saugt ihr *mit einer leidenschaftlichen Gewalt und ehe sie's hindern konnte, das Gift aus der Wunde.* (197)

Dann wird Toby Hornbostel, Sohn des Patriarchen und Bruder Ruths, vermißt. Er hatte im Gebirge Steinadler schießen wollen. Keiner ist in der Lage, ihn zu dort zu finden, außer Lehnert Menz, der ja in einem ähnlichen Gebirge aufgewachsen ist. Und so zieht er los, den künftigen Schwager zu suchen – Sie werden ahnen, was nun geschieht:

(...) *mit einem Male kam er in ein halbes Stürzen, und weil zufällig kein Strauch mehr da war, daran er sich klammern konnte, schoß er, wie von einer Rutschbahn, mit aller Gewalt auf den Plateaurand nieder und mußte froh sein, unterwegs auf eine stumpfe Steinkante zu stoßen, die den Sturz einigermaßen aufhielt.* Das sieht nach Rettung aus, doch: *Mit der Hüfte gegen den Stein fahrend, war der Hüftknochen aus dem Gelenk gesprungen. Er erhob sich mit äußerster Anstrengung, aber nur um im selben Augenblick wieder zusammenzubrechen. Jetzt kamen auch Schmerzen, begleitet von einer schweren Ohnmacht* (...). (207 f.)

Es wird Nacht, doch auch als der neue Tag heraufgezogen ist, hat ihn noch niemand gefunden. So liegt er da wie damals der Förster Opitz. Er hofft aber noch, denn er hat seinen Hund ins Tal geschickt und Schüsse abgegeben, auf daß ihn die Seinen hörten. Aber Toby, der inzwischen wohlbehalten heimgekehrt ist, und die anderen Männer aus Nogat-Ehre können ihn nicht finden, obwohl sie sich der Hilfe ortsansässiger Indianer bedienen: *Ist noch Hoffnung? ... Keine. Seine Geschicke haben sich erfüllt.* (211)

Als Toby dann endlich zur Stelle ist, kommt jede Hilfe zu spät. (...) *seine Augen füllten sich mit Tränen. Konnt es anders sein? Der da lag, war gestorben um ihn, um seinetwillen.* (212) Aber in seiner letzten Stunde hat Lehnert Menz noch etwas auf ein zusammengefaltetes Zeitungsblatt geschrieben, seine letzten Worte:

Vater unser, der du bist im Himmel ... Und vergib uns unsere Schuld ... Und du, Sohn und Heiland, der du für uns gestorben bist, tritt ein für mich und rette mich ... Und vergib uns unsere Schuld ... Ich hoffe: **quitt**. (213)

Und wo ist da die Quitt-, Pardon, die Quintessenz, die Moral von der Geschicht? Die finden wir im Paulusbrief an die Römer (13/1 und 2): »Jedermann sei untertan der Obrigkeit, die Gewalt über ihn hat. Denn es ist keine Obrigkeit ohne von Gott; wo aber Obrigkeit ist, die ist von Gott verordnet. Wer sich nun der Obrigkeit widersetzt, der widerstrebt Gottes Ordnung; die aber widerstreben, werden über sich ein Urteil empfangen.«

So wie Lehnert Menz seins empfangen hat.

Ach ja, Herr Kollege Fontane, ein Sozi und ein Revolutionär waren Sie ganz sicher nicht, vielleicht sogar ein wenig feige, daß Sie nun den lieben Herrgott den Anarchisten Lehnert Menz so drastisch abstrafen lassen. Der klammheimlichen Sympathie für die RAF hätte Sie doch sowieso keiner verdächtigt, denn wer wird schon Lehnert Menz mit Holger Meins verwechseln.

Es ist nichts so fein gesponnen …

Im August 1885 beginnt »Die Gartenlaube« eine Erzählung Theodor Fontanes abzudrucken, die nun erst recht alle Elemente eines Kriminalromans enthält – ja, die wirklich ein Kriminalroman ist. »Unterm Birnbaum«, so ihr Titel, spielt um 1830 in Tschechin, einem deutschen Dorf im deutschen Oderbruch, nachempfunden der Ortschaft Letschin, in der Fontanes Vater von 1838 bis 1850 Apotheker war und ihn 1843 dort als Gehilfen arbeiten ließ.

»Der zeitgenössische Erfolg dieses Werkes war gering. Nur einige hundert Stück von der Buchausgabe wurden verkauft«, schreibt Charlotte Jolles. (56) Sichelschmidt führt den Mißerfolg darauf zurück, daß das damalige Publikum

»das Arme-Leute-Milieu eines Oderbruchdorfes als kaum attraktiv genug ansehen mochte. Heute wird man Fontane gern attestieren, daß er die spezifischen Anforderungen, die man an eine Kriminalgeschichte stellt, mit sicherer Hand eingelöst hat«. (261) Hans Scholz merkt an, daß es »vom ›Kriminellen‹ abgesehen, eine außerordentlich scharf gesehene Studie märkischer Volkscharakter und öffentlicher Meinungsbildung« ist. (170)

Dem kann ich mich nur voll und ganz anschließen. Ich halte aber auch das besagte Kriminelle für durchaus »standesgemäß« und bitte als langjähriger Sprecher (Vorsitzender) des SYNDIKATS, der Vereinigung (fast) aller deutschsprachigen Spannungsschreiber/innen, wie als Mitglied des neuen deutschen Kriminalromans (NDK) und (Mit-)Begründer des Sozio-Krimis die Jury darum, Theodor Fontane zum Fontane-Jahr 1998 in Anerkennung für seine Verdienste um den deutschen Kriminalroman posthum den »Ehren-Glauser« zu verleihen.

Nun zur Story ...

Ihr Protagonist heißt Abel Hradscheck. Er kommt als kleiner Leute Kind aus dem Böhmischen, ist eigentlich von Hause aus Zimmermann, eröffnet aber um Michaeli 1820 in Tschechin ein Gasthaus und Materialwarengeschäft. Hradscheck heißt auf tschechisch »kleiner Spieler«, und damit verweist Fontane auf das essentielle Problem dieses Mannes mit der *weißen, fleischigen Hand* (226): das Glücksspiel – und damit das Schuldenmachen. Das ist auch der Vorwurf seiner Frau an ihn:

»Ach, das verdammte Spiel (...). Und wenn du noch glücklich spieltest! Ja, Hradscheck, das muß ich dir sagen, wenn du spielen willst, so spiele wenigstens glücklich. Aber ein Wirt, der nicht glücklich spielt, muß davon bleiben; sonst spielt er sich von Haus und Hof.« (226)

Und davor hat Ursula Hradscheck große Angst: »*Nur nicht arm sein ... Armut ist das Schlimmste.*« (231; siehe auch 235 f.) Sie stammt aus der Gegend des katholischen Hildesheim, konvertierte aber, als sie Hradscheck heiratete. Sie ist außerordentlich attraktiv und viel zu vornehm für ein Nest im Oderbruch. Als Schauspielerin ist sie vorher durch die Welt gezogen, nun hockt sie zwischen Bäuerinnen, die ihr alles neiden. Aber eine tiefe Neigung hat sie zu Hradscheck hingezogen. Man sieht ihr an, daß sie *viel erlebt hatte. Glück und Unglück, Lieb' und Leid, und durch allerlei schwere Schulen gegangen war. Er und sie machten ein hübsches Paar und waren gleichaltrig, Anfang vierzig* (...). (226) Beide Kinder waren ihnen gestorben.

Als Hradscheck nun, ein Freund der Gartenarbeit, unter seinem Birnbaum gräbt, stößt er auf etwas, *das unter dem Schnitt des Eisens zerbrach und augenscheinlich weder Wurzel noch Stein war. Er grub also vorsichtig weiter und sah alsbald, daß er auf Arm und Schulter eines hier verscharrten Toten gestoßen war. Auch Zeugreste kamen zutage, zerschlissen und gebräunt, aber immer noch farbig und wohlerhalten genug, um erkennen zu lassen, daß es ein Soldat gewesen sein müsse.*

Wie kam der hierher?

Hradscheck stützte sich auf die Krücke seines Grabscheits und überlegte. »Soll ich es zur Anzeige bringen? Nein. Es macht bloß Geklätsch. Und keiner mag einkehren, wo man einen Toten unterm Birnbaum gefunden hat. Also besser nicht. Er kann hier weiter liegen.«

Und damit warf er den Armknochen, den er ausgegraben, in die Grube zurück und schüttete diese wieder zu. (230)

Später stellt sich heraus, daß der Tote ein französischer Soldat war, der sich, so wird berichtet, anno 1813 in eine hübsche Deutsche verliebt habe und *beinah täglich von*

Küstrin her nach Tschechin gekommen sei, bis ihn ein Nebenbuhler erschlagen und verscharrt habe. (277) Das klingt durchaus modern.

Hradscheck jedenfalls bringt der tote Franzose unterm Birnbaum auf eine Idee, die man heutzutage genial nennen würde – nur sagt uns Fontane anfangs gar nicht genau, was der Wirt da nun eigentlich ausgebrütet hat, sondern ergeht sich nur in Andeutungen, womit er sich als Meister des Spannungsschreibergewerbes erweist. Hut ab!

Hradscheck muß sich allerdings auch ganz dringend etwas einfallen lassen, denn in Kürze wird eine Krakauer Firma, bei der er große Schulden hat, ihren Vertreter, einen Herrn Szulski, nach Tschechin schicken, um das Geld nachdrücklich einzutreiben, und er hat kaum einen Pfennig mehr. Er wäre dann bankrott, und alles wäre aus.

So bleibt ihm nichts anderes, als ... Seine Frau weiht er ein in seinen großen Coup – er muß sie einweihen –, doch sie ist zunächst skeptisch:

Und nun wurden Ursels Augen immer größer, als er rasch und lebhaft alles, was geschehen müsse, herzuzählen und auseinanderzusetzen begann.

»Es geht nicht. Schlag es dir aus dem Sinn. Es ist nichts so fein gesponnen ...«

Er aber ließ nicht ab, und endlich sah man, daß er ihren Widerstand besiegt hatte. (236)

Abel Hradschecks großes Spiel kann nun beginnen. Zunächst gaukelt man den Nachbarn vor, eine große Erbschaft gemacht zu haben, und *Frau Hradscheck reiste wirklich ab, um die geerbte Summe von Berlin zu holen, was schon im voraus das Gerede der ebenso neidischen wie reichen Bauernfrauen weckte* (...). (239)

Wie vorausgesehen erscheint nun der Weinreisende aus Krakau, *Herr Szulski, der eigentlich ein einfacher Schulz aus Beuthen in Oberschlesien war* (243), aber für Polen optiert hatte. Er hat bislang schon gute Geschäfte gemacht und trägt das eingenomme Geld immer eng am Leibe. Abends sitzt er lange mit den Tschechinern in der Gaststube und berichtet vom polnischen Freiheitskampf 1830 gegen die Russen. Um Mitternacht, als starker Regen fällt und alle darüber schimpfen, wie scheußlich das Wetter doch sei, zieht sich Szulski dann zurück, obwohl ihn die Bauern, hungrig nach Neuigkeiten aus der großen weiten Welt, noch nicht gehen lassen wollen.

Und damit nahm er den bereitstehenden Leuchter, um in seine Giebelstube hinaufzusteigen. Nur als er die Türklinke schon in der Hand hatte, wandt er sich noch einmal um und sagte zu Hradscheck: »Also vier Uhr, Hradscheck. Um fünf muß ich weg. Und versteht sich, ein Kaffee.« (249)

Pünktlich am Morgen steigt dann auch Jakob, der Knecht, zu Szulski hinauf, um ihn zu wecken. *Er fand aber die Stube verschlossen, weshalb er sich begnügte, zu klopfen und durch das Schlüsselloch hineinzurufen* (...). (251) Als ihm dann unten der Wind die Tür aus der Hand schlägt und es fürchterlich kracht, fügt er hinzu: *»Dat künn joa 'nen Doden uppwecken.«* (251)

Hradscheck will Jakob noch einmal nach oben schicken, um Szulski zu sagen, daß sein Kaffee kalt werde. *»Aber nein, laß nur; bleib. Er wird schon kommen.«*

Und richtig, er kam auch und stieg, während Hradscheck so sprach, gerade die nicht allzu hohe Treppe hinunter. Diese lag noch im Dunkel, aber ein Lichtschimmer vom Laden her ließ die Gestalt des Fremden doch einigermaßen deutlich erkennen. (252)

Nun hat uns Theodor Fontane aber mächtig hereingelegt, denn eben noch sind wir uns absolut sicher gewesen, daß Hradscheck den Tod des Handelsreisenden längst besorgt hätte. Doch schon mit dem nächsten Satz verrät er sich und dem Krimikenner alles:

Er hielt sich am Geländer fest und ging mit besonderer Langsamkeit und Vorsicht, als ob ihm der große Pelz unbequem und beschwerlich sei. (252)

Damit geht uns natürlich ein Licht auf, und wir wissen sofort, daß es Ursula Hradscheck ist, die sich da als Szulski verkleidet hat. Das ist also der Kern von Hradschecks Plan – und sofort fiebern wir mit Ursula Hradscheck, denn sie ist ja eigentlich eine Sympathieträgerin.

Nun aber war er – das heißt: sie – *unten, und Jakob, der alles neugierig verfolgte, was vorging, sah, wie Hradscheck auf ihn zuschritt und ihn mit vieler Artigkeit vom Flur her in die Wohnstube hinein komplimentierte, wo der Kaffee schon seit einer Viertelstunde wartete.* (...) *ehe fünf Minuten um waren, erschien das Paar wieder auf dem Flur und trat von diesem her auf die Straße, wo der verbindliche Hradscheck nunmehr rasch auf den Wagen zuschritt und den Tritt herunterließ, während der Reisende, trotzdem ihm die Pelzmütze tief genug im Gesicht saß, auch noch den Kragen seiner Wolfsschur in die Höhe klappte.* (252)

Bis jetzt ist alles gutgegangen, und wir erinnern uns, daß Ursula Hradscheck von Hause aus Schauspielerin ist. Kein Wunder also, daß sie den Szulski so trefflich nachzuahmen versteht, und Hradscheck wird dies beim Entwerfen seines Planes wohl bedacht haben – Fontane allerdings schweigt sich über diese Einzelheiten Hradschecks Idee aus. Ursula Hradscheck als Szulski zieht den Mantel fest um sich und wird gleich auf den Kutschbock klettern.

»Das ist recht«, sagte Hradscheck. »Besser bewahrt, als beklagt. Und nun mach flink, Jakob, und hole den Koffer.«

Dieser tat auch wie befohlen, und als er mit dem Mantel-

sack wieder unten war, saß der Reisende schon im Wagen und hatte den von ihm als Trinkgeld bestimmten Gulden vor sich auf das Spritzleder gelegt. Ohne was zu sagen, wies er daraufhin und nickte nur, als Jakob sich bedankte. Dann nahm er die Leine ziemlich ungeschickt in die Hand, woran wohl die großen Pelzhandschuhe schuld sein mochten, und fuhr auf das Orthsche Gehöft und die schattenhaft am Dorfausgange stehende Mühle zu. Diese ging nicht; der Wind wehte zu heftig.

Hradscheck sah dem auf dem schlechten Wege langsam sich fortbewegenden Fuhrwerk eine Weile nach, sein Kopf war unbedeckt und sein spärliches Haar flog ihm um die Stirn. (252 f.)

Gegen Mittag kommt der zuständige Amtsrat vorbei und berichtet, daß ein Fuhrwerk unten in der Oder liege, *wahrscheinlich fehlgefahren und in der Dunkelheit vom Damm gestürzt.* (253) Hradscheck schickt Jakob zu Schulze Woytasch und läuft selber zum Nachbarn Kunicke hinüber.

»Mein Gott, wenn es Szulski wäre!«

»Wird wohl«, gähnte Kunicke, dem der Schlaf noch in allen Gliedern steckte, »wird wohl ... Aber er wollte ja nicht hören, als ich ihm gestern abend sagte: ›nicht so früh, Szulski, nicht so früh ...‹« (254)

Als man zur Unglücksstelle eilt, vermutet Hradscheck, der Wind habe Szulski vom Damm geweht.

»Unsinn!« lachte Woytasch, »Ihr müßt doch sehn, Hradscheck, der Wind kommt ja von da, von drüben. Wenn der schuld wäre, läg er hier rechts vom Damm und nicht nach links hin in der Oder ...« (255)

Fontane schafft es, uns mit dem Mörder zittern zu lassen. Wird er, Hradscheck, noch weitere Fehler dieser Art begehen? Beziehungsweise – welche hat er schon begangen? Er oder seine Frau?

Das halbe Dorf hat sich schon an der Stelle eingefunden, wo sich das Unglück, wie man meinte, ereignet hatte, um eventuell Hilfe zu leisten oder zu gaffen.

Szulskis Einspänner lag wie gekentert im Wasser, das Verdeck nach unten, die Räder nach oben; von dem Pferd sah man nur dann und wann ein von den Wellen überschäumtes Hinterteil, während die Schere, darin es eingespannt gewesen, wie ein Wahrzeichen aus dem Strom aufragte. Den Mantelsack hatten die Wellen an den Damm gespült, und nur von Szulski selbst ließ sich nichts entdecken.

»Er ist nach Kienitz hin weggeschwemmt«, sagte Schulze Woytasch. »Aber weit weg kann er nicht sein; die Brandung geht ja schräg gegen den Damm.«

Und dabei marschierte man truppweise weiter, von Gestrüpp zu Gestrüpp, und durchsuchte jede Stelle. (255 f.)

Man sucht eine ganze Weile, bis Hradscheck plötzlich ruft: *»Ah, da ist ja seine Mütze!«* (256)

Man muß ihn dafür bewundern, wie er das eingefädelt hat.

Wirklich, Szulskis Pelzmütze hing an einem kurzen Geäst einer Kopfweide.

»Nun haben wir die«, fuhr Hradscheck fort, »so werden wir ihn auch selber bald haben.« (256)

Szulski aber bleibt verschwunden, und Fontane hat diesen Umstand so geschickt angelegt, daß auch ich als alter Krimifuchs erst am Ende dahintergekommen bin, wo denn der tote Szulski die ganze Zeit über gesteckt hat. Das ist doch sonnenklar, werden Sie jetzt denken, natürlich unterm Birnbaum! Warten wir's ab …

Kein Mord ohne Leiche – aber Abel Hradscheck ist trotzdem nicht aus dem Schneider, denn im Dorf gibt es viel Gerede, und der Sohn des Kantors, ein begnadeter Dichter, zieht mit diversen Knechten singend durch das Dorf:

Morgenrot!
Abel schlug den Kain tot.
Gestern noch bei vollen Flaschen,
Morgens ausgeleerte Taschen
Und ein kühles, kühles Gra-ab. (257)

Obwohl das alles Klatsch ist, sieht sich Justizrat Vowinkel, der Vorsitzende des Küstriner Gerichts, *doch veranlaßt, an seinen Duz- und Logenbruder Eccelius einige Fragen zu richten und dabei Erkundigungen über das Vorleben der Hradschecks einzuziehen.* (257 f.)

Eccelius aber, der Tschechiner Pfarrer, ist insbesondere Ursula Hradscheck sehr zugetan und legt Zeugnis zugunsten der beiden Hradschecks ab. Sie können aufatmen, als das Gericht die Sache fallen läßt, doch ihre Freude währt nur kurz, denn der Nachtwächter Mewissen gibt bei Schulze Woytasch an, *an jenem Tage, wo das Unglück sich ereignete, so zwischen fünf und sechs* (...) *die Frau Hradscheck zwischen den Pappeln an der Mühle* (259) gesehen zu haben, und damit sind die Verdachtsmomente gegen das Ehepaar wieder so gewachsen, daß man beschließt, ihre Dienstleute zu vernehmen.

Als sich nun Justizrat Vowinkel Ede vornimmt, den Laufburschen, gibt dieser an, neuerdings vor Hradscheck zu zittern. Eccelius, in dessen Studierzimmer die Vernehmungen stattfinden, hakt nach:

»Vor Hradscheck. Warum vor Hradscheck? Was ist mit ihm? Behandelt er dich schlecht?«

»Nei.«

»Nu wie denn?«

»Ick weet nich ... He is so anners.« (261)

Dabei bleibt er; und auch Male, die Magd, belastet ihre Herrschaft unwillentlich, aber schwer, als sie ihrer Verwunderung Ausdruck gibt, daß die Kaffeekanne, die sie für Szulski hingestellt habe, *beinah noch ganz voll gewesen sei. Und sei doch ein gräuliches Wetter gewesen und kalt und naß. Und wenn sonst einer des Morgens abreise, so tränk er mehrstens oder eigentlich immer die Kanne leer* (...) *Aber der Polsche hätte keine drei Schluck getrunken und sei eigentlich alles noch so gewesen, wie sie's reingebracht habe.* (261)

Und Jakob, der dritte Dienstbote der Hradschecks, der vernommen wird, macht die Sache auch nicht besser, als er darüber staunt, *»dat he so'n beten lütt utsoah ...«*, der Szulski, am Morgen. *»Un as ick to em seggen deih: ›Na Adjes, Herr Szulski‹ doa wihr he wedder so bummsstill un nickte man blot so.«* (262)

Obwohl Eccelius Hradscheck noch beredt zu verteidigen sucht, glaubt Justizrat Vowinkel jetzt handeln zu müssen. *»Jedenfalls haben sich die Verdachtsgründe durch das, was ich eben gehört habe, mehr gemehrt als gemindert, und ein Verfahren gegen den so mannigfach Belasteten kann nicht länger mehr hinausgeschoben werden. Er muß in Haft, wär es auch nur um einer Verdunkelung des Tatbestandes vorzubeugen.«* (262)

Und so wird Abel Hradscheck zehn Tage vor Weihnachten verhaftet und nach Küstrin verbracht, seine Frau hingegen darf im Dorfe bleiben, wo man – mit Ausnahme von Gendarm Geelhaar – pro Hradscheck eingestellt ist, der Dorfpolizist aber tönt immer wieder: *»Hradscheck? Den kenn ich. Der muß ans Messer.«* (264)

Und nun kommt Hradschecks Nacbarschaft ins Spiel, *Mutter Jeschke, eine schlimme Nachbarin*. Sie *machte* (...) *sympathetische Kuren, besprach Blut und wußte, wer sterben würde*. (229) Ihr *Hang zu spionieren ließ ihr keine Ruh* (250), und so hat sie denn in der entscheidenden Novembernacht Hradscheck auch ganz genau beobachtet – und erzählt nun dem Gendarm: *Hradscheck habe lang da gestanden, ein flackrig Licht in der Hand. »Un wihr binoah so, as ob he wull, dat man em seihn sull.« Und dann hab er einen Spaten genommen und sei bis an den Birnbaum gegangen. Und da hab er ein Loch gegraben. An der Gartentür aber habe was gestanden wie ein Koffer oder Korb oder eine Kiste. Was? das habe sie nicht genau sehen können. Und dann hab er das Loch wieder zugeschüttet.* (268)

Daraufhin kommt es nun zum Ortstermin am Birnbaum. Drei bäuerliche Gerichtsmänner sowie Justizrat Vowinkel, Schulze Woytasch, Nachtwächter Mewissen und Gendarm Geelhaar sehen zu, wie Totengräber Wonnekamp mit zwei Gehilfen zu schaufeln beginnt. Im weiten Umkreis steht das halbe Dorf herum und genießt das Spektakel. *Und siehe da, nicht lange, so war ein Toter aufgedeckt, der zu großem Teil noch in Kleiderresten steckte.* (...)

Eine Pause trat ein. Dann nahm der Justizrat des Angeklagten Arm und sagte, während er ihn dicht an die Grube führte: »Nun, Hradscheck, was sagen Sie?«

Dieser verzog keine Miene, faltete die Hände wie zum Gebet und sagte dann fest und feierlich: »Ich sage, daß dieser Tote meine Unschuld bezeugen wird.«

Und während er so sprach, sah er zu dem alten Totengräber hinüber, der den Blick auch verstand und, ohne weitere Fragen abzuwarten, geschäftsmäßig sagte: »Ja, der hier liegt, liegt hier schon lang. Ich denke zwanzig Jahre. Und der Polsche, der es sein soll, is noch keine zehn Wochen tot.« (271)

»Tusch!« müßte man nun rufen! Nach einer Woche, *nachdem er noch ein Küstriner Schlußverhör durchgemacht hatte*, war Hradscheck wieder frei. *Schlicht und unbefangen, ohne Lücken und Widersprüche, waren die Dunkelheiten aufgeklärt worden, so daß an seiner Unschuld nicht länger zu zweifeln war.* (273) In der fraglichen Nacht hätte er nur verdorbenen Speck vergraben, der dann auch prompt gefunden wird.

Das ist natürlich kein Ende, den der Zeitgeist der Jahre 1884/85 durchgehen lassen kann, und so läßt Fontane die Geschichte auch noch langsam weiterköcheln. Erst einmal wird Hradschecks Charakter ins schlechte Licht gerückt – *Aufregung, Blut, Totschießen, – wer ihm das leistete, war sein Freund* (281), dann findet Ede im Keller einen *schwarzübersponnenen Knebelknopf* von Szulskis Rock (281), und die Jeschke hetzt so lange gegen Hradschek und äußert dunkle Verdächtigungen, bis er ihr mit einer Verleumdungsklage droht. Ansonsten hat Hradscheck aber einen Sommer voller heller Tage und entschließt sich, sein Haus umbauen und erweitern zu lassen. Dann aber erkrankt seine Frau. *Um Johanni wußte ganz Tschechin, daß die Hradscheck es nicht mehr lange machen werde.* (285) Der hinzugezogene Arzt spricht von *Abzehrung und Nervenschwindsucht.* (287) Das, was geschehen ist, hat ihre Seele zerfressen – sie weiß ja von allem. Sie als frühere Katholikin bittet, eine Seelenmesse für sich lesen zu lassen, und stirbt dann am 30. September 1832. Eccelius hält die Grabrede.

Hradscheck fährt nun öfter nach Berlin, geht dort ins Theater, deckt sich mit *einem besonders großen Vorrat von Berliner Witzliteratur* (299) ein und wird der große Alleinunterhalter des Dorfes. Auch mit einer neuen Frau, Editha, wird er einig.

So könnte sich alles in Wohlgefallen auflösen, wenn sich nicht bei seinen Bediensteten hartnäckig der Aberglaube hielte – oder ist es eher ein archaischer Instinkt? Jedenfalls weigern sich Ede wie Male, in den Keller hinabzusteigen, und erklären einstimmig: »*Et spökt.*« (301)

Hradscheck wird nun immer stärker von Angst und Unruhe getrieben, denn im Keller hat er den ermordeten Szulski vergraben.

»Das geht so nicht weiter. Er muß weg. Aber wohin?«

Und bei diesen Worten ging Hradscheck auf und ab und überlegte.

»Wohin? Es heißt, er liege in der Oder. Und dahin muß er ... je eher, je lieber ... **Heute** *noch. Aber ich wollte, dies Stück Arbeit wäre getan. Damals ging es, das Messer saß mir an der Kehle. Aber jetzt! Wahrhaftig, das Einbetten war nicht so schlimm, als es das Umbetten ist.«* (305)

So schickt er Ede auf den Rummel und macht sich ans Werk. *Und zwischen den großen Ölfässern hin ging er bis an den Kellereingang, hob die Falltür auf und stieg langsam und vorsichtig die Stufen hinunter. Als er aber unten war, sah er, daß die Laterne, trotz der angebrachten Verblendung, viel zu viel Licht gab und nach oben hin, wie aus einem Schlot, einen hellen Schein warf. Das durfte nicht sein, und so stieg er die Treppe wieder hinauf, blieb aber in halber Höhe stehen und griff bloß nach einem ihm in aller Bequemlichkeit zur Hand liegenden Brett, das hier an das nächstliegende Ölfaß herangeschoben war, um die ganze Reihe der Fässer am Rollen zu verhindern. Es war nur schmal, aber doch gerade breit genug, um unten das Kellerfenster zu schließen.*

»Nun mag sie sich drüben – gemeint ist die Jeschke – *die Augen ausgucken. Meinetwegen. Durch ein Brett wird sie ja wohl nicht sehen können. (...)«*

Und damit schloß er die Falltür und stieg wieder die Stufen hinunter. (308 f.)

Nicht umsonst beschreibt Fontane dieses Brett mit solcher Ausführlichkeit, denn da es nun fehlt, kann ein großes Ölfaß zwei Fingerbreit vorrollen, nicht weit, *aber doch gerade weit genug, um die Falltür zu schließen.* (310) Hradscheck ist gefangen. Was nun unten im Keller geschieht, das verschweigt uns der Meister leider – wollte er es nicht beschreiben, konnte er es nicht? Gleichviel, am nächsten Morgen fällt Ede Hradschecks Fehlen auf, und Jakob wird ausgeschickt, den Nachbarn Kunicke zu holen. Der kommt auch und bringt gleich Gendarm Geelhaar und Schulze Woytasch mit. *Man begrüßte sich stumm und überschritt mit einer gewissen Feierlichkeit die Schwelle.* (310) Man rollt das Ölfaß beiseite, öffnet die Falltür und leuchtet in den Keller hinunter: *unten lag Hradscheck, allem Anscheine nach tot, ein Grabscheit in der Hand, die zerbrochene Laterne daneben.* (311) Man steigt nun hinunter und nähert sich der Stelle, *wo hinter einem Lattenverschlage der Weinkeller war. Die Tür stand auf, etwas Erde war aufgegraben, und man sah Arm und Hand eines hier Verscharrten. Alles andere war noch verdeckt. Aber freilich, was sichtbar war, war gerade genug, um alles Geschehene klarzulegen.* (311)

Am Ende des Romans hält Pastor Eccelius den Fall Abel Hradscheck im Tschechiner Kirchenbuch fest:

*»Heute, den 3. Oktober, früh vor Tagesanbruch, wurde der Kaufmann und Gasthofsbesitzer Abel Hradscheck ohne Sang und Klang in den hiesigen Kirchhofsacker gelegt. Nur Schulze Woytasch, Gendarm Geelhaar und Bauer Kunicke wohnten dem stillen Begräbnisakte bei. Der Tote, so nicht alle Zeichen trügen, wurde von der Hand Gottes getroffen, nachdem es ihm gelungen war, den schon früher gegen ihn wach gewordenen Verdacht durch eine besondere Klugheit wieder zu beschwichtigen. Er verfing sich aber schließlich in seiner List und grub sich, mit dem Grabscheit in der Hand, in demselben Augenblick sein Grab, in dem er hoffen durfte, sein Verbrechen für immer aus der Welt geschafft zu sehen. Und bezeugte dadurch aufs neue die Spruchweisheit: ›**Es ist nichts so fein gesponnen, 's kommt doch alles an die Sonnen**‹.«* (313)

Nur der Mond war Zeuge

»Ellernklipp« heißt die Novelle, die Theodor Fontane nach einem authentischen Fall geschrieben hat, und sie ist ein echter Psycho-Thriller. 1881 erscheint sie als Vorabdruck in »Westermanns illustrierten Monatsheften« (Bd. 50, Nr. 296/297) und wird von Kritik und Forschung »ungünstig beurteilt«. Man wirft Fontane eine Vermengung unterschiedlicher Stilelemente vor, eine Mischung von »Mystisch-Spukhaft-Irrationalem und milieuhaft-psychologischer Kausalität« (nach Jolles 49). Ähnlich kritisiert Hans Scholz, meint jedoch: »Aber er liest sich ...« (163) Mit »er« meint er einen Roman; nur Deutschlehrer bzw. Deutschlehrerinnen mögen entscheiden können, ob »Ellernklipp« nur Novelle oder schon Roman genannt werden kann. Uns kann das egal sein. Sichelschmidt schließlich rechnet »Ellernklipp« nicht zu Fontanes Meisterwerken, findet aber: »... dem Wertvergleich mit anderen zeitgenössischen Versuchen auf diesem Gebiet hält Fontane diesmal durchaus stand.« (261) Urteilen wir selbst ...

Tatort ist der Harz des Jahres 1752, der Protagonist heißt Baltzer Bocholt.

In einem der nördlichen Harztäler, in der Nähe der Stelle, wo das Emmetal in das flache Vorland ausmündet, lagen in den sechziger Jahren des vorigen Jahrhunderts Dorf und Schloß Emmerode (in Wirklichkeit – siehe Schmelzer 1992, 74 – Wernigerode); *jenseits des Dorfes aber, einige hundert Schritte weiter talaufwärts, wurde ein einzelnstehendes, hart in die Bergwand eingebautes Haus sichtbar, das in seiner Front ein paar Steinstufen und eine Vorlaube von wildem Wein und über der Tür ein Hirschgeweih zeigte. Hier wohnte Baltzer Bocholt, ein Westfälinger, der in jungen*

Jahren in Kur-Trier als Soldat gedient hatte, späterhin aber nach Emmerode gekommen und um seiner guten Führung willen erst ein gräflicher Heidereiter - ein berittener Forstaufseher also – *und einige Jahre später, durch Heirat mit des alten Erbschulzen Alsewant einziger Tochter, ein über seinen Stand hinaus vermöglicher Mann geworden war. Er hatte nun Haus und Hof und Amt und Frau, dazu Respekt in Dorf und Schloß, und ging stolz und aufrecht einher und freute sich seines Glückes.* (95)

Alles aber ändert sich, als ihm die Frau nach elfjähriger Ehe plötzlich stirbt. Zwei Monate ruht sie im Grab, als die Handlung einsetzt. Pastor Sörgel ruft ihn zu sich und bittet ihn, ein Waisenkind zu sich ins Haus zu nehmen: Hilde, die Tochter der kürzlich verstorbenen zigeunerhaften Erdmuthe Rochussen. Als ihr Erzeuger gilt bei den Eingeweihten im Dorfe der Graf von Emmerode – jedenfalls hat sie dessen rotblondes Haar und die langen Wimpern.

Daß das Kind im Schloß unterkommt, ist wegen des Stolzes der Gräfin undenkbar, auch wenn es ihr Enkelkind ist. Pastor Sörgel aber will es gut versorgt wissen und redet auf Baltzer Bocholt ein: *»Ihr, Baltzer Bocholt, Ihr wäret der Mann, Ihr könntet's! Und es wär ein christliches Werk.«*

Doch Baltzer Bocholt zeigt wenig Begeisterung: *»Es fehlt die Frau, Herr Pastor.«*

Sörgel läßt indes nicht locker, und als sich der Heidereiter am Anblicke des spielenden Mädchens erfreut, sagt er schließlich: *»Gut. Ich will es bedenken.«* (97)

Nach einem Besuch im Sterbezimmer der Mutter willigt Baltzer Bocholt schließlich ein: *»Ich nehme das Kind, und es soll mit meinem Martin zusammengehen.«* (99) Martin ist sein leiblicher Sohn. Baltzer Bocholt nimmt Hilde an die Hand, und zu dritt, Pastor Sörgel begleitet sie noch, gehen sie nach Haus. Dabei kommen sie an einer Felswand vorbei, der Ellernklipp (in Wirklichkeit die Bäumler-Klippe), und wäre dies ein Film, so müßte jetzt die Schicksalsmelodie aufbranden. Pastor Sörgel aber ahnt noch nichts von dem, was da kommen wird, sondern freut sich über die von ihm eingefädelte Adoption der etwas schwierigen Hilde Rochussen und über die Wahl des Stiefvaters. *»Der hat die Zucht und Strenge, die das Träumen und das Herumfahren austreibt. Und wenn sie Gutes sieht, so wird sie Gutes tun.«* (100)

Man kommt ins Haus des Heidereiters, und Hilde lernt Grissel kennen, Baltzer Bocholts Haushälterin, und Joost, den Knecht, vor allem aber Martin.

»(...) unser Martin, *der soll nun dein Bruder sein, und ihr sollt euch lieb haben. Wollt ihr? Willst du, Hilde?«*

Diese nickte, während Martin schwieg und verlegen vor sich niedersah. Baltzer aber hatte dessen nicht acht und fuhr fort: »Und nun gebt euch die Hand. So. Und jetzt einen Kuß.« (101)

Schnell lebt sich Hilde ein, *und es waren glückliche, helle Tage, so hell wie der Schnee, der draußen lag.* (107) Hilde ist oben auf der Weide von Sieben-Morgen, wo ihr der 70jährige Kuhhirte und Konventikler Melcher Harms seine Märchen erzählt (Konventikler bedeutet Angehöriger einer außerkirchlichen Gemeinschaft mit sektiererischen Zügen), oder spielt mit Martin, *der ihr in allem zu Willen war, ohne daß sie selber einen rechten Willen gehabt hätte. Aber er erriet ihre Gedanken und handelte danach.* (104) So schnitzt und baut er ihr aus Holz- und Rindestücken eine ganze Flotte. Als sie aber die Boote ins Wasser setzen, kentern sie sogleich – bis auf zwei, die den Fluß hinunter grad auf den goldenen Sonnenball zufahren. *»Sieh«, sagte Martin, »das sind wir; ich hab unsere Namen drangesteckt, und die scheitern nicht.«* (105) Weihnachten baut ihr Martin eine ganze Stadt, und als sie die unterm Tannenbaum entdeckt, *war* *alle Scheu geschwunden, und sie lief auf Martin zu und gab ihm einen herzhaften Kuß, so herzhaft, daß der alte Heidereiter ins Lachen kam und immer wiederholte: »Das ist recht, Hilde, das ist recht. Ihr sollt euch lieb haben, so recht von Herzen und wie Bruder und Schwester. Ja, so will ich's, das hab ich gern.«* (109)

So vergeht die Zeit. Hilde sieht das Haus ihrer Mutter abbrennen, Hilde kommt zur Schule, und Hilde wird schließlich mit Martin zusammen eingesegnet.

Als Hilde dann achtzehn Jahre alt ist, entdeckt Baltzer Bocholt sie am Waldesrand.

Da lag Hilde, den einen Arm unterm Kopf, und sah geschlossenen Auges in den Himmel. Ihr Haar hatte sich gelöst, und ihre Stirn war leise gerötet, und alles drückte Frieden und doch zugleich ein geheimnisvolles Erwarten aus, als schwebe sie, traumgetragen, einem unendlichen Glücke nach. Um sie her aber summten ein paar Bienen, und die Sonne schien, und das Heidekraut duftete. Da mußte Baltzer des Wortes wieder gedenken, das Sörgel letzten Herbst erst gesprochen hatte: »Die Hilde blüht«; und er wiederholte sich's, hing das Gewehr über die Schulter und sah andächtig und verworren dem Bilde zu, bis er sich heimwärts wandte. Neben ihm her aber ging das Bild, und als eine Stunde später die Hilde nach Hause kam, vermied er es, sie zu sehen, wie wenn er etwas Unrechtes getan und durch die zufällige Begegnung ihr Innerstes belauscht oder ihr Schamgefühl beleidigt habe. Diese Verwirrung und Unruhe blieben ihm auch, und er mußte sich's zuletzt, alles Sträubens ungeachtet, in seinem Herzen bekennen: er habe sie mit anderen Augen angesehen als sonst. Ja, das war es. Und er schämte sich vor sich selbst. Aber zuletzt bezwang er's, und nur zweierlei blieb ihm in der Seele zurück: einmal, daß die Hilde kein Kind mehr sei, und zweitens und hauptsächlichst, daß sie ***sein*** *Kind nicht sei.* (127) Baltzer Bocholt bemerkt nun der Grissel gegenüber, daß Hilde nicht länger so in den Tag hineinleben könne, immer bei dem alten Melcher Harms auf der Weide oder bei Pastor Sörgel drüben, mit nichts anderem im Sinn als dem Müßiggang, ihre Pflichten müsse sie jetzt kennenlernen. *»Da mein ich denn, wir geben ihr die Milchwirtschaft, das Leinenzeug und die Wäsche …«* (128) Außerdem bekommt Hilde nun die eine Giebelstube oben, die sie bislang mit Grissel friedlich geteilt hat, allein für sich, und der Haushälterin wird die Kammer unten zugewiesen, direkt neben der Küche, was sie wenig glücklich macht.

Hildes Gefühlswelt erwacht nun immer mehr. *»Und wenn dann Abend war, öffnete sie das Fenster und sah hinaus, und eine müde, schmerzlich-süße Sehnsucht überkam sie. Wonach? Wohin?* ***Dorthin****, wo das Glück war und die Liebe. Ja, die … Und Gestalten kamen und zogen an ihr vorüber und grüßten sie und fragten sie: aber sie waren es alle* ***nicht****. Und zuletzt kam Martin – Martin, der drüben in der Kammer schlief und immer rot wurde, wenn der alte Sörgel in Scherz oder Ernst ein Wort sagte. War* ***er*** *es? Nein, ja … und dann wieder nein.* (130 f.)

Die Tage vergehen. Baltzer Bocholt feiert seinen 49. Geburtstag. Hilde ist oft bei Melcher Harms, und der ist voller düsterer Prophezeiungen, als er erfährt, daß Martin auf dem Heidenstein geschlafen hat.

»Es ist ein Opferstein. Und sie sagen: wer darauf schläft, den opfern die finsteren Mächte. (…) *Ihr Blut ist ihr Los, und den Jungen reißt sie mit hinein. Es geschieht, was muß* (…)*.«* (140)

Wenig später gesteht Martin Hilde seine Liebe und er endet mit dem Satz: *»Ach, ich glaub, ich sterbe, so lieb hab ich dich.«*

Und dabei glitt er nieder und legte schluchzend den Kopf auf ihre Knie.

Das gab ihr einen Schreck und eine Herzensangst, und sie bat und beschwor ihn, abzulassen und wieder aufzustehen. »Ich hätte den Tod, wenn's die Grissel säh.« Sie kennt deren Neid und Mißgunst ihr gegenüber. *»Ich bitte dich, Martin, steh auf ... Sieh, sieh nur, jetzt hat sie's gesehen!«*

»Laß sie. Mir gilt es gleich. Sie **soll** *es sehen.* **Jeder** *soll es sehen. Und er auch.«*

»Um Gottes willen, nein, **er** *nicht! Ich weiß nicht, Martin, was es ist, aber er darf es nicht sehen. Ich les es ihm von der Stirn, er will es nicht. Er will, daß wir Geschwister sind, das mußt du doch auch wissen, und Bruder und Schwester ist sein drittes Wort.* (...) *Ach, Martin, ich bin ihm gut, weil er gut gegen mich ist, aber ich weiß nicht, ich fürchte mich vor ihm.«*

»Und ich auch, Hilde. Ja, ja, das ist es. Aber ich **will** *mich nicht länger fürchten und schäme mich meiner Furcht. Denn vor seinem Vater soll man sich nicht fürchten.«* (141 f.)

Doch die Natur ist stärker als ihre Bedenken, und im Anschluß an eine Geburtstagsfeier geschieht es:

Und nun waren Martin und Hilde die Treppe hinauf und standen unter einer Luke, durch die von oben her ein breiter Lichtstreifen einfiel. Und hier war's, wo sie sich trennten und in ihre Giebelkammern nach rechts und links abbiegen mußten. Und sie trennten sich auch wirklich. In demselben Augenblick aber, wo Martin an seiner Tür hielt und eben schon die Klinke faßte, wandt er sich und rief mit gedämpfter Stimme zweimal über die Diele hin: »Gute Nacht!« Und auch Hilde hatte sich gewandt, als ob sie's nicht anders erwartet habe, und wie vom selben Geiste getrieben, liefen beide wieder auf die Stelle zu, wo sie vorher gestanden und umklammerten sich und küßten sich. Eine kurze selige Minute. Dann aber schreckte sie Geräusch von Flur oder Treppe her auseinander (...).« (147)

Zugleich wird immer klarer, daß Baltzer Bocholt seiner Stieftochter verfallen ist. Grissel gegenüber wird er mehr als deutlich: »*Und ist keiner hier herum bis Ilseburg hin und das Amt mit eingerechnet, dem ich sie gönne. Und auch dem Martin nicht. Er ist ein Jung' und weiter nichts.* (...) *du bringst sie bei mir nicht heraus. Und das mit dem Martin ist Kinderei.*« (151)

Beiden, Martin wie Hilde, entgeht Baltzer Bocholts Stimmung nicht, und sie haben Angst vor ihm, zumal er alles tut, sie in ihrer Zweisamkeit zu stören, *denn wenn er auch weit in den Wald hinaus war, er konnte sich anders besonnen haben, war plötzlich wieder da und stand zwischen ihnen, als wäre er aus der Erde gewachsen.* (152 f.) Martin hat das alsbald satt und will seinem Vater die Wahrheit sagen, wie es steht mit ihnen beiden und ihrer Liebe.

»*Und wenn er nein sagt, was er eigentlich nicht darf, dann gehen wir in die weite Welt. Alle beid'. Und du mußt nur Mut haben.*«

Hilde schwieg.

»*Und weißt du, wo wir dann hingehen?*« *fuhr Martin fort.* »*Ich weiß es. Dann gehen wir zu dem preußischen König. Der kann immer Menschen brauchen, weil er immer Krieg hat.*« (...)

Aber Hilde schüttelte den Kopf und sagte: »*Nein, nein, Martin; es ist besser hier. Und ich will nicht, daß du Soldat wirst.*« (154) Sie fürchtet, daß er erschossen wird.

Martin möchte nun nichts anderes mehr, als eins mit ihr sein. *Und er küßte sie leidenschaftlich und sagte:* »*Sieh, Hilde, nichts sagen, kein Wort, nicke nur leise mit dem Kopf ... Oh, nun ist alles gut! Und ich komm ...*«

»*Um Gottes willen, nein! Ich will alles, was du willst! Alles! Nur nicht unter diesem Dach! Es wäre mein Tod. Ich kann dir nicht sagen, wie sehr ich mich fürchte.*«

»Wovor? Vor mir?«

»Nein, vor ihm.« (155)

Aber sie hat es ihm versprochen, sich ihm hinzugeben, und er weiß auch einen geeigneten Platz, wo sie ungestört miteinander sein können. *»Nicht unter diesem Dach, ängstige dich nicht, aber unter Gottes freiem Himmel, oben auf Ellernklipp.«*

Sie schmiegte sich an ihn, und ihre Seele wuchs in der Vorstellung eines solchen Sichtreffens auf einsamer Klippe. (155)

Baltzer Bocholt ahnt, weiß und fühlt das alles und fragt sich: *»Was ist zu tun?« Und ein bitterer Zug umspielte seinen Mund, und er sagte: »Nichts! Nichts! ... Und was ist denn auch geschehen? Sie lieben sich. Und warum sollten sie's nicht?«* (...) *Aber das wußt er: Eifersucht sah im starr ins Gesicht und erfüllte seine ganze Seele.* (157) Er hört in sich hinein und weiß sehr wohl, daß er aus *aller Zucht des Leibes und der Sitte* heraus ist und vom Neid zerfressen wird: *Ich neid es dem Jungen. Das ist alles. Ich neid ihm das schöne, müde Geschöpf, das müd ist, ich weiß nicht um was.* (160) Unschlüssig, was er nun tun soll, und *ohne daß er die Pein aus seiner Seele weggeschafft* (...) *hätte* (160), streift er durch die Wälder, und es kommt, was kommen muß: der Showdown, der Höhepunkt im Vater-Sohn-Konflikt.

Baltzer Bocholt *stieg einen mit Geröll angefüllten Hohlweg hinauf, der erst auf das Kamp und gleich daneben auf Ellernklipp zulief, auf* ***Ellernklipp****, dessen schrägliegende Tanne dunkel an dem geröteten Abendhimmel stand.*

Dahin zog es ihn, er wußte nicht warum; und als er bis an die schwindelhohe Stelle gekommen (...), *traf er auf Martin. Ein jeder prallte zurück. Auch der Alte. Dann boten sie sich einen frostigen guten Abend und standen einander gegenüber. Rechts die Klippe, links der Abgrund. Und am Abgrunde hin nur der Brombeerstrauch und ein paar Steine.*

»Wo kommst du her?« fragte der Alte, dem rasch alles wieder hinschwand, was er an guten Vorsätzen in seiner Seele gefaßt haben mochte.

»Von den Holzknechten. Und ich hab ihnen den Wochenlohn gezahlt.«

»Ei! Hast du? Richtig; 's ist ja Freitag heut ... Und bist sonst keinem begegnet?«

»Nein.«

»Und auch der Hilde nicht?«

»Nein.«

»Und weißt auch nichts von ihr?«

»Ich denke, sie wird zu Haus sein oder bei dem Melcher Harms oben auf den Sieben-Morgen.«

»Oder auf Kunerts-Kamp! Oder bei der Muthe Rochussen Haus! Oder bei den roten Beeren!« Und er packte den unwillkürlich einen Schritt zurücktretenden Martin bei der Brust und schrie: »Wo hast du sie? Wo ist sie?«

»Laß mich los, Vater!«

»Antworte, Bursch!«

»Ich weiß es nicht! Ich ***will*** *es nicht wissen! Ich bin ihr nicht zum Vormund gesetzt! Und nicht zum Hüter!«*

»Nein! Ihr Hüter bist du ***nicht****! Aber ich will dir sagen, was du bist: ein Räuber, ein Dieb! Und ich will dir sagen,* ***wo*** *du bist: auf verbotener Fährte! Heraus mit der Sprache! Wo hast du sie? Sprich! Aber lüge nicht!«*

»Ich lüge nicht!«

»Doch, doch! Lump, der du bist ...« Und sie rangen miteinander, bis der Alte, der sonst der Stärkere war, auf den Kiennadeln ausglitt und hart am Abgrund niederstürzte.

Martin erschrak und rief in bittendem Tone: »Vater!«

Aber der Alte schäumte: »Der Teufel ist dein Vater!« Und außer sich über die seinen Stolz demütigende Lage, darin er sich erblicken mußte, stieß er mit aller Gewalt gegen die

Knie des Sohnes, daß dieser fiel, im Fallen sich überschlug und über einen der Steine hin in die Tiefe stürzte.

Baltzer starrte kalt und mitleidslos ihm nach und horchte, wie die Kusseln knackten und brachen. Einmal aber war's ihm, als riefe es aus der Tiefe heraus, und es klang ihm wie »Vater«.

Er starrte lange in die *blutrote Scheibe* des eben aufgegangenen Vollmonds, *lang und trotzig fast; endlich aber wandte er sich und ging geraden Wegs auf seine Wohnung zu. Das Feuer, das ihn verzehrt hatte, brannte nicht mehr* (...). (161)

Baltzer Bocholt fühlt sich von einem unerträglichen Druck befreit und kann auch ohne jede Mühe Hilde in die Augen sehen, als er nach Hause kommt und sich alle zum Abendbrot versammelt haben. *»Wo nur der Martin bleibt?«* fragt er und tadelt ihn. *»Der Junge hat keinen Appell, und mir wär's wirklich recht, er ging unter die Soldaten. Da lernt sich's.«* Er will nicht, daß man auf ihn wartet. *»Wir wollen essen.«* (162)

So gelassen Baltzer Bocholt bei Tisch auch ist, als er dann allein in seiner Stube sitzt, überkommt es ihn doch, und er fürchtet, Martin *sei* ***nicht*** *tot und könne wiederkommen. Und könne die Hand gegen ihn erheben zur Anklage vor Gott und Menschen ... Und dann wieder sah er ihn in seinem Elend daliegen, nicht lebend und nicht tot, und ein Schauder natürlichen Mitgefühls ergriff ihn, nicht mit dem Sohn, aber mit der leidenden Kreatur.* (164)

Am Morgen aber hat der Heidereiter seine Ruhe wieder und ißt und trinkt auch wieder wie gewohnt, *und da weder Grissel noch Hilde das Wort nahmen, begann er nach einer Weile: »Länger geht's nicht; wir müssen ihn suchen gehen. Aber wo?«* (165)

Sie ziehen los, aber sie können Martin nicht finden, obwohl

Hilde gesteht, sich oben im Wald mit ihm getroffen zu haben, und Melcher Harms aussagt, Martin gestern bei Sonnenuntergang an der Ellernklipp gesehen zu haben. *Und so verging der Tag, und auch in des Heidereiters Hause hieß es: er ist weg und zu den Preußen gegangen.* (166)

In der Nacht zieht Baltzer Bocholt noch einmal los, diesmal aber allein. Im Geräteschuppen sucht er sich einen Spaten, reißt das Eisen vom Stiel und versteckt es in seiner Jagdtasche, nicht ohne flüchtig zu prüfen, ob einer seiner Stöcke als Stielersatz in die Öffnung paßt. Im Mondschein zieht er los. Unterhalb der Ellernklipp, wo Martin liegen mußte, nahm er *das Spateneisen aus seiner Tasche heraus und steckte den Stock ins Öhr. Aber das Öhr war zu weit, und er wußte nicht, was tun. In seiner Hast und Verwirrung riß er endlich ein Stück aus seinem Sacktuch heraus und wickelte den Fetzen um den Stock herum, bis dieser festsaß.* (167) Dann aber schafft er es doch nicht, nach seinem Sohn zu suchen und ihn zu begraben. *»Ich kann's nicht ... Und wozu auch? 's ist Moorgrund, und der gibt nach, und eines Tages hat er sich selber begraben. Sie werden ihn nicht finden ... Und wenn doch, so heißt es, er ist verunglückt, ausgeglitten. Und war es nicht so? Oder wer hat es anders gesehen? Einer!« Und er sah in den Mond hinauf. »Aber der plaudert nicht.«* (167)

So zieht er das Spateneisen wieder ab, steckt es in die Tasche zurück und kehrt ins Haus zurück. Da erst wird ihm alles bewußt und läßt ihn an Selbstmord denken: *Es war ihm unerträglich, daß er nicht mehr geradeaus sehen und immer nur schweigen und horchen und auf der Lauer liegen sollte. »Ei, Heidereiter, das ist dein Leben nun: immer in Bangen und immer in Lüge; rastlos und ruhelos, und so bis zuletzt.«*

Und er schlug sich mit der Faust vor die Stirn und sah

nach dem Gewehr hin und wollte darauf zuschreiten. Aber die Kraft seiner Natur war erschöpft, und er brach zusammen. (167) Er fällt in schweres Fieber, wird aber vom Ilseburger Doktor gerettet.

Nun nimmt denn alles seinen Lauf, und als uns Fontane drei Jahre später wieder nach Emmerode führt, erfahren wir, daß Baltzer Bocholt Hilde inzwischen geheiratet hat. Alle versichern, *daß dies die lustigste Hochzeit seit Menschengedenken gewesen sei.*

»Und je lustiger die Hochzeit, desto glücklicher das Paar.« (173) Martin ist nicht gefunden und amtlich für tot erklärt worden.

Man rätselt über Hildes Motive hinsichtlich der Heirat, ob es Baltzer Bocholts Ansehen gewesen sei oder mehr ein Zwang, und der alte Melcher Harms bringt es auf den Punkt: *»(…) sie hat nie vergessen, was er an ihr getan; aber zugleich auch ist sie die Furcht vor ihm nie losgeworden. Und aus Furcht und Dankbarkeit ist es gekommen, und aus Furcht und Dankbarkeit hat sie ja gesagt.«* (172) Aber eigentlich sei es keine erfüllte Liebe, auf die warte sie noch immer. Und das ändert sich auch nicht, als sie nun Mutter wird. *Hilde war eines Kindes genesen, eines Knäbleins mit spärlichem rotblondem Haar* (…). (174)

Melcher Harms ist es dann, der die Geschichte weiter vorantreibt, als nämlich sein Hund ein Stück von Baltzer Bocholts Taschentuch findet und er damit eine Wunde verbindet, die sich eine von des Heidereiters Kühen zugezogen hat. Da es Baltzer Bocholts beste Milchkuh ist, wird er von Joost, seinem Knecht, am Abend gerufen, um sich die Verwundung zu besehen. Baltzer Bocholt wickelt zunächst den Verband wieder ab. *Als er ihn aber in Händen hielt und sah, daß es das Stück Sacktuch war, das er damals abgerissen und um den Spatenstock gewickelt hatte, kam ihm ein*

Schwindel, und er fiel ohnmächtig an der Stalltür nieder. Und in der Nacht sprach er wieder irr (...). (176)

Doch abermals wird er gesund, erklärt jedoch, Melcher Harms nicht mehr in seinem Hause sehen zu wollen, auch Hilde solle ihre Freundschaft mit ihm fallen lassen. Hilde fügt sich, geht aber dann doch wieder zu ihm hinauf, als ihr Kind erkrankt. Doch der Konventikler kann ihr nicht helfen und empfiehlt einen Besuch beim alten Dr. Schliephake in Ilseburg. Traurig sieht er hinter ihr her, als sie geht. *Elend war sie, elend und lebensmüde wie das Kind, das sie weinend an ihrem Busen barg.* (177)

Baltzer Bocholt fährt nun nach Ilseburg, um das Kind dem Doktor vorzustellen. Schliephake untersucht es, schickt dann die Mutter hinaus und spricht mit dem Heidereiter: *»Ich wollt erst Eure Frau fort haben; Ihr aber, Bocholt, Ihr müßt es hören können ... Es muß sterben.«*

Baltzer Bocholt fuhr zusammen und sagte dann, indem seine Stimme stotterte: »Warum sterben?«

»Weil es kein Leben hat. Es ist welk, so welk, daß jede Stunde Leben ein Wunder ist. (...) *Aber das will ich Euch sagen: auf das* **Herz** *kommt es an; das Herz entscheidet. Und wo Freude wohnt, da gibt es Leben, und wo Leid wohnt, da gibt es Tod. Und das* **Leid** *hat eine große Gevatterschaft: Angst und Not und Kummer und Reu'.«* (180 f.)

Inmitten von Leuten, die von einem Volksfest kommen, fahren sie mit Pferd und Wagen nach Hause. Da fragt ihn jemand, ob es stimme, was die Leute sagen. Was denn?

»I, se seggen joa, et spöckt upp Ellernklipp. Un schriegt und röppt.«

»Unsinn«, preßte Baltzer heraus. »Und was ruft es denn?«

*»›*Vader*‹, röppt er. Ümmer man dat een.«* (182)

Da ein Rad ihres Wagens gebrochen ist, sind sie jetzt zu Fuß unterwegs. Als sie an der Ellernklipp vorbeikommen, glaubt er es wirklich unten im Elsbruch, wo Martin liegt, rufen zu hören, doch es scheint eine Sinnestäuschung zu sein. Der Sägemüller jedenfalls, der neben ihm geht, will nichts gehört haben. Dann aber erschrickt Baltzer Bocholt *bis in seine tiefste Seele hinein*, als der Alte plötzlich sagt: »*Awers nu, Heidereiter. Joa. Nu hür ick't ... Et röppt.*«

Und wirklich, es war als riefe was. Und als der Heidereiter in ebendiesem Augenblicke sich umsah, sah er, daß der Vollmond hinter dem Tannenwald aufstieg. Und er schrie laut auf und sagte, während er seine letzte Kraft zusammenraffte: »Geht nur. Geht immer voran. Ich muß sehen, was es gibt. Und sagt meiner Frau, daß ich nachkomme. Geht.« (185)

Bald darauf hören die Leute, wie ein Schuß fällt und durch die Berge widerhallt.

Zu Hause wird Hilde unruhig und wundert sich, *daß der Vater noch nicht da sei. Denn sie nannte ihn noch immer so. Grissel aber wollte von Angst und Sorge nichts wissen und sagte nur: »Er hat den Schuß gehört, und da versteht er keinen Spaß und sieht, was es ist. Es fängt ohnedies das Wildern wieder an* (...).« (186)

Alsbald sieht Hilde im Mondlicht einen kleinen Zug auf ihr Haus zukommen. Und sie weiß auch, was und wen sie da heranschleppen. Beim Maus-Bugisch, dem Wilderer, den Baltzer Bocholt erschossen hatte, war es ebenso gewesen.

Und nun nahm sie die Tannenzweige fort, die die Träger über das Antlitz des Toten gedeckt hatten.

Es war Baltzer Bocholt, der ihr – ein paar Blutstropfen in seinem grauen Bart – ernst und beinahe finster entgegenstarrte. (187)

Noch in derselben Nacht geht sein Kind, geht ihr Kind, in die Ewigkeit ein. Zwar hilft ihr nun die Gräfin, doch noch im selben Frühsommer stirbt auch Hilde. *Ein Fieber kam, das ihre Kräfte rasch wegzehrte, rascher noch, als irgendwer geglaubt, sie selber ausgenommen; und als Grissel auch den letzten Tag noch mit einem versteckten »Reißen« zu trösten suchte, lächelte sie nur und sagte: »Laß. Ich weiß alles ... Und ich sterbe gern.«* (193)

Auf ihren Grabstein kommt der Spruch: »Ewig und unwandelbar ist das Gesetz!«

Mein ist die Rache

Fontanes Roman beziehungsweise Novelle »Grete Minde«, als Vorabdruck in »Nord und Süd«, Band 9, im Jahre 1879 erschienen, fußt auf der Verschronik des Tangermünder Bürgermeisters Caspar Helmreich und dem Altmärkischen Geschichtsbuch des Andreas Ritner, beide 1651 verfaßt, sowie den Arbeiten des märkischen Geschichtsforschers Ludolf Parisius (1883). Zwar rühmt der Dichter Paul Heyse, ein persönlicher Freund Fontanes, »Grete Minde« als eine »Dichtung von erschütternder Kraft und hoher poetischer Schönheit«, aber: »Gerügt wird im allgemeinen die Mischung von Balladeskem, Chronikstil und moderner Psychologie sowie die Anzahl unerfreulicher, ganz ›unfontanischer‹ Charaktere.« (Jolles 45) Auch Scholz bemängelt die »psychologisch unzulänglich gezeichnete, veredelte Titelheldin« (158). Ich hingegen finde, daß es eine großartige Geschichte ist, schwärme auch als Soziologe von ihr und sehe es ganz wie Verchau: »›Grete Minde‹ ist im Ansatz und an einigen Stellen eine Auseinandersetzung zwischen Individuum und Gesellschaft.« (141) Alles erinnert irgendwie an Günter Wallraffs »Ihr da oben, wir da unten«, und für bourgeoise Schöngeister ist das halt nichts.

Es beginnt um das Jahr 1600 in Tangermünde an der Elbe. Grete Minde und Valtin Zernitz spielen im Garten. Was sie verbindet, ist der Tod ihrer leiblichen Mütter: Beide wachsen als Stiefkinder auf.

Grete ist 14 Jahre alt, als Valtin ihr zuruft: *»Spring, ich fange dich.«*

»Hole die Leiter.«

Und sie sprang, und er fing sie geschickt in seinen Armen auf.

Jetzt erst sah man ihre Gestalt. Es war ein halbwachsenes Mädchen, sehr zart gebaut, und ihre feinen Linien, noch mehr das Oval und die Farbe ihres Gesichts, deuteten auf eine Fremde.

»Wie du springen kannst«, sagte Valtin, der seinerseits einen echt märkischen Breitkopf und vorspringende Backenknochen hatte. (8)

Beide werden heimlich von Trud Minde beobachtet, Gretes Schwägerin aus Gardelegen, Ehefrau ihres Halbbruders Gerdt, eine ebenso schöne wie stolze und hartherzige Frau, die Grete mit Neid und Mißgunst verfolgt. Was Trud von ihrem Versteck aus beobachtet hat, löst in ihr eine diffuse Unruhe aus, obwohl es ja nichts als kindliches Spiel gewesen war. *Und doch, es war Liebe, die Liebe, nach der sie sich selber sehnte und an der ihr Leben arm war bis diesen Tag. Sie war nun eines reichen Mannes ehelich Weib; aber nie, soweit sie zurückdenken mochte, hatte sie lachend und plaudernd auf einer Gartenbank gesessen, nie war ein frisches, junges Blut um ihretwillen in einen Baumwipfel gestiegen und hatte sie dann kindlich unschuldig umarmt und geküßt. Das Blut stieg ihr zu Kopf, und Neid und Mißgunst zehrten an ihrem Herzen.* (11)

Beim Abendessen sitzen die Mindes beisammen. Der alte Jakob Minde, Gretes Vater, der unter *Zehrfieber* leidet, *Trud steif und aufrecht* und *Gerdt bequem und nachlässig in Kleidung und Haltung.* (18) Sein Gesicht ist blaß und aufgedunsen. Grete fehlt. Sie wird auf einer Trage herangebracht und hat Mühe, wieder zu sich zu kommen. Den Puppenspielern in der Stadt war ein Pulverfaß explodiert, und zwei Frauen und ein sechsjähriges Kind waren dabei elendiglich ums Leben gekommen. Grete ist von Valtin gerettet worden, aber ihren Angehörigen mag sie nichts davon erzählen, denn sie weiß, daß die eh kein Anteil daran nehmen würden. Und außerdem hatte Trud ihr verboten, mit Valtin zu sprechen.

Trotzdem treffen sie sich bei einem Maienfest, das vor der Stadt stattfindet, verlaufen sich jedoch prompt im Wald. Aber an Valtins Seite wird alles wieder gut.

»Meine süße Grete«, sagte Valtin, »sei doch nicht so bang.« Und er umarmte sie und küßte sie herzlich. Und sie litt es und schlug nicht mehr nach ihm, wie damals unter dem Kirschbaum; nein, ein Gefühl unendlichen Glückes überkam sie mitten in ihrer Angst (...)*.«* (31)

Richtig schlimm wird es für Grete nach dem Tod ihres Vaters, ein hochgeehrter Ratsherr und wohlhabender Kaufmann. Als der alte Jakob Minde spürt, daß es mit ihm zu Ende geht, ruft er alle Familienmitglieder zusammen. *Und diese kamen, und Grete nahm seine Hand und küßte sie. Gleich danach aber winkte der Alte seine Schwieger zu sich heran und sagte: »Ich lege sie dir ans Herz, Trud. Erinnere dich allezeit an die Mahnung des Propheten: ›Laß die Waisen Gnade bei dir finden.‹ Erinnere dich daran und handle danach. Versprich es mir und vergiß nicht diese Stunde.« Trud antwortete nicht, Grete aber warf sich auf die Knie und schluchzte und betete, und ehe sie ihren Kopf wieder aufrichtete, war es still geworden in dem kleinen Raum.* (33 f.)

Grete ist nun Vollwaise, und eine Weile geht es ihr auch gut, doch dann kommt Ostern, und *Trud genas eines Knäbleins. Da war nun die Freude groß, und auch Grete freute sich. Doch nicht lange. Bald mußte sie wahrnehmen, daß das Neugeborene alles war und sie nichts* (...). *Daß sie selber ein Herz habe und ein Glück verlange, daran dachte niemand* (...). (36)

Es gärt, und eines Tages bricht das mit aller Heftigkeit hervor, was da lange geschwelt hat. Trud Minde geht zu einem Fest und läßt ihr Kind zu Hause. Als sie zurückkommt, geht es dem Baby nicht gut, und sie wirft Grete vor, schuld daran zu sein. Anstatt aufzupassen, habe sie sich mit Valtin getroffen. Grete hat sich nichts vorzuwerfen, denn Regine war ja noch im Hause, und die gilt als erfahrene *Kindermuhme*. (53) Trud Minde läßt das nicht gelten und schilt Grete eine *undankbare Kreatur* (53). Daraufhin lacht Grete, und ihre Schwägerin bzw. *Schwieger* fährt sie an:

»Lache nur, Bettelkind! (...) *Nichts weiter.«* Sie bezeichnet Gretes Mutter als Zigeunerin. *»Eine fremde Brut seid ihr, und der Teufel sieht euch aus euren schwarzen Augen.«*

»Das lügst du.«

Trud aber, ihrer Sinne nicht mehr mächtig, erhob ihre Hand und schlug nach ihr.

Grete war einen Schritt zurückgetreten, und es flimmerte ihr vor den Augen. Dann, ohne zu wissen, was sie tat, griff sie nach dem über der Wiege hängenden Gürtel und schleuderte ihn der verhaßten Schwieger ins Gesicht. Diese, vor Schmerz aufschreiend, wankte und hielt sich mühsam an einem hinter ihr stehenden Tischchen, und Grete sah nun, daß die scharfen Ecken des langen silbernen Gehänges Truds Stirn oder Schläfe schwer verletzt haben mußten, denn ein

Blutstreifen rann über ihre linke Wange. Aber sie schrak vor diesem Anblick nicht zurück und hatte nichts als das doppelt selige Gefühl ihres befriedigten Hasses und ihrer errungenen Freiheit. Ja, Freiheit! Sie war dieses Haus nun los. Denn das stand fest in ihrer Seele, daß sie nicht länger bleiben könne. Fort. Gleich. Und sie flog die Treppe hinab und über Flur und Hof in den Garten. (54)

»Sie muß aus dem Haus«, sagt auch Trud Minde zu Gerdt, *»ich mag die Hexe nicht länger um mich haben.«* (55)

Und so flieht Grete mit Valtin zusammen, der nicht zögert, mit ihr zu gehen: *»Ja, Gret, ich will. Was es wird, ich weiß es nicht. Aber ich sehe nun, du mußt fort. Und das hab ich mir geschworen, so ich's nur einseh, daß du fort mußt, so will ich's auch und will mit dir.«* (54 f.)

Auf einem Floß fahren sie die Elbe hinunter.

Erst drei Jahre später begegnen wir ihnen wieder. Sie ziehen inzwischen mit der bettelarmen Puppenspielerschar durch die Welt. Grete hat ein Kind bekommen, Valtin ist schwer erkrankt. Grete wacht an seinem Lager und macht sich Vorwürfe.

»Wie ist dir?«

»Gut.«

»Ach, sage nicht gut. Deine Stirn brennt, und ich seh, wie deine Brust fliegt. Mein einzig lieber Valtin, vergib mir, sage mir, daß du mir vergibst.«

»Was, Grete? Was soll ich dir vergeben?«

»Was, was? Alles, alles! Ich bin schuld an deinem Elend, und nun bin ich schuld an deinem Tod. Aber ich wußte es nicht anders, und ich wollt es nicht. Ich war ein Kind noch, und sieh, ich liebte dich so sehr. Aber nicht genug, nicht genug, und es war nicht die rechte Liebe. Sonst wär es anders gekommen, alles anders.« (67)

Sie möchte mit ihm sterben. *»Ach, daß ich leben muß! Val-*

tin, mein einzig Geliebter, nimm mich mit dir, mich und unser Kind. Was hier noch war, warst du. Nun gehst du und wir sind unnütz auf dieser Welt.«

»Nein, Grete, nicht unnütz. Und du mußt leben, leben um des Kindes willen. (...) *Und du mußt wieder eine Heimstätt' haben, und Herd und Haus, und Sitt' und Glauben.«* Er möchte, daß sie zurückgeht nach Tangermünde zu den Mindes. *»Grete, dann sag auch, du kämest, um wieder gutzumachen, was du getan, und sie sollten dich halten als ihre Magd. Und du wolltest kein Glück mehr, nein, nur Ruh und Rast. Und dann mußt du niederknien, nicht vor ihr, aber vor deinem Bruder Gerdt. Und er wird dich aufrichten ...* (...) *Tu's, Gret. Ich weiß, du hast ein trotzig Gemüt; aber bezwinge dich um des Kindes willen. Versprich mir's. Willst du?«*

»Ich will.« (69)

Und sie geht dann auch zurück, nachdem Valtin gestorben ist und bei den Nonnen von Arendsee ein Grab gefunden hat.

Sie ist kurz vor Tangermünde, da *wurd ihr wieder so bang ums Herz, und sie hatte Mühe, sich zu halten. Und sie nahm das Kind und küßte es. »Es muß sein«, sagte sie, »und es soll sein. Ich hab es ihm versprochen, und ich will es halten und will Demut lernen. Ja, ich will um einen Platz an seinem Herde bitten, und will seine Magd sein, und will mich vor ihm niederwerfen. Aber« – und ihre Stimme zitterte – »wenn ich mich niedergeworfen habe, so soll er mich auch wieder aufrichten. Weh ihm und mir, wenn er mich am Boden liegen läßt.«* (78)

Als sie ihr Elternhaus betritt, sieht sie ihren Bruder mit seinen Ratsherrensachen beschäftigt.

Grete war an der Schwelle stehengeblieben, und erst als sie wahrnahm, daß Gerdt aufsah und die wenigen Bogen, die das Aktenstück bildeten, zur Seite legte, sagte sie: »Grüß dich Gott, Gerdt. Ich bin deine Schwester Grete.«

»Ei, Grete«, sagte der Angeredete, »bist du da! Wir haben uns lange nicht gesehen. Was machst du? Was führt dich her?«

»Valtin ist tot ...«

»Ist er? So?«

»Valtin ist tot, und ich bin allein. Ich hab ihm auf seinem Sterbebett versprechen müssen, euch um Verzeihung zu bitten. Und da bin ich nun und tu's, und bitte dich um eine Heimstatt und um einen Platz an deinem Herd. Ich bin müde des Umherfahrens und will still und ruhig werden. Ganz still. Und ich will euch dienen; das soll meine Buße sein.« Und sie warf sich, als sie so gesprochen, mit einem heftigen Entschlusse vor ihm nieder, mehr rasch als reuig, und sah ihn fragend und mit einem sonderbarem Ausdruck an. Das Kind aber hielt sie mit der Linken unter ihrem Mantel.

Gerdt war in seiner bequemen Lage geblieben und sah an die Zimmerdecke hinauf. Endlich sagte er: »Buße! Nein, Grete, du bist **nicht** *bußfertig geworden. Ich kenne dich besser, dich und deinen stolzen Sinn. Und in deiner Stimme klingt nichts von Demut. Aber auch wenn du Demut gelernt hättest, unsere Schwester kann nicht unsere Magd sein. Das verbietet uns das Herkommen und das Gerede der Leute.«* (80 f.)

Doch Grete läßt nicht ab von ihrem Plan. *»Hier lieg ich; ich habe mich vor dir niedergeworfen, nimm mich wieder auf! Hilf mir, und wenn nicht mir, so hilf dem Kind.«*

Gerdt sah auf die kniende Frau, gleichgültig und mitleidslos, und sagte, während er den Kopf hin und her wiegte:

»Ich mag ihm nicht Vater sein und nicht Vormund und Berater. Du hast es so gewollt, nun hab es.« (...)

Und er ließ sie liegen und griff nach dem Aktenbündel, als ob er der Störung müde sei und wieder lesen wolle.

Grete war jetzt aufgesprungen, und ein Blick unendlichen Hasses schoß aus ihren Augen. Aber sie bezwang sich noch und sagte mit einer Stimme, die plötzlich tonlos und heiser geworden war: »Es ist gut so, Gerdt. Aber noch ein Wort. Du hast mich nicht erhören wollen in meiner Not, so höre mich denn in meinem Recht. Ich bin als Bittende gekommen, nicht als eine Bettlerin. Denn ich bin keine Bettlerin. Ich bin des reichen Jakob Minde Tochter. Und so will ich denn mein **Erbe.** *Hörst du, Gerdt, mein Erbe.«*

Doch Gerdt kann da nur lachen. *»Erbe! Woher Erbe, Grete? Was brachte deine Mutter mit? Kennst du das Lied vom Sperling und der Haselnuß? Erbe! Du hast keins. Du hast dein Kind, das ist alles.«* (...)

»Ist das dein letztes Wort?«

»Ja, Grete.« (81 f.)

Als Trud Minde von diesem Gespräch und von Gerdts Entscheidung erfährt, ist sie zutiefst bestürzt und befürchtet Schlimmes: *»Meinst du, daß diese Hexe sich an die Landstraße setzen und dir zuliebe sterben und verderben wird? Oh, Gerdt, Gerdt, es kann nicht gut tun. Ich hätt's gedurft, vielleicht gedurft, denn wir waren uns fremd und feind von Anfang an. Aber du! Du durftest es* **nicht.** *Ein Unheil gibt's! Und du selber hast es heraufbeschworen. Um guten Namens willen, sagst du? Geh; ich kenn dich besser. Aus Geiz und Habsucht und um Besitz und Goldes willen! Nichts weiter.«* (82)

Grete eilt über den Rathausplatz, sieht hinauf zum Mond, der auch am hellichten Tag zu herrschen scheint, und spricht zu ihm: *»Vor den* **Rat** *will ich es bringen; der soll mich aufrichten ... Nein, nicht aufrichten. Richten soll er. Ich will nicht Trost und Gnade von Menschenmund und Menschen-*

hand, aber mein **Recht** *will ich, mein Recht gegen ihn* (...).« (83)

Und so tritt sie vor den Bürgermeister Peter Guntz und die Ratsherren. An die zehn Männer zählt sie, und unter ihnen auch Gerdt Minde.

»Ich komm, um zu klagen wider meinen Bruder Gerdt, der mir mein Erbe weigert. Und dessen, denk ich, hat er kein Recht. (...) *Und dazu, Peter Guntz und Ihr andern Herren vom Rat, sollt ihr mir willfährig und behilflich sein.«*

Peter Guntz, als Grete geendet, wandte sich an Gerdt und sagte: »Ihr habt die Klage gehört, Ratsherr Minde. Ist es, wie sie sagt? Oder was habt Ihr dagegen vorzubringen.« (85)

Gerdt widerspricht seiner Schwester und verweist darauf, daß Gretes Mutter arm und ohne Mitgift ins Haus gekommen sei und sein Vater nach ihrem Tode durch den Untergang zweier seiner Schiffe vor dem Bankrott gestanden hätte. *»Und um diese Zeit war es, daß er meine Mutter heimführte, von Stendal her, Baldewin Rickharts einzige Tochter. Und mit ihr kam ein Vermögen in unser Haus ...«* Aber damit nicht genug, erst durch seinen Fleiß habe die Mißwirtschaft des Alten ein Ende gefunden.

»Und dies sagt Ihr an Eides Statt, Ratsherr Minde?«

»Ja, Peter Guntz.«

»Dann, so sich nicht Widerspruch erhebt, weis ich dich ab mit deiner Klage. Das ist Tangermündisch Recht.« (86) Aber der Bürgermeister ist nicht glücklich über dieses Recht und seinen Spruch: *»Ein unbillig Recht, ein totes Recht.«* (87) Und da er Mitleid mit Grete Minde hat, bittet er Gerdt, ob er nicht *aus christlicher Barmherzigkeit* ablassen wolle von seinem Recht. *»Denn* **sie***, die hier vor Dir steht, ist deines Vaters Kind und deine Schwester.«*

»Meines Vaters Kind, Peter Guntz, aber **nicht** *meine Schwester. Damit ist es nun vorbei.«* Er habe nichts gemein

mit heruntergekommenen Weibern wie ihr. *»Kein falsch Erbarmen, liebe Herren. Wie wir uns betten, so liegen wir.«* (86)

Das Kind an sich gepreßt, schreitet Grete dem Ausgang zu. Dort dreht sie sich noch einmal um und sagt mit tonloser Stimme: *»Verlaß dich nicht auf dein Gewalt, / Dein Leben ist hier bald gezahlt. / Wie du zuvor hast 'richtet mich, / Also wird Gott auch richten dich –«* (87).

Als Grete Minde das Rathaus verlassen hat, wird sie von einem *wirr-phantastischen Hoheitsgefühl ergriffen. Sie war keine Bettlerin mehr, auch keine Bittende; nein, ihr gehörte diese Stadt, **ihr**.* Als sie das Mindesche Anwesen erreicht, überflutet sie die Erinnerung an das frühere Glück. *Aber dann schwand es wieder, und jener starr-unheimliche Zug war wieder da, der über die Trübungen ihrer Seele keinen Zweifel ließ.* (87) Ruhelos irrt sie durch die Stadt und steckt schließlich eine Scheune in Brand. Starker Wind kommt auf und trägt das Feuer fort. Die Balken der alten Fachwerkhäuser brennen wie trockenes Reisig. Bald *schlug an zwanzig Stellen das Feuer auf, und von allen Kirchen her begann das Stürmen der Glocken. »Das ist Sankt Stephan«, jubelte Grete* (...) *und rief in schrillem Ton und mit erhobener Hand in die Stadt hinein: »Verlaß dich nicht auf dein Gewalt.«* (...) *Hunderte, von Furcht um Gut und Leben gequält, rannten an ihr vorüber, aber niemand achtete der Frau, und so kam sie bis an das Mindesche Haus* (...). (89) Gerdt ist noch nicht wieder zu Hause, aber an einem der Fenster erkennt sie Trud Minde und deren Sohn. Sie schleicht sich in die Küche und entzündet dort eine Kerze, die später das Haus auflodern lassen soll. Dann geht sie in das Zimmer, in dem ihre Schwägerin weiterhin am Fenster steht.

»Um Gottes Barmherzigkeit willen«, schrie Trud, und sank bei dem Anblick der in vollem Irrsinn vor ihr Stehenden ohnmächtig in den Stuhl. Und dabei ließ sie den Kna-

ben los, den sie bis dahin angst- und ahnungsvoll an ihrer Hand gehalten hatte. »Komm«, sagte Grete, während sie das Licht auf die Fensterbrüstung stellte. Und sie riß den Knaben mit sich fort (...). (89 f.)

Mit ihrem eigenen Kind und dem der Schwägerin steigt sie auf den Turm von St. Stephan hinauf, Sprosse für Sprosse. Als sie oben ist, zieht sie die letzte Leiter nach, so daß keiner sie erreichen kann.

Und nun trat sie rasch an die Schalllöcher, die nach der Stadtseite hin lagen, und stieß die hölzernen Läden auf, die sofort vom Winde gefaßt und an die Wand gepreßt wurden. Ein Feuermeer unten die ganze Stadt; Vernichtung an allen Ecken und Enden, und dazwischen ein Rennen und Schreien, und dann wieder die Stille des Todes. Und jetzt fielen einige der vom Winde heraufgewirbelten Feuerflocken auf das Schindeldach ihr zu Häupten nieder, und sie sah, wie sich vom Platz aus aller Blicke nach der Höhe des Turmes und nach ihr selber richteten. Unter denen aber, die hinaufwiesen, war auch Gerdt. Den hatte sie mit ihrer ganzen Seele gesucht, und jetzt packte sie seinen Knaben und hob ihn auf das Lukengebälk, daß er frei dastand und im Widerscheine des Feuers von unten her in aller Deutlichkeit gesehen werden konnte. Und Gerdt sah ihn wirklich und brach in die Knie und schrie um Hilfe, und alles um ihn her vergaß der eigenen Not und drängte dem Portal der Kirche zu. Aber ehe die vordersten es erreichten oder gar die Stufen der Wendeltreppe gewinnen konnten, stürzte die Schindeldecke prasselnd zusammen, und das Gebälk zerbrach, an dem die Glocken hingen, und alles ging niederwärts in die Tiefe. (90)

Die Trümmer begraben Grete Minde und die beiden Kinder unter sich. Tangermünde liegt in Schutt und Asche.

Mord und Totschlag in der Mark und anderswo

Und bist du nicht willig ...

Im Band I seiner »Wanderungen durch die Mark Brandenburg« (»Die Grafschaft Ruppin«) gibt Fontane eine Begebenheit wieder, die Pastor Heydemann aus dem Ruppiner Garnisonsleben der Friedensjahre zwischen 1795 und 1806 überliefert hat:

Ein Soldat, ein heftiger, leicht aufbrausender Mensch, bewarb sich um die Gunst eines Mädchens, das in der Offizierküche diente. Sie lehnte seine Anträge, die ehrlich gemeint waren, ab. Eines Tages, als sie vom Bäcker gegenüber den für den Offiziertisch bestimmten Braten holte, trat der Soldat mitten auf dem Damm an sie heran und fragte: ob sie noch nicht entschlossen sei, ihn zu heiraten? »Nein.« Im selben Augenblick empfing sie einen Messerstich in den Hals. Sie ließ (auch charakteristisch) den Braten nicht fallen, schritt vielmehr weiter, setzte die Schüssel auf den Tisch und sank dann ohnmächtig zu Boden. Die Wunde war nicht tödlich, aber der Soldat, der sich inzwischen auf der Wache selbst gemeldet hatte, mußte auf Tod und Leben laufen, sich also dem barbarischen Ritual des Spießrutenlaufens unterziehen. *Er überwand die furchtbare Strafe und diente weiter, während das Mädchen nach Potsdam hin übersiedelte. Eben dahin kam auch der Soldat; ein Zufall fügte es so. Hier nun erneuerten beide ihre Bekanntschaft, Mordversuch und Gassenlaufen waren vergessen und vor dem Altar der Garnisonkirche besiegelten sie den Bund ihrer Herzen.* (214)

Ja nun, mit einer solchen Geschichte hat dieses Buch nie eine Chance, in Frauenhäusern gelesen zu werden, auch wenn ich mit meiner Überschrift schon einiges zu korrigieren versucht habe. Ich hoffe aber sehr, daß sie von vielen Unter- und Oberstudienrätinnen und -räten zum Gegenstand eines Besinnungsaufsatzes gemacht werden wird. Themenvorschläge: »Macht Liebe blind?«, »Die Kraft des Verzeihens«, »Wie weit darf wahre Liebe gehen?« oder – für evangelische oder katholische höhere Lehranstalten – »Waltet da der Wille Gottes, wo Theodor Fontane von Zufall spricht?«.

Der Fall v. Kahlebutz

Ebenfalls im Band I seiner »Wanderungen durch die Mark Brandenburg« finden wir bei Fontane die Geschichte des Majors v. Kahlebutz, dessen Mumie bis heute in Kampehl (bei Fontane noch mit C geschrieben) aufbewahrt wird. Er soll, so geht die Sage, nicht verwesen, weil er einen Nebenbuhler, einen Schäfer, um die Gunst einer Bauerstochter erschlagen hat.

Ich weiß nicht, was es damit auf sich hat, aber die Mumie selbst hat die verschiedensten Schicksale erfahren. Übermütige Franzosen, so wird erzählt, schafften (1806 oder 7) die Mumie aus der Gruft in die Kirche und begannen, in höllischer Blasphemie, ihn als Gekreuzigten auf den Altar zu stellen. Einem unter den Übeltätern mochte das Herz schlagen. Als er beschäftigt war, die linke Hand festzunageln, fiel der erhobene Mumienarm zurück und gab dem untenstehenden Franzosen einen Backenstreich. Dieser fiel tot um; Schreck und Gewissen hatten ihn getötet. (569)

Der Abt auf der Mutter

Im Band III seiner »Wanderungen durch die Mark Brandenburg« – »Havelland« – widmet Fontane dem Kloster Lehnin ein längeres Kapitel, und dabei erfahren wir auch etwas vom Schicksal seines ersten Abtes, Johann Siebold, der in etwa von 1180 bis 1190 den dortigen Zisterziensermönchen vorgestanden hat. In seiner Geschichte mischt sich Ernstes und Tragisches mit Tragikomischem und Zweideutigem, so der Meister selbst, bevor er zu erzählen beginnt:

Einstmals, in Begleitung eines einzigen Klosterbruders, hatte Abt **Siebold** *in dem Klosterdorfe Prützke gepredigt, und über Mittag, bei schwerer Hitze heimkehrend, beschlossen Abt und Mönch, in dem nahe beim Kloster gelegenen Dorfe Nahmitz zu rasten, das sie eben matt und müde passierten. Der Abt trat in eines der ärmlichen Häuser ein; die Scheu aber, die hier sein Erscheinen einflößte, machte, daß alles auseinanderstob; die Kinder versteckten sich in Küche und Kammer, während die Frau, die ihren Mann samt den andern Fischern am See beschäftigt wußte, ängstlich unter den Backtrog kroch (...). Abt* **Siebold**, *nichts Arges ahnend, setzte sich auf den umgestülpten Trog, die Kinder aber, nachdem sie aus ihren Schlupfwinkeln allmählich hervorgekommen waren, liefen jetzt an den See und riefen dem Vater und den übrigen Fischersleuten zu: »Der Abt ist da«, zugleich erzählend, in welch eigentümlicher Situation sie die Mutter und den Abt verlassen hatten.* (51)

Andere Quellen sind da plastischer und damit präziser, als nämlich dort die Kinder rufen: »Der Abt ist auf der Mutter« beziehungsweise »Der Abt sitzt auf der Mutter«.

Wie auch immer: *Die versammelten Fischersleute gaben dieser Erzählung die schlimmste Deutung, und der bittre*

Groll, den das Wendentum gegen die deutschen Eindringlinge unterhielt, brach jetzt in lichte Flammen aus. Mit wildem Geschrei stürzten alle ins Dorf, umstellten das Haus und drangen auf den Abt ein, der sich, als er wahrnahm, daß ihm dieser Angriff gelte, samt seinem Begleiter durch die Flucht zu retten suchte. (51 f.)

Er kann auch in den Wald entkommen und sich hoch oben im dichten Laubwerk eines Baumes verstecken. Sein Begleiter eilt inzwischen davon, um Hilfe aus dem Kloster zu holen. *Abt Siebold schien gerettet, aber ein Schlüsselbund, das er beim Erklettern des Baumes verloren hatte, verriet seinen Versteck und brachte ihn ins Verderben. Wohl kamen endlich die Mönche und beschworen den tobenden Volkshaufen, von seinem Vorhaben abzulassen. Der Säckelmeister bot Geld, der Abt selbst, aus seinem Versteck heraus, versprach ihnen Erlaß des Zehnten, dazu Feld und Heide – aber die wilden Burschen bestanden auf ihrer Rache. Sie hieben, da der Abt sich weigerte herabzusteigen, die Eiche um und erschlugen endlich den am Boden Liegenden.* (52)

Das Massaker zu Rühstedt

Im Band V seiner »Wanderungen durch die Mark Brandenburg« – »Fünf Schlösser« ist der Untertitel – beschäftigt sich Fontane ausgiebig mit der alten Adelsfamilie derer v. Quitzow, von denen Dietrich († 1417) und Johannes († 1437) Anführer des Aufstandes gegen die Hohenzollern waren (siehe weiter unten). Er selber hatte, Schmelzer zufolge (1987, 75), einen entfernten Verwandten aus dem Hause Quitzow, einen Major, der ihm als Vorbild sowohl für den Birnenbaum-

Ribbeck im Havelland als auch für den Dubslav v. Stechlin gedient haben könnte. An dieser Stelle hier geht es aber um Dietrich v. Quitzow auf Rühstedt, das in der Nähe von Bad Wilsnack gelegen ist, also in der Nähe von Wittenberge und der Elbe, aber auch nahe der heutigen Bahnlinie Berlin–Hamburg.

Wir schreiben den 25. Oktober 1593. Fünfzig bis sechzig Landsknechte aus dem Harz und aus Halberstadt sind aus dem kurfürstlichen Dienst entlassen worden und streben nach Hause. Ihr Hauptmann ist ein gewisser Jürgen Hanne, den seine Frau und zwei Söhne, sieben und zehn Jahre alt, begleiten. Als sie nach Rühstedt kommen, beginnen sie zu plündern. Dietrich v. Quitzow, der Gutsherr, weilt zur Jagd im nahen Glöwen. Mit einem Diener und einem lehnsabhängigen jungen Adligen, v. Restorf, reitet er aber sofort zurück, als ihn die Rühstädter zu Hilfe rufen, und trifft die Landsknechte, die ihren Plünderzug inzwischen fortgesetzt haben, im Dorf Legde.

Dietrich v. Quitzow ritt sogleich an den Führer heran, um ihm Vorstellungen zu machen und das Ungesetzliche seiner Handlungsweise vorzuhalten. Es scheint aber, daß dies tatsächlich ein strittiger Punkt war und daß sich der Landsknechtshaufen eines kurfürstlichen Briefes erfreute, der ihnen das Anrecht gab, Unterkommen und Verpflegung zu fordern. Mutmaßlich auf solches Anrecht gestützt, nahm sich der Landsknechtführer heraus, den ruhigen und gemessenen Worten Dietrich v. Quitzows übermütig zu begegnen, was, als diese Dreistigkeit mehr und mehr in Hohn und Frechheit ausartete, den jungen v. Restorf derartig empörte, daß er das Pistol zog und den Jürgen Hanne niederschoß. Ein unüberlegter Akt, an den sich denn sofort auch ein furchtbares Massacre knüpfte. Wütend über den Tod ihres Führers, drangen die Landsknechte von allen Seiten auf Dietrich v. Quitzow ein, zerrten ihn vom Pferde, durchstachen ihn mit ihren Spießen und Dolchen und als das junge Leben trotz all dieser schweren Verwundungen nicht erlöschen wollte, kniete Margarethe Brandenburg, Jürgen Hannes Weib, auf die Brust des Unglücklichen nieder und durchschnitt ihm die Kehle, wobei der zehnjährige Sohn ihr Hülfe leistete. Der junge v. Restorf, auf den man ebenfalls eindrang, spornte sein Pferd und suchte sich durch Flucht zu retten, aber er ward eingeholt und in gleicher Weise wie Dietrich v. Quitzow ermordet. (86 f.) Adlige und bewaffnete Bürger aus der Prignitz nehmen die Landsknechte gefangen, und wenig später werden diejenigen unter ihnen, die an den beiden Morden direkt beteiligt waren, auch die Frau des Hauptmanns, vor ordentlichen Gerichten zum Tode verurteilt und hingerichtet, die anderen des Landfriedensbruchs für schuldig befunden und *gestäupt*, das heißt, an einen Schandpfahl gebunden und öffentlich ausgepeitscht.

Die Ermordung des Rabbis von Stendal

Ebenfalls im Band V seiner »Wanderungen durch die Mark Brandenburg« wie das »Massaker zu Rühstedt« (siehe oben), und nur ein paar Seiten danach zeigt uns Fontane die Quitzows von einer weniger edlen Seite und nicht als Opfer, sondern als Täter. Um 1517 nämlich sitzt Kuno Hartwig v. Quitzow auf der Eldenburg in der nördlichen Prignitz. Zu dieser Zeit sehen sich die Juden in der Mark und insbesondere der Altmark durch Kurfürst Joachim I. verfolgt und versuchen nach Mecklenburg, Lüneburg und Hamburg zu fliehen, wobei sie an der Eldenburg vorbeimüssen. Dies nutzt nun Kuno

Hartwig v. Quitzow, um von jedem Juden einen Goldgulden als Wegezoll zu fordern. Wer ihn nicht zahlen will, wird in den Turm gesperrt, in dessen einer Stube er *eine ebenso sinnreiche wie primitive, den Spaniern, bei denen er gedient, abgelernte Marterstätte zur Erpressung des Juden-Wegegeldes hergerichtet hatte. Tief in das Mauerwerk war* (...) *ein großes Hufeisen eingelassen. Auf dieses kam der gefangene Jude derart zu sitzen, daß nur die Fußspitzen den Boden erreichten. Über die Knie wurde ihm eine starke Eisenstange gepreßt, die rechts in einer Angel ging und nach links hin in eine Krampe griff, vor die man nun ein Schloß legte. Was dann schließlich die Marter vervollständigte, war, daß die gespreizten Arme des Unglücklichen mittelst eines halbkreisförmigen Eisens an die Hinterwand gespannt wurden. Dies alles hieß die »Judenklemme«. Darin saß der willkürlich Verurteilte, mußte hungern und dursten und sonstige Leibesqual aushalten, bis er sich zum Zahlen bereit erklärte. Die Qual war um so schrecklicher, als nur einmal am Tag ein Knecht oder Schließer erschien und nachsah, ob der Gefangene sich nun vielleicht bequemen werde, seinen Goldgulden zu zahlen.* (94)

Quitzow steht eines Tages selbst an seinem Schlagbaum, als der Rabbi von Stendal mit seiner Tochter vorüberkommt und nicht zahlen will – beziehungsweise kann. Daraufhin schickt Quitzow die Tochter zu den Dömitzer Juden, um von dort hundert Goldgulden zu holen; den Rabbi wirft er in den Turm. Dort steckt er in der »Judenklemme« und betet: *»An den Wassern zu Babel saßen wir und weineten, wenn wir an Zion gedachten.«* (95) Quitzow erfaßt der Schrecken und er beschließt, den alten Juden nach Dömitz bringen zu lassen, auch kommt die Tochter mit dem Lösegeld, doch zu spät: Der Rabbi stirbt. *Dann lösten ein paar herbeigerufene Knechte die Leiche des Rabbi aus der Klemme und überga-*

ben sie den Juden, die nun wehklagend ihren Heimzug nach Dömitz hin antraten. Die hundert Goldgulden aber hatte die Tochter dem Quitzow vor die Füße geschleudert. (96)

Ein Brudermord im Hause Quitzow

Im Alter von 40 Jahren vermählt sich Kuno Hartwig v. Quitzow, der eben erwähnte »Judenklemmer«, mit einer nahen Anverwandten, der schönen Adelheid v. Quitzow. Sie bekommen wenig später Zwillinge, die sie Hans und Kurt Dietrich nennen, wobei Hans der ältere von beiden ist. Von ihnen berichtet Fontane ebenfalls im Band V seiner »Wanderungen durch die Mark Brandenburg«.

Als ihr Vater stirbt, steckt er Hans den wertvollen »Silberring der Quitzows«, der seiner Familie 1308 vom Markgrafen Waldemar, dem letzten Askanier, verliehen worden war, an den Finger. Zwischen den beiden Brüdern kommt es bald zum schwelenden Konflikt, weil der jüngere zur Verschwendung neigt und der ältere ihm deswegen Vorhaltungen macht. So sitzen sie etwa ein Jahr nach dem Tode ihres Vaters allein beim Frühstück; die Knechte sind im Wald, die Mägde draußen im Garten bei der Wäsche. *Kurt lenkte das Gespräch auf den Vater und sagte: »Ja, die Judenklemme. Warum uns der Vater dies nützliche Werkzeug nur immer verborgen gehalten hat! Wir sollten einmal hinaufsteigen und uns das Ding ansehen.« Hans, der ältere, war es zufrieden und so kletterten sie die Leiter bis in das Turmgemach hinauf. Hier oben überkam sie momentan ein Grausen beim Anblick der Klemme, bis sich Kurt, der Anwandlung Herr werdend, nach einer Weile lachend auf das Hufeisen setzte:*

»Schön sitzt sich's nicht darauf! Die Hispanischen haben es wirklich verstanden, die Juden zahlungslustig zu machen. Willst du's nicht auch einmal versuchen?«

Hans ging auf den Scherz ein. »Warum nicht?« Und er setzte sich hinein, preßte selbst das Quereisen über die Knie und schob das Schloß vor die Öse der Stange. Gleich darauf aber sprang Kurt in scheinbarer Ausgelassenheit hinzu, befestigte die gespreizten Arme des Bruders an der Hinterwand und nestelte ihm die Ketten von beiden Seiten her um den Leib. Und dabei zog er verstohlen den Schlüssel aus dem Schloß der Querstange. Nun gab es ein Lachen über den »Juden in der Klemme«, bis Hans, des Probierens müde, wieder aufzustehen begehrte. »Gewiß, gewiß. Aber wo ist nur der Schlüssel?« Und nun begann Kurt zum Schein am Fußboden zu suchen. »Oder sollt' ich ihn unachtsamerweise mit dem Fuße beiseite geschoben haben? Vielleicht daß er unten liegt.« Und bei diesen Worten stieg er hinab und nahm die Leiter und versteckte sie hinter Strauchwerk und Gebüsch und horchte bis das leise Wimmern, das er vernahm, ihn von seiner Horcherstelle vertrieb.

Endlich, den dritten Tag, war Hans seiner Qual erlegen und Kurt streifte kaltblütig den Silberring von der Hand des Toten, den Toten selbst aber begrub er im Sande nahe dem Turm. Und nun ließ er Boten ausreiten, die nach dem Verschwundenen suchen mußten. Als aber alle wieder daheim waren und den so nah im Sande Verscharrten auf ihrer Suche nur zu gewiß nicht gefunden hatten, tat er was äußerlich Rechtens war und meldete dem Kurfürsten, daß der Bruder spurlos verschwunden, des Verschwundenen Silberring aber in seiner Lade gefunden sei. Da wurde denn Kurt Dietrich der Jüngere mit der Eldenburg belehnt und empfing in einem feierlichen Belehnungsakte den ***Quitzowring***. (97 f.)

Ach, weh der armen Seele

Im Band IV seiner »Wanderungen« gibt Fontane die Aufzeichnungen des Pastors Johannes Thile I. wieder:

1620 am 18. October hat der an der Nuthe wohnende Vogt Hans Blume seinen Stiefvater Hans Möller mit einer Büchse erschossen. ***Nachschrift*** *aus dem Jahre 1622. Selbiger Hans Blume wurde von den Obrigkeiten zu keiner Strafe gezogen, vielmehr heimlich über die Grenze geschafft. Er ging nun in den Krieg nach Böhmen. Eh er aber nach Prag kam, ward er, nach gerechter göttlicher Wiedervergeltung, auch erschossen. Hat also in seinen Sünden hinsterben müssen. Ach, weh der armen Seele.* (...) (341)

1674 am 18. December ist Ursula Lehmann enthauptet worden, weil sie das mit ihrem Schwager erzeugte Kind in's Wasser geworfen hat. (...) (342)

1726 wurde wieder eine Kindsmörderin hingerichtet. (342)

Einer war zuviel an Bord

Sogar im »Stechlin« (erschienen 1898) finden wir auf den Seiten 373 f. (der Diogenes-Ausgabe) etwas, das zu unserem Thema paßt. Der alte Dubslav v. Stechlin und Lorenzen unterhalten sich hier über den amerikanischen Nordpolfahrer Leutnant Greeley, der einige Jahre vor Nansen unterwegs gewesen ist, und der Pastor gibt folgende Geschichte zum besten:

Also zuletzt, nach langer Irrfahrt, waren's noch ihrer fünf: Greeley selbst und vier seiner Leute. Das Schiff hatten sie verlassen, und so zogen sie hin über Eis und Schnee. Sie wußten den Weg, soweit sich da von Weg sprechen läßt, und die Sorge war nur, ob das bißchen Proviant, das sie mit sich führten, Schiffszwieback und gesalzenes Fleisch, bis an die nächste menschenbewohnte Stelle reichen würde. Jedem war ein höchstes und doch zugleich auch wieder geringstes Maß als tägliche Provision zubewilligt, und wenn man dies Maß einhielt und kein Zwischenfall kam, so mußt es reichen. Und einer, der noch am meisten bei Kräften war, schleppte den gesamten Proviant. Das ging so durch Tage. Da nahm Leutnant Greeley wahr, daß der Proviant schneller hinschmolz als berechnet, und nahm auch wahr, daß der Proviantträger selbst, wenn er sich nicht beobachtet glaubte, von den Rationen nahm. Das war eine schreckliche Wahrnehmung. Denn ging es so fort, so waren sie samt und sonders verloren. Da nahm Greeley die drei andern beiseit und beriet mit ihnen. Eine Möglichkeit gewöhnlicher Bestrafung gab es nicht, und auf einen Kampf sich einzulassen ging auch nicht. Sie hatten dazu die Kräfte nicht mehr. Und so hieß es denn zuletzt, und es war Greeley, der es sagte: ›Wir müssen ihn hinterrücks erschießen.‹ Und als sie bald nach dieser Kriegsgerichtsszene wieder aufbrachen, der heimlich Verurteilte vorn an der Tete, trat Greeley von hintenher an ihn heran und schoß ihn nieder. Und die Tat war nicht umsonst getan; ihre Rationen reichten aus, und an dem Tage, wo sie den letzten Bissen verzehrten, kamen sie bis an eine Station.«

»Und was wurde weiter?«

»Ich weiß nicht mehr, ob Greeley selbst bei seiner Rückkehr nach New York als Ankläger gegen sich auftrat; aber das weiß ich, daß es zu einer großen Verhandlung kam.«

»Und in dieser …«

»… In dieser wurd er freigesprochen und im Triumph nach Hause getragen.«

Nun schieße, wer mag

Auch in vielen Gedichten Fontanes geht es spannend zu, denken wir nur an »Die Brück am Tay«, die durch eine Verschwörung aller Stürme gerade in dem Augenblick zum Einsturz gebracht wird, als ein vollbesetzter Zug über sie hinwegbraust; oder an »John Maynard«, den Steuermann der in Brand geratenen »Schwalbe« auf dem Eriesee, der sich selber opfert, um seine Passagiere zu retten: *Und noch zehn Minuten bis Buffalo.*

In unseren Zusammenhang aber paßt am besten »Fire, but don't hurt the flag!« (Band 15 der Nymphenburger Taschenbuch-Ausgabe, 312 f.): Ort der Handlung ist Tulkahuar in Chile, wo der britische Konsul Cunningham schon seit dreißig Jahren seines Amtes waltet. Da führt man eines Tages einen Matrosen, der hingerichtet werden soll, an seinem Haus vorbei, und der fleht ihn an: *Erbarmt Euch, sie schleppen mich in den Tod, / Chilenisch Volk, es klagt mich an, / **Ich** sei der Mörder, ich hätt es getan; / Ein andrer führte Stoß und Stich, / Unschuldig bin ich, rettet mich!* Konsul Cunningham steigt auf das Flachdach seines Hauses, holt die englische Fahne vom Mast, legt sie sich auf die Schulter und folgt dem Zug. Draußen vor der Stadt ist der Erschießungs-Peleton schon angetreten und hebt die Gewehre. *Da, über den verlornen Mann / Wirft der Konsul das Flaggtuch: »Nun schieße, wer mag; / Fire, but don't hurt the flag!« / Da senken die Gewehre sich still, / Keiner, der es wagen will.*

Wie Fontane mein Manuskript beckmesserisch begutachtet

Sosehr ich mich auch dagegen sträubte – mein Verleger drängte gebieterisch darauf, mich mit dem Neuruppiner Denkmals-Fontane ablichten zu lassen, um mit diesem Hochglanzfoto das Hinterteil unseres Buches angemessen zu schmücken. Fluchend fügte ich mich diesem Wunsche. Nicht nur wegen des zeitaufwendigen Ausflugs hinauf zum Rhin, sondern vor allem wegen der zu erwartenden negativen Sanktionen des Dichters hoch oben auf seinem Sockel. Und die kamen denn auch. Kaum hatte mich der mitgereiste Profi-Fotograf, wir hatten inzwischen den 19. Dezember und es drohte Glatteisgefahr, in die gewünschte Positur gerückt, hörte ich Fontane auch schon schimpfen.

»Sie wagen es erneut, mir unter die Augen zu treten!? Haben Ihnen meine Warnschüsse vom Mai noch nicht gereicht?«

Ich schielte auf seinen Stock, ob der sich nicht wieder in ein Gewehr verwandelte. »Sie kennen den Inhalt meines Manuskripts?«

»Das ist es ja: *Hundert Nadelstiche regen mehr auf als ein Kolbenstoß.*[1] Kann Sie denn nichts mehr hindern, dieses Machwerk auch noch drucken zu lassen?«

Ich flüchtete mich in das, was mein Freund Peter Heinrich immer aufstöhnend das -kylauern nennt. »Zu groß ist der Druck, der auf mir lastet.«

Angewidert wandte Fontane sich ab. »(...) *man kann nicht gegen seine innerste Natur und in jedes Menschen Herz gibt es ein Etwas, das sich, wo es mal Abneigung empfindet, weder beschwichtigen noch überwinden läßt.*«[2]

Ich schluckte, hatte ich mir doch im stillen ein ehrliches

Lob aus seinem Munde erhofft. Unverhohlen flehte ich ihn um sein Placet an: »Bitte! Ich habe doch so viele Tage und Nächte an allem gesessen!«

»Nun: *Böser Fleiß verdirbt gute Sitten.*[3] Dies ist alles eine Nummer zu groß für Schreiber Ihres Kalibers. Herausgekommen ist nicht mehr als ein übler Fontane-Verschnitt.«

»Das ist wahr.«

»*Viele Wahrheiten sind trostlos, aber dennoch bleiben es Wahrheiten* (…).[4] Auch die, lieber -ky, daß Sie der Graphorrhoe verfallen sind, der krankhaften Schreibsucht. *Das immer Arbeiten-müssen macht egoistisch wie alles Ausschließliche; es ist bürgerlich respektabel und verdirbt doch den Charakter.*«[5]

»Ich kann nicht anders …«, kam mein Bekenntnis.

Fontane lachte very sophisticated. »(…) *das ist immer das Schlimme, daß die Menschen grade die Passion haben, die sie nicht haben sollen.*«[6]

Ich beschwor ihn: »Ich wollte doch nichts weiter, als daß Leute, die sie bisher für einen Adligen gehalten haben – wie den anderen großen preußischen Dichter, Heinrich von Kleist –, nicht mehr Theodor von Thane schreiben, sondern … Und leider bin ich nicht besser, als ich bin. Schon der Alte Fritz hat ja über diese ganze ›imbecile Gesellschaft mit -ki bzw. -ky am Ende‹ gelästert.« Das hatte ich vor Jahren einmal herausgefunden, als ich bei den Recherchen zu meinem Kriminalroman »Friedrich der Große rettet Oberkommissar« auch den Briefwechsel des Königs mit seinem Kammerdiener Fredersdorf durchgesehen hatte.

Da mußte der Denkmals-Fontane zum ersten Male schmunzeln. »Nun gut … *Ohne einen feinen Beisatz von Selbstironie ist jeder Mensch mehr oder weniger ungenießbar. Daher gibt es so viele Ungenießbare.*[7] Aber vielleicht sind Sie wirklich genießbarer, als ich eben noch dachte …«

Endlich sah ich Land. »Dann darf ich ein wenig hoffen, daß Sie unser Projekt ›Mord und Totschlag‹ doch noch unterstützen?«

»*Wenig hoffen ist immer gut.*«[8]

»Lassen Sie mich fortfahren und aus einem Ihrer Briefe an Paul Schlenther zitieren: *Die besten Gardebataillone der Menschheit sind die Toten, die, biographisch wiederbelebt, unter uns wandeln.*«[9]

Da strahlte er nun doch. »Danke sehr ... Und ich darf noch in Ihre Richtung hin anmerken, *daß auch das Loben eine feine Kunst ist, die nicht viele verstehn.*[10] Allerdings ... Ich weiß zwar: *wer hat nicht schwache Punkte!*[11] Aber dennoch ... Doch in Ihrem Manuskript gibt es zu viele Punkte und Passagen, die ich so nicht tolerieren kann. Und generell ...« Wieder fiel er in den alten Mißmut zurück. »*Die meisten Menschen haben nur die Gabe, das an sich Bedeutende zu vertrivialisieren.*[12] Und eben das haben Sie mit meinen Romanen gemacht!«

»Nicht doch!«

»Doch, doch! *Die meisten Menschen sind in Kleinheit befangen und gönnen dem andern nichts.*«[13]

»Wie denn: Ich gönne es Ihnen doch, daß Sie schon hoch oben auf dem Denkmal stehen. Haben Sie denn überhaupt alles gelesen, was ich geschrieben habe?«

»Was Sie abgeschrieben haben ... Nein! Denn *sein Eignes immer wieder zu lesen, strapaziert nicht bloß sondern verdummt auch* (...).[14] Ich glaube, wir sind fertig miteinander.«

Ich lächelte. »(...) *anständige Menschen werden immer miteinander fertig.*[15] *Jeder, der der großen Masse genügen will, muß ein Loch zurückstecken. Und wenn er das redlich getan hat, dann immer noch eins.*[16] Tut mir leid, daß ich Sie in meinem Text mit so vielen ätzenden Kritiken konfrontieren mußte ...«

»Ach was: *Die Kritiken sind alle wie von Verbrechern geschrieben.*[17] Und auch Ihr spöttischer Unterton ist nicht gerade das, was mein Herz erfreuen kann – wenn Sie mich mit Karl May vergleichen oder mich für Ihren mediokren Glauser vorschlagen. Vor allem aber ist Ihre Wortwahl kränkend: Da unterstellen Sie mir, Kolportage-Romane geschrieben zu haben, vergleichbar den heutigen Seifenopern in den Fernsehprogrammen, da lasse ich eine Geschichte ›weiterköcheln‹, sollte an einer hochdramatischen Stelle eine ›Schicksalsmelodie aufbranden‹, als sei ›Ellernklipp‹ ein Hollywoodschinken, und schließlich gibt es, wie in einem billigen Western, den ›Showdown‹. Dies alles diskriminiert mich doch letztendlich über alle Maßen!«

»Nein und abermals nein!« rief ich da. »Sie als eigentlichen Vater des deutschen Krimis zu feiern war doch meine Absicht, nichts anderes. Und Sie wissen doch, wie das bei solchen Sachen ist: *Ohne ein gewisses Quantum von ›Mumpitz‹ geht es nicht.*«[18] Wieder setzte ich darauf, ihn milde zu stimmen, indem ich seine eigenen Worte in meine Rede einflocht.

Aber Fontane ließ sich diesmal nicht so leicht besänftigen. »*Es ist das mißliche Vorrecht des Halbgebildeten, über die Einzelnheiten das Ganze zu übersehen* (…).[19] Fehlte nur noch, daß Sie aus den anderthalb Zeilen in meinem Brief an Emilie vom 23. Juni 1883 auch noch ein eigenes Kapitel gemacht hätten: *Heute Nachmittag hat sich unser nächster Hubertusbader Nachbar Dr. Jahn erschossen.*[20] Aber das Fürchterlichste für mich ist, daß Sie mit Ihren reißerischen Überschriften alles gehörig entwerten. Das ist doch töricht!«

Wieder suchte ich, mit seinen eigenen Worten zu kontern. »*Auch das Törichte kann einen pittoresken Zauber haben.*[21] Und Überschriften finden zu können, die aufmerken lassen, rechne ich zu meinen guten Eigenschaften.«

Fontane winkte ab. »*Gaben wer hätte sie nicht? Talente – Spielzeuge für Kinder. Erst der Ernst macht den Mann* (...).«[22]

Das nun war meine Achillesferse. Man denke nur an den permanenten Vorwurf enger Bezugspersonen an mich, mitunter doch noch überaus kindlich zu sein – und dies mit fast 60 Jahren! In meiner Partei wollten sie mich wegen mangelnder Ernsthaftigkeit nicht einmal zum Landesparteitagsdelegierten wählen. »Nun, wie ernst wollen Sie mich denn haben?«

»Nicht so ernst wie die SPD!« lachte Fontane, um sich aber sofort darüber aufzuregen, daß ich ihm unterstellt hatte, er sei zu feige, einen Anarchisten wie Lehnert Menz triumphieren zu lassen.

»Immerhin verschweige ich Ihre Sympathie für den sogenannten Vierten Stand nicht – die erstaunlich ist bei Ihrer, wenn auch mitunter leicht kritischen, Mythologisierung des preußischen Adels. Siehe Dubslav von Stechlin.«

Fontane verzog die Stirn. »Ach, mit der Ideologie ist es für mich wie mit der Religion: *Kein vernünftiger Mensch wird was gegen Religion haben, wenn er persönlich auch nicht mitmacht. Glaubt meinetwegen, daß die Balken brechen; ich habe zwar noch nicht gesehn, daß viel dabei herauskommt, aber wenn es ehrlich ist, geb ich dem Gläubigen seine Ehre.*«[23]

»Sie mögen keine Politiker?«

»(...) *es ist ein ganz ordinäres Geschäft, dies parlamentarische Politik-machen, und verdirbt den Charakter und verdummt. Die Leute sehen alles nur noch in Fraktionsbeleuchtung.*«[24] Er zuckte zusammen. »Entschuldigung: Ich habe da ganz außer Acht gelassen, daß Sie selber einmal damit geliebäugelt haben, in die Politik zu gehen, jedenfalls tut das Ihr Held Manfred Matuschewski im dritten Band Ihrer ...«

Ich glühte vor Stolz. »Sie kennen ›Brennholz für Kartoffelschalen‹, ›Capri und Kartoffelpuffer‹ und …?«

Ärgerlich stoppte er mich. »Genug der Eigenwerbung. Es reicht schon, daß Sie ungeniert Ihren Roman ›Der letzte Askanier‹ ins Spiel gebracht haben, ungeachtet dessen, was meine Meinung dazu ist: *Ritterstücke sind immer langweilig* (…).[25] Doch was soll's: (…) *immer von sich reden zu machen, – auch das ist ein Talent.*[26] Und Sie haben ja recht: *Man ist ja heutzutage immer nur so lange gekannt, wie man in der Zeitung steht* (…).«[27]

Gespannt sah ich zu Fontane hinauf. »Und … was halten Sie von ›Brennholz‹, ›Capri‹ und …?«

»Schwer ist es, aus den Nebensächlichkeiten, die das Leben einfacher Leute ausmachen, etwas zu formen, das neben den Schicksalen von Lady Di und Harald Juhnke Bestand hat. *Wenn ich in den Vesuv falle, etwas angebraten wieder herauskomme, nachdem ich unten die Erde habe kochen hören, dann im Triumph nach Neapel geschafft und von einer Nonne und drei Engländerinnen gepflegt werde, so kann das jeder beschreiben, aber über ›saure Gurken‹ und ›warm sind sie noch‹ sich angenehm zu verbreiten, ist sehr schwer.*«[28]

Ich wußte nicht, ob das als Lob oder als Tadel zu verstehen war, und schwieg betreten.

Da fauchte Fontane mich erst richtig an: »*Die gräßliche Bescheidenheits-Komödie, die wir beständig führen müssen, schafft mehr Unwahrheit in die Welt, als wenn man flott drauf los renommierte oder wenigstens sich daran gewöhnt, sein Licht nicht unter den Scheffel zu stellen.*«[29]

Dankbar fing ich den Ball auf, den er mir zugeworfen hatte. »Das will ich denn auch gerne tun und Sie um einen Kommentar zu jenen Teilen meines Buches bitten, die hinter Ihren Kriminalgeschichten folgen und in denen Selbsttötung und Duell den Plot bestimmen. Recht eigentlich gehören ja ›Cécile‹, ›Effi Briest‹, ›Stine‹, ›Graf Petöfy‹, ›Unwiederbringlich‹ und ›Schach von Wuthenow‹ in die Schublade ›Beziehungskisten‹, oder? Und alle scheitern, alles geht den Bach hinunter ...«

Fontane stöhnte auf, und ich dachte zuerst, daß er das nur meiner despektierlichen Formulierungen wegen tat, begriff dann aber, daß ich ihm mit dieser Aufzählung ein ganz besonderes Aha-Erlebnis beschert hatte.

»Ja, ja, junger Mann, so ist das: Man *kann und weiß alles immer nur für andre, für sich kann und weiß man gar nichts und ist so autoritäts- und hilfebedürftig wie der Schwächste und Dümmste.*«[30]

Ich nutzte dieses Geständnis, ihm einmal tüchtig die Leviten zu lesen: »›O Gott, großer Fontane!‹ möchte man ausrufen, wenn man Ihre Romane liest, die ›Frau Jenny Treibel‹ einmal ausgenommen. Was für ein düsteres und depressives Bild entwerfen Sie von den Beziehungen zwischen den Geschlechtern! Trostlos ist es, und überall nimmt es mit der Liebe ein schreckliches Ende: In ›Quitt‹ scheitert die Liebe von Lehnert Menz sowohl zu Christine wie später in den USA zu Ruth Hornbostel, in ›Ellernklipp‹ können Martin und Hilde nicht zueinander finden, und Martin wird zudem noch aus Eifersucht von seinem Vater ermordet, und in ›Grete Minde‹ stirbt der Valtin. Nichts erfüllt sich, nichts läuft auf das ersehnte Happy End hinaus. In ›Irrungen Wirrungen‹ und ›L'Adultera‹ ist es nicht anders. Und nehmen wir's vorweg: Cécile und Effi sehnen sich nach einem einfühlsamen Lover – aber ist der endlich da, kommt es zum Duell, und Sie lassen ihn schnellstens wieder verschwinden. Waldemar v. Haldern, Graf Petöfy und Schach v. Wuthenow fliehen vor der Liebe und den Frauen in den Tod. Alles endet tragisch, wird zum Drama ...«

Fontane suchte seine Betroffenheit mit einer heiser hingeworfenen Sentenz zu überspielen. »(…) *die Halbheit hat noch nie die Welt erobert, am wenigsten Berlin.*«[31]

Ich fühlte mich wie bei einem Kampf zwischen Sumoringern; ich hatte ihn gepackt und wollte ihn werfen. »Alles das deutet auf schwere Defizite beim Dichter hin. Ich erwähne nur: Trauma, Projektion, Katharis. Schreiben als Therapie. Sie haben da ganz offensichtlich eine ganze Menge auf- beziehungsweise abzuarbeiten versucht, im Hinblick auf Ihre Sehnsüchte – und auf Ihre Frau Emilie andererseits … Herb sieht sie aus auf allen Fotos: keine kapriziöse Geliebte, einfühlsam und anschmiegsam, sondern eher eine strenge Generalin.«

Fontane murmelte etwas von Intimsphäre und Datenschutz, um dann plötzlich aggressiv zu werden. Offensichtlich hatte ich ihn ernsthaft getroffen. »Mir das so ins Gesicht zu sagen. Aber: *Auch die Grobheit lügt. Und die Geschliffenheit, selbst mit den Mängeln, die sie haben mag, steht jedenfalls der Kultur näher als ihr Gegenteil.*«[32]

Ich hatte die Bücher mit seinen Briefwechseln mitgenommen und fand alsbald die Stelle, die ich suchte. »Am 15. 8. 1876 schreiben Sie an Emilie: *Meine liebe Frau, es ist im großen und kleinen das alte Lied. Du reizest mich bis aufs Blut und wunderst Dich hinterher, wenn ich heftig und bitter werde; Du machst ein böses Gesicht und wunderst Dich, wenn ich Dir aus dem Wege gehe; Du verhältst Dich ablehnend und wunderst Dich, wenn ich nicht zärtlich bin.*[33] Das, mit Verlaub gesagt, läßt auf wenig Wonnen schließen, was Sexus und Eros betrifft … und von Leidenschaft wohl keine Spur.«

Nach einer kleinen Pause kam, worauf ich nie zu hoffen gewagt hatte, Fontanes Geständnis. »*Ich habe selbst zu der großen antiken Leidenschaft kein rechtes Fiduz* (= Vertrauen), *weil mir auf meinem (…) Lebenswege nichts vorgekommen ist, was unter der Rubrik ›antike Leidenschaft‹ unterzubringen wäre. Es mischt sich immer sehr viel häßlicher Kleinkram ein, der mit der Erhabenheit der Gefühle nichts zu schaffen hat.*[34] Und alles in allem: *Es gibt kein unbedingtes und ungetrübtes Glück, das länger als 5 Minuten dauert.*«[35]

Fontane war offenbar bereit, mir sein Herz zu öffnen. Ich faßte sogleich nach und fragte ihn nach seiner Grundhaltung zu den Frauen. »Sie müssen sehr enttäuscht von ihnen sein …«

»*Keine Frau ist schlimm, aber immer noch besser als eine schlechte.*«[36]

Ich gab keine Ruhe. »Sind Sie nicht voller Sehnsucht nach einer Effi, einer Franziska, einer Cécile, einer Josephine oder auch Victoire …? Ja, Sie sind es, denn sonst gäbe es in Ihren Romanen nicht diese Häufung von kapriziösen bis lasziven, äußerst attraktiven und begehrenswerten Frauen, die doch das genaue Gegenteil Ihrer Gattin sind. Sie träumen von diesen Frauen, wissen aber nicht einmal, wie Sie eine rauschende Liebesnacht beschreiben sollen. Bei Holk und Ebba, bei Wuthenow und Victoire und auch bei Franziska und dem jungen Grafen Egon wird sie einfach ausgespart. Kein Lustschrei, kein Orgasmus. Schön, das war die Zeit, das ging wohl nicht. Aber ich zweifle daran, daß Sie es gekonnt hätten, wenn es denn gegangen wäre.«

Fontane schloß die Augen und seufzte. »*Eigentlich ist es ein Glück, ein Lebelang an einer Sehnsucht zu lutschen* (…).«[37]

»Dabei hätten Sie doch in ihren jungen Jahren prädestiniert sein müssen für das große Abenteuer mit Frauen, die an steife Männer wie Instetten gekettet waren, denn Sie schreiben ja selbst in einem Brief an Ihre Emilie: *Frauen haben eine Vorliebe für Bummelbrüder und finden eine Art Anziehungskraft in Eigenschaften und sittlichen Mängeln, die sie an ihren* ***Männern*** *höchlichst übelnehmen würden.*«[38]

»Das hat ja wohl Emilie auch an mich gebunden.«

»War es eine schlimme Ehe?«

Fontane wich aus. »Sie hat mir jenen Halt gegeben, dessen ich bedurfte, sie war mir eine sehr wichtige Gesprächs- und Korrespondenzpartnerin.«

»Sie schreiben in ›Frau Jenny Treibel‹: *Über Ehe kann nur sprechen, wer sie durchgefochten hat, nur der Veteran, der auf Wundenmale zeigt* (...) *Und die schlimmsten Ehen sind die* (...), *wo furchtbar ›gebildet‹ gestritten wird, wo, wenn Sie mir den Ausdruck gestatten wollen, eine Kriegsführung mit Samthandschuhen stattfindet, oder richtiger noch, wo man sich, wie beim römischen Karneval, Konfetti ins Gesicht wirft. Es sieht hübsch aus, aber verwundet doch.*«[39]

»Kein Kommentar.«

Ich hatte Mitleid mit ihm und wollte ihn nun nicht länger mit meinen Fragen zu seiner Ehe quälen. Also wechselte ich das Thema. »Auch die Selbsttötung scheint eine unsagbare Faszination auf Sie ausgeübt zu haben. Der Bilanzselbstmord, wie es heute heißt.«

Doch Fontane ging nicht darauf ein. »Reden wir lieber über die vielen Tippfehler, die ich in Ihrem Manuskript gefunden habe. Und nachher, beim fertigen Buch, da wird das auch nicht anders sein. *Die Druckfehler machen mich ganz nervös. Ich gehöre zu den Schriftstellern, die es genau nehmen, sehe alles dreimal durch, schreibe, wo irgend eine Schwierigkeit droht, das Wort in Paranthese drüber oder daneben, – aber alles vergebens. In jedem Aufsatz sind immer vier fünf Fehler.*«[40]

»Ja«, lachte ich, »bei mir in ›Brennholz für Kartoffelschalen‹, wo es ja um Schlüsselkinder geht, steht in der Überschrift zum ersten Kapitel ›Schüsselkinder‹, als würde es um ein Behältnis gehen.«

»*Ich bin schrecklich abhängig von solchen Bagatellen*«, bekannte Fontane, »*wie jeder der sich Mühe gibt.*«[41]

»Zurück zur Sache …« So leicht gab ich nicht auf. »Es scheint mir in Ihnen eine tiefe Sehnsucht zu stecken, sich aus allem Elend des Lebens, allen Enttäuschungen und Versagungen, allen gesellschaftlichen Zwängen herauszuziehen und aus der Welt zu fliehen … in den Tod, die Erlösung von allem. Und in jedem, der sich in einem Ihrer Werke selber tötet, behaupte ich, steckt viel von Ihnen, tut es dieser Mensch auch stellvertretend für Sie.«

Nachdenklich sah Fontane zum Neuruppiner See hinüber. »Nun denn, junger Mann, vielleicht haben Sie so unrecht nicht. Man kann schon verzagen, denn: *Was ist der einzelne? gar nichts.*[42] Und das Leben? *Das Leben ist eine Reihe von Enttäuschungen.*«[43]

»Kein Wunder, daß auch Ihre Figuren von einer depressiven Grundstimmung erfüllt sind – so heiter, geistreich und gelassen, sich in ihr Schicksal fügend sie sich auch geben mögen, als hätten sie sich den Petronius zum Vorbild genommen, wie der in ›Quo vadis‹ selber sein Leben beendet, bis zum letzten Atemzug voller Esprit. Statt zu jammern und um Gnade zu flehen: immer einen Aphorismen auf den Lippen.«

Fontane zeigte sich begeistert. »Nobel geht die Welt zugrunde, hört man den Berliner sagen. Nun ja: Die, die ganz oben sind, haben es ein wenig besser. (…) *wie viel hat das Leben, aber für wie wenige nur.*«[44]

»Darum hat bei Ihnen der Adel immer so großes Gewicht gehabt – oder auch der Geistesadel, wie der Dubslav im ›Stechlin‹!«

»Wie auch immer: *Wir stecken schlimm drin; das heißt*

Mensch sein.[45] Und wissen Sie, was ich im März 1888 meiner Tochter Martha geschrieben habe?«

»Nein. Schließlich habe ich nun doch nicht alles gespeichert und ständig parat.«

»›*Nur der Irrtum ist das Leben und die Wahrheit ist der Tod*‹ - *das Tiefste, was je über Mensch und Menschendinge gesagt worden ist.*«[46]

»Warum hätte Gott uns geschaffen, wenn davor, vor dem Tod, nur Irrtum und Qualen wären?«

Zu meiner großen Enttäuschung wußte Fontane dazu auch nicht mehr zu sagen als einer, der den Tod noch nicht erfahren hatte. Oder? »*Mitunter drängt sich mir die Frage auf, ob Gott wirklich die Menschen quält und ob sie's nicht bloß selber sind, die sich das Leben so schwer machen.*«[47]

»Wenn die Menschen das tun, dann doch Ihrer Meinung nach, so deute ich Ihr Werk, in der Hauptsache wegen des einen primären Faktors, den sie das ›tyrannisierende Gesellschafts-Etwas‹ nennen. Deswegen erschießen sie sich selbst und andere.« Ich musterte ihn. »Warum haben Sie sich eigentlich nicht auch …? Über lange Phasen Ihres Lebens hinweg ging es Ihnen ja nicht gerade blendend.«

Fontane schien nicht gewillt, ernsthaft auf diese Frage einzugehen. »Es hätte einem nichts genützt, der als unsterblich gilt …« Dann kam ein großer Seufzer. »Ach ja, nun … Bei Lichte bleibt wohl nur der eine Faktor, der mich gehindert hat: die Feigheit. Allerdings: *Feigheit ist der Menschheit bestes Teil.* Weglaufen, wenn jemand schießt.«[48]

»Deswegen bin ich früher auch so ein guter Hundertmeterläufer gewesen, jedenfalls war ich als Sprinter besser, als ich heute als Soziologe bin. Dennoch aber bin ich stark an Ihrem ›tyrannisierenden Gesellschafts-Etwas‹ interessiert, dem Freud'schen Über-Ich ganz offenbar. Wie sich Ihre Figuren dagegen auflehnen … und damit auch den Sinn ihres

Lebens gewinnen ... oder aber auch an ihm zerbrechen: Das ist des Pudels Kern, um nun auch Herrn Goethe mit ins Spiel zu bringen. Und diesen Kern so klar und doch auch so poetisch herauszuarbeiten, das ist Ihre wahre Meisterschaft.«

Da strahlte der Alte. »(...) *Genies dürfen ungrammatisch sein; der Rest der Menschheit aber hat eine gewisse Durchschnitts- und Trivialverpflichtung, das Korrekte zu tun und zu sagen, und wenn er sich dieser Verpflichtung entzieht, so fehlt ihm etwas für seine Verhältnisse Unerläßliches.*«[49]

»Sie vergessen nur«, warf ich da ein, »eine der großen Weisheiten eines Mannes, den sie völlig ignorieren ... Karl Marx sein Name. Der hat nämlich einmal gesagt: ›Die herrschenden Werte sind immer die Werte der Herrschenden.‹«

Unwirsch verzog Fontane das Gesicht. »Auch wenn es keine Herrschenden gäbe, brauchten die Menschen moralische Leuchttürme, um erkennen zu können, welche Richtung einzuschlagen ist, damit sich eine Gesellschaft in der Zeit erhält.«

»Richtig, aber damit haben wir dann wieder automatisch soziale Schichtung und Herrschaft, denn diejenigen, die in die richtige Richtung laufen, werden als die Guten gelten und weit oben landen ... die anderen aber ... na ja!«

Fontane überlegte nicht lange. »Diese anderen sind ja genau die Menschen, die meine Romane mit Leben erfüllen. Der Chefredakteur der ›Vossisches Zeitung‹, Friedrich Stephany, hat – ich glaube, 1887 ist das gewesen – geschrieben: ›Die Sitte gilt und muß gelten.‹ Und ich habe ihm daraufhin geantwortet: *Aber daß sie's muß, ist mitunter hart. Und weil es so ist, wie es ist, ist es am besten: man bleibt davon und rührt nicht dran. Wer dies Stück Erb- und Lebensweisheit mißachtet – von Moral spreche ich nicht gern –, der hat einen Knacks fürs Leben weg.*«[50]

»Anpassung oder Auflehnung, das war und ist die Frage aller Fragen.«

»So ist es. *Alle Dinge haben ihr Gesetz. Wer zu einer Parforcejagd geladen ist, muß in einem roten Frack kommen oder wegbleiben.*«[51]

Ich suchte seinen Blick. »Sie sind auch nicht zu jeder Parforcejagd gegangen ...«

»Nein. *Volk ist alles, Gesellschaft ist nichts* (...).«[52]

»... und haben doch immer ein wenig sehnsüchtig nach oben zu den Fenstern der Schlösser geschaut. Ich erinnere nur an die lange Reihe Ihrer Huldigungsgedichte ...«

Wieder flüchtete er ins Allgemeine. »*Jedes Land, jede Gesellschaft, jedes Lebensalter, jedes Verhältnis, jedes Portemonnaie, fordert ein ganz bestimmtes Benehmen und die jedesmal entsprechende Haltung zu treffen, ist die recht eigentliche Lebens-Klugheit.*«[53]

Ich sah ihn provozierend an. »Dann ist es zu einem bestimmten Zeitpunkt für einen Grafen, einen Baron oder einen Offizier lebensklug gewesen, zum Duell zu gehen und sich totschießen zu lassen?«

»Körperlicher Tod oder sozialer Tod – wo ist da der Unterschied? Auch wenn der zweite dem ersten à la longue wohl vorzuziehen ist.«

»Ich darf gestehen: Ihre Duelle sind herrlich, und ich denke, sie werden die Höhepunkte dieses Fontane-Lesebuches bilden. Wie schade, daß heute in Deutschland keine Duelle mehr möglich sind. Es brächte Millionen in die Kassen! Stellen Sie sich vor, ich hätte die Fernsehrechte dafür! Keine langweiligen Rededuelle mehr, sondern solche mit Pistole oder Degen. Lafontaine gegen Schröder mit einer Walther-Pistole auf zwanzig Meter Entfernung. Und der Sieger tritt dann gegen Kohl an. Der sähe sich im Nachteil, wegen seiner großen Trefferfläche, und legt Protest ein.

Ihm wird eine Zusatz-Kugel zugestanden. Oder man könnte auch den Stellenabbau durch Duelle fördern. Hauptgrund für das Verschwinden der Duelle war ja die hohe Verlustrate für die Elite einer Gesellschaft, aber heutzutage käme dies ja zupaß. Also: Gebt uns die Institution des Duells zurück!«

Fontane freute sich über meine Begeisterung. »Ich sehe, auch Sie sind bekennender Homo Ludens. *Jeder Tag ist ein neues Würfelspiel, und die Zahlen und Werte wechseln.*«[54]

»Duelle haben also eine enorm große Faszination auf sie ausgeübt?«

»Wie kommen Sie darauf?«

Ich verwies auf eine Vielzahl von Passagen in seinen Briefen, die darauf schließen ließen. »*Glück ist doch besser als Verdienst*, schreiben Sie 1868 an Ihre Frau, *und es wohnt ihm auch eine schöne, poetische, gutmachende Seite ein.*[55] Und ob man, gleich gute Schützen vorausgesetzt, getroffen wird, ist ja wohl, läßt man Gott, Prädestination und Fügung einmal außen vor, eine Sache von Zufall und Glück. Oder 1857 an die Merckels: *Ohne Wagestück geht es nicht.*«[56]

Fontane nickte. »Sicher. (...) *dann und wann muß man auch ein bißchen Courage haben.*[57] Und denken Sie an den Preis, den man als Sieger davontragen kann: den Rausch, das Glück, sich überwunden zu haben, die wiederhergestellte Ehre, die Genugtuung, den Gegner eliminiert zu haben ... *Schwierigkeiten locken, wenn sie nur nachher belohnt werden.*[58] Und recht eigentlich hat man hinterher, mag man zunächst auch negative Sanktionen zu gewärtigen haben, die größeren Chancen, denn: *Wo die Kraft ist, da entsteht von selbst ein Mittelpunkt* (...).«[59]

Der mitgereiste Fotograf machte mir verzweifelt Zeichen, daß nun endlich aufzubrechen sei, wenigstens zum Mittagessen. Ich blickte auf die Uhr und erschrak. »Ich glaube, wir haben zuviel geredet heute.«

Fontane wiedersprach. »*Schwatzen ist nicht immer ein Beweis mangelnder Kapazitäten.*«[60]

»Nach dem Essen komme ich gern noch mal wieder, vielleicht ist das Licht dann besser zum Fotografieren. Inzwischen könnten Sie ja auch den Rest des Manuskriptes kritisch unter die Lupe nehmen ...«

Die grossen Duelle

Das Recontre zu Dresden

Fontanes Roman »Cécile« ist 1886 als Vorabdruck im »Universum« erschienen. Cécile ist eine geborene Woronesch von Zacha, eine polnische Adlige mithin, die den wesentlich älteren preußischen Offizier Pierre von St. Arnaud geheiratet hat. Die Geschichte beginnt damit, daß das Ehepaar St. Arnaud von Berlin aus eine Reise in den Harz antritt und im Luftkurort Thale dem Zivilingenieur Robert von Leslie-Gordon begegnet, der aus einer schottischen Familie stammt, die nach Schlesien gegangen ist. Was auf den ersten Blick nach überkommener Dreiecksgeschichte aussieht, besticht nach Nürnberger, weil es »in der Durchführung meisterhafte Akzente« aufweist (137). Deutlich negativ ist der Tenor dagegen bei Charlotte Jolles: »Trotz früher Anerkennung der feinen Psychologie und des impressionistischen Stils hat sich das Werk nie recht durchgesetzt, vielleicht wegen der kühlen Atmosphäre, die die Hauptgestalt umgibt.« (59) Verchau dagegen lobt die soziologische Quintessenz: »Das Individuum scheitert an der herrschenden Gesellschaft.« (161)

Gordon steht bei Fontane für die neue bürgerliche Zeit. Hoher Schulden wegen hat er die preußische Armee verlassen und ist nun Spezialist für das Verlegen von Überseekabeln. Er ist in der internationalen Welt der Technik zu Hause und war nicht nur in Rußland, Ägypten und Persien, sondern auch im Himalaya. Im Augenblick arbeitet er für eine englische Firma, die ein neues Kabel in der Nordsee verlegen will. Cécile erregt sofort seine Aufmerksamkeit. *Er gestand sich, selten eine schönere Frau gesehen zu haben* (...). (20) In einem Brief an seine Schwester Klothilde in Liegnitz gerät er aber dennoch nicht ins kritiklose Schwärmen. Kapriziös sei sie schon, *aber was durchaus frappieren muß, ist das naive Minimalmaß ihrer Bildung. Sie spricht gut Französisch (recht gut) und versteht ein weniges von Musik; im übrigen fehlt ihr nicht bloß alles Positive, sondern auch jener Esprit, der adorierten* (verehrten) *Frauen fast immer zu Gebote steht.* (...) *Ob sie Zeitungen liest, ist mir fraglich. Und so gibt sie sich Blößen über Blößen. Aber sie besitzt dafür ein anderes, was alle diese Mängel wieder aufwiegt: eine vornehme Haltung und ein feines Gefühl, will sagen: ein Herz.* (...) *Sie weiß, daß sie nichts weiß, und behandelt dies Manko mit einer entwaffnenden Offenheit.* (53)

An der »Table d'hôte« trifft man sich nun Tag für Tag, und bald unternimmt man auch in kleinen Gruppen Ausflüge in die nähere und weitere Umgebung, beispielsweise nach Altenbrak. Dabei wird endlos Konversation gemacht, zu der neben St. Arnaud und Gordon vor allem zwei Männer beitragen: der Privatgelehrte Eginhard Aus dem Grunde mit seiner Botanisiertrommel, schlecht gekleidet und bildungswütig (»multum non multa« ist sein Wahlspruch – »In die Tiefe, nicht in die Breite«), und der Emeritus, ein Pfarrer im Ruhestand. Dazu kommt noch Fräulein Rosa, eine Berliner Malerin.

Cécile versichert, *»bei gutem Gespräche noch niemals müde geworden zu sein«* (67), und der Privatgelehrte erregt sich darüber, daß man über die Hohenzollern die Askanier vergessen habe, *ein anderes großes Fürstengeschlecht an der Spitze, das in bereits vorhohenzollernscher Zeit das Land zwischen Oder und Elbe beherrschte, seitdem aber in* *unbegreiflich undankbarer Weise vergessen oder doch beiseitegestellt wurde (...). Haben wir doch als einziges Denkmal und Erinnerungszeichen an diese ruhmreiche Familie nichts als den Askanischen Platz (...).* (69) (Inzwischen haben wir auch noch meinen 1997 erschienenen Roman »Der letzte Askanier«!)

Gordon rätselt weiter über die geheimnisvolle Cécile. *Was ist mit dieser Frau? So gesellschaftlich geschult und so naiv! Sie will mir gefallen und ist doch ohne rechte Gefallsucht. Alles gibt sich mehr aus Gewohnheit als Koketterie. Sie hat augenscheinlich in der vornehmeren Welt gelebt – vielleicht in einer allervornehmsten – und hat Auszeichnungen und Huldigungen erfahren, aber wenig echte Neigung und noch weniger Liebe. Ja, sie hat ein Verlangen, eine Sehnsucht. Aber welche? Mitunter ist es, als sehne sie sich, von einem Drucke befreit zu werden oder von einer Furcht und innerlichen Qual. Ist ihr St. Arnaud diese Furcht? Ist er ihr eine Qual? Nein; er hat nichts von einem Quälgeist (...) Sie hat eine Geschichte, oder er, oder beide, und die Vergangenheit wirft nun ihre Schatten.* (105 f.)

Noch kann er das Geheimnis Céciles nicht lösen, denn im Auftrage seiner Firma muß er erst einmal nach Bremen reisen:

»Ein eben erhaltenes Telegramm ruft mich fort, und ich komme, mich zu verabschieden.«

Gordon sah, wie Cécile sich verfärbte. (108)

Es vergeht einige Zeit, bis sie sich wiedersehen. Gordon hat, wieder in Berlin, eine Wohnung in der Lennéstraße gemietet, und die St. Arnauds sind am Hafenplatz zu Hause, so daß er sie leicht zu Fuß besuchen kann. Doch Cécile weilt noch auf ihrem Gut, und erst beim zweiten Mal trifft er sie an.

Sie sah frischer und jugendlicher aus als in Thale, welchen Eindruck ein helles Sommerkostüm noch steigerte. Gor-

don war wie betroffen, und einer fast ans Sentimentale streifenden Empfindung hingegeben, nahm er ihre Hand und küßte sie mit Devotion. (118)

Doch sie sind nicht allein, und er wird mit dem Hofprediger Dr. Dörffel bekannt gemacht. Als Gordon wieder gegangen ist, sieht Cécile den Geistlichen an und fragt ihn, welchen Eindruck er von ihm gewonnen habe.

»Er hat, so lebhaft und sanguinisch er ist, einen eigensinnigen Zug um den Mund und ist mutmaßlich fixer Ideen fähig. (...) *Herr von Gordon, wenn mich nicht alles täuscht, ist ein Mann von Grundsätzen und doch zugleich frei von Langweil und Pedanterie. Man erkennt unschwer den Mann, der die Welt gesehen und die kleinen Vorurteile hinter sich geworfen hat. So recht eine Bekanntschaft, wie Sie sie brauchen. Pflegen Sie seine Bekanntschaft, und er wird Ihnen das Licht und die Freude geben, die sie so schmerzlich vermissen.«* (123 f.) Er spielt damit auf die Melancholie an, die Cécile eigen ist.

Cécile fürchtet, daß Gordon sich nur zu ihr hingezogen fühlt, weil er, da er so lange im Ausland war, die Wahrheit nicht kennt. *»Er weiß nichts von der Tragödie, die den Namen St. Arnauds trägt, und weiß noch weniger von dem, was zu dieser Tragödie geführt hat.«* (123 f.)

St. Arnaud, der Oberst, ist selten zu Hause. Er ist ein leidenschaftlicher Spieler und verbringt die Abende im Klub unter Männern. Er war früher ein brillanter Soldat, Oberstleutnant in der Garde, und in *St. Denis war anno 70 viel von ihm die Rede. Kugel durch den Hals, zwischen Karotis und Luftröhre. Wahrer Wunderschuß. Und wunderbar auch die Heilung: in sechs Wochen wiederhergestellt.* (...) *Man sieht ihm noch jetzt den Schneid an* (...). (14 f.) So reden die Leute über ihn. In seinem Gesicht liegt ein *Zug von Herbheit, Trotz und Eigenwillen* (9), und er ist zwanzig Jahre älter als Cécile. Das Urteil der Malerin Rosa über St. Arnaud fällt vernichtend aus: »(...) *sein Verhältnis zu Cécile, da hab' ich kein gutes Wort für ihn. Mitunter freilich hat er seinen Tag der Rücksichten und Aufmerksamkeiten, und man könnte beinahe glauben, er liebe sie. Aber was heißt Liebe bei Naturen wie St. Arnaud? Und wenn es Liebe wäre, wenn wir's so nennen wollen, nun, so liebt er sie, weil sie sein ist, aus Rechthaberei, Dünkel und Eigensinn, und weil er den Stolz hat, eine schöne Frau zu besitzen. In Wahrheit ist er ein alter Garçon* (Junggeselle) *geblieben, voll Egoismus und Launen* (...).« (140 f.) Die sich anbahnende Beziehung zwischen Cécile und Gordon nimmt er zunächst gelassen hin, *und weder seine Blicke noch seine spöttischen Bemerkungen konnten das Glück ihres Beisammenseins stören. – Ja, diese Septembertage waren voll der heitersten Anregungen, und Briefchen in Vers und Prosa, die von seiten Gordons beinah' jeden Morgen an Cécile gerichtet wurden, sei's, um sie zu begrüßen oder ihr etwas Schmeichelhaftes zu sagen, steigerten begreiflicherweise das Glück dieser Tage*. (128)

Klothilde, Gordons Schwester, ist es dann, die sich in Oberschlesien als Detektivin versucht hat und ihn über Céciles Geheimnis aufklärt. Es ist ein langer Brief geworden. Vier Jahre ist es her, da wurde St. Arnaud Regimentskommandeur in Oberschlesien und bezog Quartier im Hause der verwitweten Frau Woronesch von Zacha, die eine berühmte Schönheit gewesen sei. (...) *ihre Tochter Cécile war es noch. Jedenfalls fand es der Oberst und verlobte sich mit ihr. Vielleicht auch, daß er sich in dem Nest, das ihm die Residenz ersetzen sollte, bloß langweilte. Gleichviel. Drei Tage nach der Verlobung empfing er einen Brief, worin ihm Oberstleutnant von Dzialinski, der älteste Stabsoffizier, seitens des Offizierkorps und als Vertreter desselben die Mitteilung machte, daß diese Verlobung nicht wohl angänglich sei. Daraus entstand eine Szene, die mit einem Duell endete. Dzialinski wurde durch die Brust getroffen und starb vor Ablauf von vierundzwanzig Stunden. Das Kriegsgericht verurteilte St. Arnaud zu neun Monaten Festung.* (...) *Cécile war eine Dame von zweifelhaftem* (...) *Ruf. Als sie kaum siebzehn war, sah sie der alte Fürst von Welfen-Echingen und ernannte sie bald danach, und zwar nach wenig schwierigen Verhandlungen mit Frau von Zacha, zur Vorleserin seiner Gemahlin, der Fürstin.* (143) Bald darauf starb dann der Fürst und hinterließ dem schönen »Teefräulein« ein oberschlesisches Gut, auf dem sie alsbald des öfteren von Prinz Bernhard besucht wurde, dem Neffen des verstorbenen Fürsten. Aber *wenn der alte Fürst alt gewesen war, so war der junge krank. Er starb schon das Jahr darauf, und man erwartete nunmehr allgemein, daß die schöne Cécile dem von ihr protegierten Kammerherrn von Schluckmann* (...) *die Hand zum Bunde, zum Ehebunde, reichen würde. Dieser Schritt unterblieb aber* (...) *und die schöne Frau kehrte jetzt* (...) *zu Mutter und Geschwistern zurück* (...). *Eine verhältnismäßig glänzende Wohnung wurde genommen, und in dieser Wohnung war es, daß St. Arnaud zwei Jahre später die still und zurückgezogen lebende Cécile* (...) *kennenlernte.* (144)

Als Gordon das liest, gerät er in höchste Erregung. *Fürstengeliebte, Favoritin* **in duplo**, *Erbschaftsstück von Onkel auf Neffe! Und dazwischen der Kammerherr* (...). (145) Vier Tage braucht er, um sich ein Herz zu nehmen, wieder bei den St. Arnauds vorzusprechen.

Cécile war wirklich leidend (150), saß aber dennoch wie gewohnt auf dem Balkon, obwohl es schon Oktober war. *Gordon, als er sie so sah, war tiefbewegt, vergaß alles und wollte Worte der Teilnahme sprechen. Sie ließ es aber nicht zu* (...). (151) Bei Cécile ist eine organische Herzkrankheit diagnostiziert worden, Gordon aber sieht ihr Unwohlsein allein als Folge der menschlichen Kälte, unter der sie bislang so leiden mußte. »(...) *was Ihnen fehlt, das ist nicht Luft, das ist Licht, Freiheit, Freude. Sie sind eingeschnürt und eingezwängt, deshalb wird Ihnen das Atmen schwer, deshalb tut Ihnen das Herz weh', und dies eingezwängte Herz, das heilen Sie nicht mit totem Fingerhutkraut.* (...)« *Sie sog jedes Wort begierig ein, aber in ihrem Auge, darin es von Glück und Freude leuchtete, lag doch zugleich auch ein Ausdruck ängstlicher Sorge.* (...) »(...) *Sie dürfen diese Sprache nicht führen. Um meinetwegen nicht und auch um Ihretwegen nicht.*« (153 f.) Und sie bittet Gordon, sie auf der Stelle zu verlassen. Wenig später folgt dann ein Brief von ihr, in dem sie ihn beschwört: Trennung ... oder die Katastrophe bricht herein. Aber: »*Ich vergesse Sie nicht. Wie könnt' ich auch! Immer die Ihrige – Cécile.*« Gordon ist bewegt, *am bewegtesten durch das rückhaltlose Geständnis ihrer Neigung.* (158) Im Sturm seiner Gefühle weiß er nicht recht, was er tun soll, und ist fast erleichtert, als ihn ein Telegramm erneut nach Bremen ruft.

Wieder zurück in Berlin, mietet er sich an einem grauen Novembertag in ein Hotel ein, ist voller Melancholie und rettet sich mit einem Besuch ins Opernhaus. Da nun gewahrt er in einer gegenüberliegenden Loge Cécile.

Sie saß vorn an der Brüstung, neben ihr der Geheimrat, der ihr, während der Fächer sie halb verdeckte, kleine Bemerkungen zuflüsterte, wobei beider Köpfe sich berührten. So wenigstens schien es Gordon. Und nun ging der Vorhang auf. Aber er sah und hörte nichts mehr und starrte nur, während er Kinn und Mund in seine linke Hand vergrub, nach der Loge hinüber, ganz und gar seiner Eifersucht hingegeben und von einem prickelnden Verlangen erfüllt, lieber zu viel als zu wenig zu sehen. (...) *Gordon litt Höllenqualen* (...). (162) In der Pause stürmt Gordon zu Cécile hinüber und streift Geheimrat Hedemeyer, den Nebenbuhler, nur mit halbem Gruß. In Hast und Verlegenheit unterhält man sich. Die Aufführung geht weiter, und Gordon muß miterleben, wie Cécile mittendrin mit dem Geheimrat ihre Loge verläßt. *Das war mehr, als er ertragen konnte* (...). (164) Er folgt dem *flüchtigen Paare* und wird von Céciles *Jungfer* auch vorgelassen. Überraschenderweise bricht der Geheimrat alsbald auf, und Gordon ist mit Cécile allein. Die ist empört über den Affront, als den sie seine Handlungsweise begreift, und spricht ihm ab, ein Kavalier zu sein. Schon sein bloßer Besuch in ihrer Loge sei eine Beleidigung gewesen, erst recht aber sein Ton und seine Blicke. Ihre Anklage fällt heftig aus: »*Ich habe Sie verwöhnt und mein Herz vor Ihnen ausgeschüttet, ich habe mich angeklagt und erniedrigt, aber anstatt mich hochherzig aufzurichten, scheinen Sie zu fordern, daß ich immer kleiner vor Ihrer Größe werde.* (...) *Was hab' ich gefehlt, um dieses Äußerste zu verdienen? Erklären Sie sich.*«

»*Erklären, Cécile! Das Rätsel ist leicht gelöst: ich bin eifersüchtig.*«

»(...) *Sie konnten Schlimmeres tun, als Sie getan haben, aber nichts Kleineres und nichts Unwürdigeres.*« (167)

Cécile ist deswegen so gekränkt, weil sie glaubt, er leite aus ihrer Lebensgeschichte *ein Anrecht auf einen freieren Ton, ein Anrecht auf Forderungen und Rücksichtslosigkeiten* her (169), fühlt sich also auf ihre Mätressenrolle zurückgeworfen, und gerade der hofft sie entfliehen zu können. Nun fühlt Gordon sich mißverstanden und stürzt aus dem Salon, *ohne weiter ein Wort des Abschieds oder der Versöhnung gesprochen zu haben.* (170)

Cécile schläft wenig in der darauffolgenden Nacht und

kommt am nächsten Morgen verweint zum Frühstück. Ihr Mann schiebt die Zeitung beiseite und fragt, was mit Gordon sei.

»Nichts.«

»Nichts! Wenn es nichts wäre, so frög' ich nicht, und du wärst nicht verwacht und verweint. Also heraus mit der Sprache. Was hat er gesagt? Oder was hat er geschrieben? Er schreibt in einem fort. Ewige Briefe.«

»Willst du sie lesen?«

»Unsinn. Ich kenne Liebesbriefe (...).« (170) Er weiß von Hedemeyer, was geschehen ist. *»Das in der Loge mochte gehen, aber dich bis hierher verfolgen: unerhört! Als ob er den Rächer seiner Ehre zu spielen hätte.«* (171) Er sieht Gordons Verhalten als großen Eklat und spricht von Hausfriedensbruch. Es läge eine Beleidigung vor, die nicht nur sie träfe, sondern auch ihn. *»Und ich habe nicht gelernt, Effronterien* (Unverschämtheiten) *geduldig hinzunehmen.«* (171) Cécile sucht ihn zu beschwichtigen. Er möge es als einen Anfall von Eifersucht hinzunehmen. Umsonst, St. Arnaud schäumt, *denn er war an seiner empfindlichsten, wenn nicht an seiner einzig empfindlichen Stelle getroffen, in seinem Stolz. Nicht das Liebesabenteuer als solches weckte seinen Groll gegen Gordon, sondern der Gedanke, daß die Furcht vor ihm* (...) *nicht abschreckender gewirkt hatte. Gefürchtet zu sein, einzuschüchtern, die Superiorität* (...) *das war recht eigentlich seine Passion. Und dieser Durchschnitts-Gordon, dieser verflossene preußische Pionier-Leutnant, dieser Kabelmann und internationale Drahtzieher, der hatte geglaubt, über ihn weg sein Spiel spielen zu können.* (172 f.) Diese Anmaßung Gordons bringt ihn dahin, ihn zum Duell zu fordern. Und: *Die Dinge regelten sich* (...) *innerhalb weniger Stunden, und* (...) *man kam überein, an demselben Abende noch den Dresdner Schnellzug benutzen und*

am anderen Morgen in einem in der Nähe des Großen Gartens gelegenen Wäldchen den Handel ausfechten zu wollen. (175)

Gordon schreibt einen letzten Brief an Cécile, in dem es unter anderem heißt: »*Ich hätte, statt Zweifel zu hegen und Eifersucht großzuziehen, Ihnen vertrauen und der Stimme des Herzens rückhaltlos gehorchen sollen. Daß ich es unterließ, ist meine Schuld. Ich werde Sie nicht wiedersehen,* ***nie****, was auch kommen mag. Sehen Sie mich allezeit so, wie ich war, ehe die Trübung kam. Immer der Ihre. Wieder* ***ganz*** *der Ihre. v. G.*« (176)

Am anderen Tag brachten alle Zeitungen die folgende Meldung über das Duell in Dresden, das Recontre (feindliche Begegnung): »*Herr von Leslie-Gordon fiel, während von St. Arnaud nur leicht an der linken Seite verwundet wurde. Herr von Gordon wird, einer letztwilligen Verfügung entsprechend, nach Liegnitz, wo zwei seiner Schwestern leben, übergeführt werden. Herr von St. Arnaud hat Sachsen unmittelbar nach dem Recontre verlassen.*« (177)

Cécile hat es so kommen sehen und, auf die Konsoluhr zeigend, zu ihrer Zofe gesagt: »*Merk' die Minute ... Er ist erschossen ...* ***jetzt****.*« (176) Bald darauf stirbt auch sie.

Das tyrannisierende Gesellschafts-Etwas

Neben dem »Stechlin« ist »Effi Briest«, 1894/95 als Vorabdruck in der »Deutschen Rundschau« erschienen, sicher Fontanes bekanntester Roman und müßte eigentlich bis zum Duell hin gar nicht weiter vor Ihnen ausgebreitet werden – aber nehmen wir es als kleine Auffrischung Ihres literarischen Wissens. »Mit ›Effi Briest‹ ragt Fontane in die Weltliteratur«, urteilt Jolles (79), und Schmelzer (1992, 98) reiht ihn mit diesem Werk ein die »großen Frauenbildner der Weltliteratur«. »Wenn es richtig ist«, schreibt Nürnberger (142), »daß Fontanes zentrales Thema das Verhältnis des Individuums zur Gesellschaft ist, wenn wir in ihm den beredten Anwalt der menschlichen Natur zugunsten ihres Anspruchs auf Freiheit und Selbstentfaltung erblicken dürfen, aber auch den Vollstrecker des allgemeinen Willens, der seinen Gestalten keine der ›Konsequenzen‹ erspart, so haben wir in ›Effi Briest‹ eine äußerste Zuspitzung dieses Konflikts zwischen Natur und Ordnungswelt vor uns, ein Die-Dinge-in-die-Höhe-Treiben, das einhergeht mit einer psychologischen und atmosphärischen Feinheit und Richtigkeit ohnegleichen. Es bringt die ergreifendsten Szenen hervor, die Fontane gestaltet hat.«

»Effi Briest« gilt aber auch als *der* märkische Roman schlechthin. Es ist eine klassische Dreiecksgeschichte, die – wir erleben die Blüte des Kaiserreichs – zwischen dem Havelland und der Ostsee angesiedelt ist, zwischen Hohen-Cremmen und Kessin, mit Berlin in der Mitte. Die Protagonisten sind 1. Effie v. Briest, 2. der höhere preußische Ministerialbeamte Geert v. Innstetten und 3. der Major v. Crampas, den Fontane mit keinem Vornamen bedacht hat, der aber Theodor Storm bis ins Detail hinein nachempfunden sein soll (Sichelschmidt 91). Was mag sich der Dichter dabei wohl gedacht haben?

Effi »ist immer als eine der liebenswürdigsten Gestalten der deutschen Literatur empfunden worden, meisterhaft plastisch entworfen und mit einer Fülle symbolischer Beziehungen gestaltet«. (Grawe 55) Sie ist 17 Jahre alt, als wir ihr zum ersten Mal begegnen, gleich auf der zweiten Seite des Romans. Nicht bei der Stickerei etwa, sondern bei der Gymnastik. *In allem, was sie tat, paarte sich Übermut und Grazie, während ihre lachenden braunen Augen eine große, natürliche Klugheit und viel Lebenslust und Herzensgüte verrieten.* (8)

Luise v. Briest, ihre Mutter, 38 Jahre alt, ist eine Dame von Welt, die Effis Ungezwungenheit ebenso mit Mißtrauen verfolgt, wie sie die Saloppheit ihres Mannes andauert tadelt. *»Effi, eigentlich hättest du doch wohl Kunstreiterin werden müssen. Immer am Trapez, immer Tochter der Luft. Ich glaube beinah, daß du das möchtest.* (...) *Nicht so wild, Effi, nicht so leidenschaftlich. Ich beunruhige mich immer, wenn ich dich so sehe ...«* (8 f.)

Effi spielt mit ihren Freundinnen, den Zwillingen Bertha und Hertha und Hulda Niemeyer, der Tochter des Pastors, als der Baron Geert von Innstetten nach Hohen-Cremmen kommt. Effi hat ihn schon kurz im Nachbarort gesehen und weiß Bescheid. Er ist ein alter Jugendfreund aus den Mädchentagen ihrer Mutter. »(...) *eine Liebesgeschichte mit Held und Heldin, und zuletzt mit Entsagung. Ihr werdet Augen machen und euch wundern.* (...) *er ist Landrat, gute Figur und sehr männlich.«* (10)

Innstetten kommt zu früh, und als Effi davoneilen will, um sich umzuziehen, hält ihre Mutter sie fest. *»Ich muß dir nämlich sagen, meine süße Effi ...«, und sie nahm ihres Kindes beide Hände, »... ich muß dir nämlich sagen ...«*

»Aber Mama, was hast du nur? Mir wird ja ganz angst und bange.«

»... Ich muß dir nämlich sagen, Effi, daß Baron Innstetten eben um deine Hand angehalten hat.« (18)

Effi schweigt und sucht nach einer Antwort. Doch ehe sie reagieren kann, kommt ihr Vater, *ein wohlkonservierter Fünfziger von ausgesprochener Bonhomie*, mit Innstetten in den Gartensalon. *Baron Innstetten, schlank, brünett und von militärischer Haltung. – Effi, als sie seiner ansichtig wurde, kam in ein nervöses Zittern* (...). (18) Im selben Augenblick stürmen ihre Freundinnen herbei und holen sie zum Spiel zurück.

Noch an demselben Tage hatte sich Baron Innstetten mit Effi Briest verlobt. Ihre Mutter ist von widerstreitenden Gefühlen erfüllt: *sie hatte es nicht sein können, nun war es statt ihrer die Tochter – alles in allem ebensogut oder vielleicht noch besser.* (19) Effis Vater, in seiner Jugend Adjutant beim alten Wrangel und wegen der unsicheren Einkünfte aus der Landwirtschaft nicht eben wohlhabend, in seiner »Mischung aus Charme, Skepsis, Toleranz, Frivolität, aber auch Gleichgültigkeit, Resignation und Konfliktscheu ein sehr Fontanescher Charakter« (Grawe 55), sieht es so: *Geert, wenn er nicht irre, habe die Bedeutung von einem schlank aufgeschossenen Stamm, und Effi sei dann also der Efeu, der sich darumzuranken habe.* (19)

Am 3. Oktober soll die Hochzeit sein. Innstetten ist wieder abgereist, um seinen Dienst zu versehen, schreibt aber regelmäßig. Doch Effi reagiert darauf sehr verhalten. Ihre Mutter verfolgt das mit Sorge. *»Noch ist es Zeit. Liebst du Geert nicht?«*

»Warum soll ich ihn nicht lieben?«(34) fragt Effi zurück, sie liebe ja auch ihre Freundinnen, den alten Pastor Niemeyer und ihre Eltern. Und Innstetten? *»... ja, wenn er nur ein bißchen anders wäre.«*

»Wie denn, Effi?«

Effi weiß keine rechte Antwort. Es sind seine strengen Prinzipien, die sie irritieren. *»Ach, und ich ... ich habe keine. Sieh, Mama, da liegt etwas, was mich quält und ängstigt. Er ist so lieb und gut gegen mich und so nachsichtig, aber ... ich fürchte mich vor ihm.«* (35)

Gleichviel, Effi und Innstetten heiraten und begeben sich

auf die Hochzeitsreise nach Italien, das Effi wie im Rausch erlebt. Danach geht es nach Kessin, wo Innstetten Landrat ist, und Effis Alltag in einer sehr fremden Umwelt beginnt.

Kessin ist ein imaginärer Badeort an der Ostsee, weit oben in Hinterpommern, und erinnert stark an das reale Swinemünde, in dem Fontane Teile seiner Kindheit verbracht hat. Für Effi liegt es fast schon in Sibirien, und es bleibt ihr immer fremd. Das Wasser ängstigt sie, überall spukt es, vor allem aber ist Kessin öde und langweilig. Innstetten, auf seine Karriere bedacht, läßt sie oft allein, um Bismarck auf seinem nahen Gut Varzin zu besuchen. Da wächst ihre Angst oft ins Unermeßliche: »(...) *als ich in der Nacht aufwachte, war es mir, als ob ich Schuhe auf der Erde schleifen hörte und als würde getanzt und fast auch wie Musik.*« (59) Insbesondere ein vor Jahren in Kessin gestorbener und dort auch beigesetzter Chinese versetzt sie in Angst und Schrecken. Und von Innstetten glaubt sie sich vernachlässigt: »*Nur einen Kuß könntest du mir geben. Aber daran denkst du nicht. Auf dem ganzen weiten Weg nicht gerührt, frostig wie ein Schneemann. Und immer nur die Zigarre.*« (69) Gut, die Dienstboten sind zwar noch im Haus, aber dennoch fühlt sich Effi ständig einsam und allein gelassen und hat nur einen Wunsch: Weg von hier, raus aus diesem Haus.

Doch Innstetten sieht sich zu einem Umzug nicht in der Lage. »*Ich kann hier in der Stadt die Leute nicht sagen lassen, Landrat Innstetten verkauft sein Haus, weil seine Frau den* (...) *kleinen Chinesen als Spuk an ihrem Bette gesehen hat. Dann bin ich verloren, Effi. Von solcher Lächerlichkeit kann man sich nie wieder erholen.*« (81) Spuk, so fügt er hinzu, sei doch etwas Positives und hebe das Ansehen einer Familie und eines Hauses.

Nur langsam geht der Winter vorbei. Gesellschaft gibt es

nicht viel, und ihre Ehe ist ebenfalls nicht aufregend: *Um zehn war Innstetten dann abgespannt und erging sich in ein paar wohlgemeinten, aber etwas müden Zärtlichkeiten, die sich Effi gefallen ließ, ohne sie recht zu erwidern.* (105)

Dann aber kommt ein neuer Landwehrbezirkskommandeur nach Kessin, der Major v. Crampas, und sofort kommt Farbe in Effis Briefe an die Eltern in Hohen-Cremmen. *»Crampas ist verheiratet, zwei Kinder von zehn und acht Jahren, die Frau ein Jahr älter als er, also sagen wir fünfundvierzig. (...) Aber mit der Frau von Crampas, übrigens keine Geborene, kann es nichts werden. Sie ist immer verstimmt, beinahe melancholisch (...) und das alles aus Eifersucht. Er, Crampas, soll nämlich ein Mann vieler Verhältnisse sein, ein Damenmann, etwas was mir immer lächerlich ist und mir auch in diesem Falle lächerlich sein würde, wenn er nicht um eben solcher Dinge willen ein Duell mit einem Kameraden gehabt hätte. Der linke Arm wurde ihm dicht unter der Schulter zerschmettert, und man sieht es sofort (...). Vollkommener Kavalier, ungewöhnlich gewandt. Innstetten war während des Krieges in derselben Brigade mit ihm (...).«* (107)

Anfangs kommt es zu keiner Annäherung an die Crampas. Effi hat auch keine Zeit dafür, denn sie wird Mutter. Dr. Hannemann beglückwünscht sie: *»Wir haben heute den Tag von Königgrätz; schade, daß es ein Mädchen ist. Aber das andere kann ja nachkommen, und die Preußen haben viele Siegestage.«* (118)

Bei der Taufe ist dann auch Crampas dabei. Ein anderer Nachbar, v. Borcke, hält eine Rede auf die Tugenden Innstettens: *»Meine Herrschaften, es sind schwere Zeiten, in denen wir leben, Auflehnung, Trotz, Indisziplin, wohin wir blicken. Aber (...) solange wir noch Männer haben wie Baron Innstetten, so lange geht es noch, so lange hält unser* *altes Preußen noch. Ja, meine Freunde, Pommern und Brandenburg, damit zwingen wirs und zertreten dem Drachen der Revolution das giftige Haupt. Fest und treu, so siegen wir.«* (119)

Das Kind heißt Annie, und als Amme hat sich Effi eine arme und vom Leben gebeutelte Frau ins Haus geholt: Roswitha. Sie begleitet Effi auch nach Hohen-Cremmen, wo Papa Briest seinen Schwiegersohn vermißt: *»Mich wundert* (...), *daß er nicht mal Urlaub genommen hat und 'rübergeflitzt ist. Wenn man eine so junge Frau hat ...«*

Effi errötete, weil sie geradeso dachte. Sie mochte es aber nicht einräumen. »Innstetten ist so gewissenhaft und will, glaub ich, gut angeschrieben sein, und hat so seine Pläne für die Zukunft; Kessin ist doch bloß eine Station. Und dann am Ende, ich lauf ihm ja nicht fort. Er hat mich ja. Wenn man zu zärtlich ist ... und dazu der Unterschied der Jahre ... da lächeln die Leute bloß.« (123)

Als Effi wieder in Kessin zurück ist, kommt Crampas an ihrem Haus vorbei, das an der Straße zum Strand gelegen ist, unweit eines kleinen Wäldchens, das »Plantage« genannt wird. Innstetten bittet ihn, näher zu treten.

Crampas trat heran. Er war in Zivil und küßte der in ihrem Schaukelstuhl sich weiter wiegenden Effi die Hand. (126)

Man verabredet sich, gemeinsam auszureiten, *und Effi war selig, am Strande hinjagen zu können.* (130) Als im Oktober die Wahlkampagne beginnt und Innstetten nur noch selten zu Hause ist, reiten sie alleine aus, natürlich mit Knecht und Kutscher, Knut und Kruse, als Ehrengarde. *Crampas, ein guter Causeur* (Plauderer), *erzählte dann Kriegs- und Regimentsgeschichten, auch Anekdoten und kleine Charakterzüge von Innstetten, der mit seinem Ernst und seiner Zugeknöpftheit in den übermütigen Kreis der Kameraden nie recht hineingepaßt habe, so daß er eigentlich immer mehr respektiert als geliebt worden sei.*

»Das kann ich mir denken«, sagte Effi, »ein Glück nur, daß der Respekt die Hauptsache ist.«

»Ja, zu seiner Zeit. Aber er paßt doch nicht immer.« (133)

Effi findet es ein wenig unschicklich, daß ihr Mann nun derart abqualifiziert wird, und fühlt auch ganz genau, wie gefährlich Crampas ist. Doch sie kann nicht verhindern, daß er ihr die Augen über Imstetten öffnet. Zum Beispiel nutze er den Spuk im Kessiner Haus, um sie zu erziehen. Dieser Gedanke läßt Effi nicht schlafen. (...) *daß er den Spuk als Erziehungsmittel brauchte, das war doch arg und beinahe beleidigend. Und »Erziehungsmittel«, darüber war sie sich klar, sagte nur die kleinere Hälfte; was Crampas gemeint hatte, war viel, viel mehr, war eine Art Angstapparat aus Kalkül. Es fehlte jede Herzensgüte darin und grenzte schon fast an Grausamkeit. Das Blut stieg ihr zu Kopf, und sie ballte ihre kleine Hand.* (136 f.)

Der letzte Ausritt vor dem Winter findet statt. Da ein Brandstifter sein Unwesen treibt, kann Innstetten nicht mitreiten; auch Knut fehlt, er hat Ziegenpeter. Nur Kruse begleitet Effi und Crampas. Der Major zitiert aus Heines »Seegespenst« – *»Deine weichen Lilienfinger«* – und berührt dabei leise Effis Hand. Man frühstückt in den Dünen, und Crampas erbittet sich von Effi das Glas, aus dem sie gerade getrunken hat, als ewiges Andenken. Sie willigt ein.

»Behalten Sie das Glas, aber bitte, ziehen Sie nicht Schlüsse daraus, die mich kompromittieren. Ich werde Innstetten davon erzählen.«

»Das werden Sie nicht tun, gnädigste Frau.«

»Warum nicht?«

»Innstetten ist nicht der Mann, solche Dinge so zu sehen, wie sie gesehen sein wollen.«

Sie sah ihn einen Augenblick scharf an. Dann aber schlug sie verwirrt und fast verlegen die Augen nieder. (144)

Nichts passiert, und Effi ist erleichtert, weil sie sich einer großen Gefahr entronnen glaubt. Ein Schauspiel von Ernst Wichert, »Ein Schritt vom Wege«, führt sie wieder zusammen. Crampas führt Regie, Effi hat die Rolle der Ella übernommen. Nach der Premiere verabreden die Kessiner Honoratioren für den dritten Weihnachtsfeiertag eine Kutsch- und Schlittenfahrt hinaus zu Oberförster Ring.

Auf der Rückfahrt bleiben einige der Schlitten in einer Art Treibsand stecken, der fast wie Sumpf und Moor ist, dem »Schloon«. Nach einigem Hin und Her, wer mit wem in welchem Gefährt weiterfahren soll, sitzen dann Effi und Crampas im selben Schlitten, allein, und es geht durch dichten Wald hindurch. *Ein Zittern überkam sie, und sie schob die Finger fest ineinander, um sich einen Halt zu geben.* (164) Effi hätte am liebsten eine Mauer um sich herum errichtet, aber obgleich sie sich fürchtete, war sie *doch zugleich wie in einem Zauberbann und wollte auch nicht heraus.*

»Effi«, klang es jetzt leis an ihr Ohr, und sie hörte, daß seine Stimme zitterte. Dann nahm er ihre Hand und löste die Finger, die sie noch immer geschlossen hielt, und überdeckte sie mit heißen Küssen. Es war ihr, als wandle sie eine Ohnmacht an.

Als sie die Augen wieder öffnete, war man aus dem Walde heraus (...). (165)

Beim Silvesterball sieht man sich wieder. Major Crampas tritt an Effi heran und bittet, *sich nach ihrem Empfinden erkundigen zu dürfen. Effi war wie mit Blut übergossen* (...). (169)

Wir erfahren es erst in der Rückblende – aber jetzt geschieht es: Effi und Crampas treffen sich zu intimen Rendesvouz. (...) *sie fühlte, daß sie wie eine Gefangene sei und nicht mehr heraus könne.* (...) *Das Verbotene, das Geheimnisvolle hatte seine Macht über sie. – So kam es, daß sie sich, von Natur frei und offen, in ein verstecktes Komödienspiel mehr und mehr hineinlebte. Mitunter erschrak sie, wie leicht es ihr wurde.* (172)

»Gott sei Dank!« (186) ruft sie aber aus, als ihr Innstetten eröffnet, daß sie nach Berlin ziehen werden, wohin er als Ministerialrat berufen worden ist, und *lebte so ganz dem Gefühl ihrer Befreiung.* (187)

In der Keithstraße 1c findet man eine Wohnung, die Effi gefällt. Als sie über die Türschwelle schreitet, faltet sie die Hände: *»Nun, mit Gott, ein neues Leben! Es soll anders werden.«* (206)

Alles scheint sich zum Guten zu wenden, und sie wird, wenn auch mitunter anfallsartig von Scham und Reue erschüttert, immer glücklicher, und als Kaiser Wilhelm bei einem Hofball huldvolle Worte an sie richtet, *da fiel es allmählich von ihr ab. Es war einmal gewesen, aber weit, weit weg, wie auf einem andern Stern, und alles löste sich wie ein Nebelbild und wurde Traum.* (226 f.)

Die Katastrophe naht aber, als sich ihre Tochter Annie während ihrer Abwesenheit am Kratzeisen leicht verletzt und Innstetten, der einen Verband sucht, im Nähtisch die Briefe findet, die Crampas ihr geschrieben hat. Und in denen heißt es unter anderem:

»Sei heute nachmittag wieder in den Dünen, hinter der Mühle. Bei der alten Adermann können wir uns ruhig sprechen, das Haus ist abgelegen genug. Du mußt Dich nicht um alles so bangen. Wir haben auch ein Recht. Und wenn Du Dir das eindringlich sagst, wird, denk ich, alle Furcht von dir abfallen. Das Leben wäre nicht des Lebens wert, wenn das alles gelten sollte, was zufällig gilt. (...)*«* Und:

»(...) *Leichtsinn ist das Beste, was wir haben. Alles ist Schicksal. Es hat so sein sollen.* (...)« (237)

Innstetten schreitet endlos auf und ab und läßt dann Geheimrat Wüllersdorf kommen, einen vertrauten Kollegen. Der steht Innstettens Vorstellungen vom geltenden Ehrenkodex sehr skeptisch gegenüber, zumal das Ganze inzwischen schon sechseinhalb Jahre zurückliegt.

»*Innstetten, Ihre Lage ist furchtbar, und Ihr Lebensglück ist dahin. Aber wenn Sie den Liebhaber totschießen, ist Ihr Lebensglück sozusagen doppelt hin, und zu dem Schmerz über empfangenes Leid kommt noch der Schmerz über getanes Leid. Alles dreht sich um die Frage, müssen Sie's durchaus tun? Fühlen Sie sich so verletzt, beleidigt, empört, daß einer weg muß, er oder Sie? Steht es so?*«

»*Ich weiß es nicht.* (...) *Es steht so, daß ich unendlich unglücklich bin; ich bin gekränkt, schändlich hintergangen, aber trotzdem, ich bin ohne jedes Gefühl von Haß oder gar von Durst nach Rache.* (...) *ich liebe meine Frau, ja, seltsam zu sagen, ich liebe sie noch, und so furchtbar ich alles finde, was geschehen, ich bin so sehr im Bann ihrer Liebenswürdigkeit, eines ihr eignen heiteren Scharmes, daß ich mich, mir selbst zum Trotz, in meinem letzten Herzenswinkel zum Verzeihen geneigt fühle.*« (239)

Wüllersdorf versucht ihn deshalb vom Duell abzubringen. »(...) *wozu die ganze Geschichte?*«

»*Weil es trotzdem sein muß. Ich habe mirs hin und her überlegt. Man ist nicht bloß ein einzelner Mensch, man gehört einem Ganzen an, und auf das Ganze haben wir beständig Rücksicht zu nehmen, wir sind durchaus abhängig von ihm.* (...) *im Zusammenleben mit den Menschen hat sich ein Etwas ausgebildet, das nun mal da ist und nach dessen Paragraphen wir uns gewöhnt haben, alles zu beurteilen, die andern und uns selbst. Und dagegen zu verstoßen geht nicht; die Gesellschaft verachtet uns, und zuletzt tun wir es selbst und können es nicht aushalten und jagen uns die Kugel durch den Kopf. (...) jenes, wenn Sie wollen, uns tyrannisierende Gesellschafts-Etwas, das fragt nicht nach Scharm und nicht nach Liebe und nicht nach Verjährung. Ich habe keine Wahl. Ich muß.«* (240)

So kommt es zum Duell zwischen Innstetten und Crampas. Die Sekundanten einigen sich auf Kessin, auf eine Stelle zwischen den Dünen, von der man das Meer sieht, als Ort, es auszutragen. Beide Parteien begeben sich dorthin; Innstetten an der Seite von Wüllersdorf.

Als sie bis an die ziemlich tiefe Senkung gekommen waren, die zwischen den beiden vordersten Dünenreihen hinlief, sahen sie, nach links hin, schon die Gegenpartei: Crampas und Buddenbrook und mit ihnen den guten Doktor Hannemann, der seinen Hut in der Hand hielt (...).

Innstetten und Wüllersdorf gingen die Sandschlucht hinauf, Buddenbrook kam ihnen entgegen. Man begrüßte sich, worauf beide Sekundanten beiseite traten, um noch ein kurzes sachliches Gespräch zu führen. Es lief darauf hinaus, daß man à tempo avancieren und auf zehn Schritt Distance feuern sollte. Dann kehrte Buddenbrook an seinen Platz zurück; alles erledigte sich rasch; und die Schüsse fielen. Crampas stürzte.

Innstetten, einige Schritte zurücktretend, wandte sich ab von der Szene. Wüllersdorf aber war auf Buddenbrook zugeschritten, und beide warteten jetzt auf den Ausspruch des Doktors, der die Achseln zuckte.

Zugleich deutete Crampas durch eine Handbewegung an, daß er etwas sagen wollte. Wüllersdorf beugte sich zu ihm nieder, nickte zustimmend zu den paar Worten, die kaum hörbar von des Sterbenden Lippen kamen, und ging dann auf Innstetten zu.

»Crampas will Sie noch sprechen, Innstetten. Sie müssen ihm zu Willen sein. Er hat keine drei Minuten Leben mehr.«

Innstetten trat an Crampas heran.

»Wollen Sie ...« das waren seine letzten Worte.

Noch ein schmerzlicher und doch beinah freundlicher Schimmer in seinem Antlitz, und dann war es vorbei. (246 f.)

Das Weitere ist kurz erzählt: Effi darf ihre Tochter nicht mehr sehen, und da ihre Eltern ihr zunächst Hohen-Cremmen verschließen, muß sie sich in der Königgrätzer Straße, zwischen Askanischem Platz und Halleschem Tor, eine Wohnung nehmen. Nur Roswitha steht treu zu ihr, und mit Malstunden versucht sie gegen ihre Depressionen anzukommen. Eine ihr bekannte Ministergattin vermag ein Treffen mit Annie zu arrangieren, doch ihre Tochter ist durch Innstettens Einfluß so gegen sie eingenommen, daß alles zum Fiasko wird. *»Mich ekelt, was ich getan; aber was mich noch mehr ekelt, das ist eure Tugend. Weg mit euch.«* (280)

Roswitha findet sie wie leblos am Boden. Der Arzt, Doktor Rummschüttel, wird gerufen, konstatiert eine Phtisis (Schwindsucht, Lungentuberkulose) und schreibt an Effis Eltern nach Hohen-Cremmen, daß sie ihr Kind endlich zu sich holen sollten. So geschieht es denn auch. Effi erlebt noch einen glücklichen Sommer und kann schließlich sagen: *»(...) ich sterbe mit Gott und Menschen versöhnt, auch versöhnt mit* ***ihm****. (...) Denn er hatte viel Gutes in seiner Natur und war so edel, wie jemand sein kann, der ohne rechte Liebe ist.«* (299)

Der alte Briest spricht, als er mit seiner Frau darüber diskutiert, ob Effi nicht vielleicht doch zu jung gewesen sei für alles, den letzten Satz: *»Ach, Luise, laß ... das ist ein zu weites Feld.«* (301)

Auf fünfzehn Schritt Distance

Im Band V seiner »Wanderungen durch die Mark Brandenburg«, der den Untertitel »Fünf Schlösser« trägt, erzählt Fontane von seinem ersten Besuch in Hoppenrade, das knapp hinter Löwenberg westlich der heutigen B 96 zu finden ist, und bereitet die Legende der »Krautentochter« vor uns aus.

Die »Krautentochter«, das ist Charlotte v. Arnstedt, deren Vorfahren die v. Krauts waren. Die stellten in Preußen Geheime Finanzräte und Minister, besaßen weite Teile des Landes Löwenberg und hinterließen der »Krautentochter« ein stattliches »Krautenerbe«. Frau v. Arnstedt bringt es auf drei Ehemänner: den englischen Diplomaten Hugh Elliot, den Baron v. Knyphausen und den Rittmeister v. Arnstedt, wobei die beiden ersteren eine ganz besondere Beziehung verbindet …

Die Mutter angelt ihr den Engländer, 1778 heiraten sie. *Hugh Elliot, als er nach Berlin kam, war noch sehr jung und von noch jugendlicherem Ansehen. (…) Ungeachtet dessen war er in den Hof- und Gesandtschaftskreisen beliebt, galt für amüsant (war es auch) und erfreute sich ganz besonders einer gewissen Vorliebe von seiten das Prinzen Heinrich. (…) er war nervös, launenhaft, exzentrisch und entbehrte ganz und gar der Möglichkeit, einer jungen, in Oberflächlichkeit und Eitelkeit erzogenen Frau das zu geben, was ihr fehlte. Nur eins wird ihm zuzugestehen sein: er liebte sie wirklich, soweit er einer wirklichen Liebe fähig war, und hatte seine Wahl aus Sinn und Herz und nicht aus allerhand Rücksichten getroffen, am allerwenigsten aber aus Rücksichten auf ein Erbe, das nach englischen Vorstellungen überhaupt nicht bedeutend war.* (156 ff.)

Nach einem Jahr wird eine Tochter geboren, und sie sind offenbar zunächst ganz glücklich miteinander. *Aber es währte nicht lange. Sosehr Elliot seine Frau liebte, so war es doch eine tyrannisch-launenhafte Liebe* (...). *Es scheint indessen, daß die junge Frau diese Launen ertrug, bis das ridikül eifersüchtige, vor aller Welt sie bloßstellende Benehmen ihres Gatten ihr ein Zusammenleben mit ihm unerträglich machte.* (159) So wirft er ihr vor, ein Liebesverhältnis mit einem alten holländischen Gesandten zu haben, den sie gar nicht kennt, und läuft *in halbvollendeter Toilette* quer durch die Stadt, um den bestürzten Mann in seine Wohnung zu nötigen und vor seiner Frau alles zu gestehen.

Ganz Preußen lacht darüber, und die »Krautentochter« ist froh und glücklich, im nahen Rheinsberg den Baron v. Knyphausen zu treffen, dem sie sich anvertrauen kann. Sowohl von Berlin wie von Hoppenrade aus kommt es nun zwischen ihnen zu einer lebhaften Korrespondenz. Elliot, inzwischen nach Kopenhagen versetzt, erfährt von dieser Freundschaft und läßt in seiner krankhaften Eifersucht von gedungenen Leuten den Schreibtisch seiner Frau aufbrechen. So gelangt er an die *sträfliche Korrespondenz* (162) und fordert Knyphausen auf, zu einem Duell nach Kopenhagen zu kommen, erscheint dann aber, als dieser anreisen will, selber in Berlin. Knyphausen jedoch wird der Zweikampf von seiner vorgesetzten Behörde verboten, und er ist gezwungen, ins Mecklenburgische auszuweichen. Einige Orte werden festgelegt. Doch wer nicht kommt, ist Elliot. Knyphausen fährt wieder nach Hause.

Alles weitere erfahren wir aus einem Brief, den er am 18. Juli 1783 an seinen Vater richtet: *Ich erwartete hiernach eine baldige Nachricht von Elliot oder einem seiner Vertrauten und saß andern Tages bei Sonnenuntergang ruhig in meinem Zimmer* (in Fürstenberg) *und las, als ich einen Kutschwagen die Straße heraufkommen und vorfahren sah. Ich rief meinem Diener zu, die Türe zu schließen, »ich wolle niemand empfangen«; aber im selben Augenblicke sah ich auch schon einen Wütenden, etwa im Zustand eines türkischen Opiumrauchers, in mein Zimmer eindringen. Es war Elliot, der, mit einem spanischen Rohr in der Hand, ohne weiteres auf mich losstürzte. Durch eine Seitenbewegung wich ich aus, ergriff ihn und warf ihn ohne sonderliche Mühe zu Boden. Und würd' ihn erwürgt haben, wenn ihn nicht einer seiner Kammerdiener mir aus den Händen gerissen hätte. Jetzt wieder frei, zog er ein Pistol, das er mir aus zwei Schritt Entfernung entgegenhielt. Es war ein regelrechter, von drei Komplicen unterstützter Mordanfall.* (...) *In diesem bedrohlichen Moment erschienen der Wirt und einige Bürger auf dem Hausflur, um mich zu schützen* (...). *Darauf forderte mich Elliot auf, ihm bis vor die Stadt zu folgen und mich dort mit ihm zu schlagen.* (165)

Nach einigem Hin und Her kommt es auch zu diesem Treffen, doch die merkwürdigen Einfälle Elliots, die hereinbrechende Dunkelheit und das Eingreifen zuschauender Soldaten verhindern einen Kampf. Knyphausen geht nun nach Berlin und schlägt Elliot als Austragungsort ihres Duells das kleine Städtchen Baruth vor, dicht an der Grenze zu Sachsen gelegen. Elliot kommt auch wirklich ... Und abermals schildert uns Knyphausen selber, was geschieht: *Wir wechselten zwei Kugeln auf fünfzehn Schritt. Als dieser doppelte Kugelwechsel ohne Resultat geblieben war, verlangte Elliot mich zu sprechen und sagte mir: »daß der Überfall in Fürstenberg ihm unendlichen Schaden tue, so sehr, daß er weder aufs neue seinen Posten antreten, noch auch nach England zurückkehren könne, wenn ich dem Gerüchte, daß er mich* ***à la mode d'un assassin*** (wie ein Mörder) *angegriffen habe, nicht in einer Erklärung entgegenträte«. Nach mei-*

ner Weigerung, eine solche Erklärung abzugeben, schritten wir zum dritten Gang. Ich hatte wieder den ersten Schuß und verwundete ihn an der Hüfte. »Geben Sie mir das Papier«, rief er mir zu, »so schieß ich in die Luft.« Ich antwortete: »Nein, mein Herr; schießen Sie zunächst; nachher werd' ich mich erklären.« Er legte auf mich an, gab aber seinem Pistol plötzlich eine veränderte Richtung und schoß in die Luft. Dadurch war ich entwaffnet und gab ihm nunmehr eine noch viel weitergehende Erklärung als die war, die er von mir gefordert hatte. (167 f.)

Am 30. Juni 1784 wird das vormalige Fräulein Charlotte v. Kraut von Hugh Elliot geschieden. Und am 1. Oktober desselben Jahres wird sie in heimlicher Ehe mit dem Baron v. Knyphausen vermählt.

Die Selbstmorde

Was Gott verhüte

Im Sommer 1887 erscheint Fontanes Roman »Stine« als Vorabdruck in der »Vossisches Zeitung«. Als naturalistische Reportage schildert das Werk das Leben der unteren bürgerlichen Stände, wo Frauen, die keinen Mann finden beziehungsweise verwitwet sind, schnell ins Proletariat abzusinken drohen – und sich, um diesem Schicksal zu entgehen, häufig von Herren der besseren Stände aushalten lassen. Ganz so hält es die Witwe Pauline Pittelkow in der Invalidenstraße 98e, eine *schöne, schwarze Frauensperson mit einem koketten und wohlgepflegten Wellenscheitel* (169), lebensklug, couragiert und illusionslos, *das Bild einer südlichen Schönheit* (175). Pauline Pittelkow, eine der Lieblingsfiguren Fontanes (vgl. Grawe 1980, 177), hat eine voreheliche Tochter, die zehnjährige Olga.

Zunächst will keine Zeitungsredaktion »Stine« zum Vorabdruck annehmen. Denn: »Zu unverhüllt tritt ... Fontanes Sympathie für den Vierten Stand zutage, dessen Lebensnerv unangekränkelt und dessen menschliche Gefühle noch völlig unverfälscht erscheinen.« (Schmelzer 1992, 85) Doch zurück zum Text ...

Pauline Pittelkow ist die Geliebte des älteren Graf Haldern, und oft sind der und seine Freunde und Verwandten bei ihr zu Gast. Ein ganz anderes Leben führt ihre jüngere Schwester Ernestine Rehbein, Stine genannt, die vom Äußeren her eher *als Typus einer germanischen, wenn auch frei-*

lich etwas angekränkelten Blondine gelten konnte. (175) Sie arbeitet als Näherin für ein Woll- und Stickereigeschäft und akzeptiert zwar das unbürgerliche Leben ihrer Schwester, möchte selbst aber so nie leben, obwohl sie, wenn die älteren Herren zu Gast sind, beim Kaffeetrinken immer dabei ist, ebenso wie die Schauspielerin Wanda Grützmacher. Doch die Aufmerksamkeit der Herren gilt stets nur den anderen, nie ihr, Stine.

Sie ist denn auch sehr erstaunt, als eines Tages der *junge Graf* ohne seinen Onkel vor ihrer Tür steht, Waldemar v. Haldern, ein einsamer und in Folge einer Kriegsverletzung kränkelnder Mann. *Stine, die ihre Schwester erwartet haben mochte*, denn beide wohnen im selben Haus, *kam rasch und öffnete.*

»Gott, Herr Graf.«

»Ja, Fräulein Stine.«

»Sie wollen zu meiner Schwester; meine Schwester muß gleich zurückkommen. Ich habe Drücker und Schlüssel und kann Ihnen aufschließen.«

»Nein, ich will **nicht** *zu Ihrer Schwester; ich will zu Ihnen, Fräulein Stine.«*

»Das geht nicht, Herr Graf. Ich bin allein, und ein alleinstehendes Mädchen muß auf sich halten. Sonst gibt es ein Gerede. Die Leute sehen alles.«

Er lächelte. »Wenn es so ist, Fräulein Stine, dann ist rasches Eintreten immer noch das sicherste.«

»Nun gut, Herr Graf... Ich bitte ...«

Und damit trat sie von der Korridortür zurück und ging ihm voran, auf ihr Zimmer zu. (199)

Als sie sich gegenübersitzen und Stine sich in ihre Stickerei versenkt, Heimarbeiterin ist sie ja, sorgt sie sogleich für Klarheit: *»Ich glaube, Sie verkennen mich. Sie mögen darüber lachen, aber ich bin ein ordentliches Mädchen* (...)

und solch ein Leben, wie's meine Schwester führt, verführt mich nicht; es schreckt mich bloß ab, und ich will mich lieber mein Leben lang quälen und im Spital sterben, als jeden Tag alte Herren um mich haben (...).« (200)

Der *junge* Graf, wie Fontane immer wieder hervorhebt, Waldemar v. Haldern, sucht sie zu beruhigen: »... *wenn ich Ihnen helfen kann, so will ich Ihnen helfen und Ihnen Ihre Freiheit wiedergeben und Sie losmachen aus dieser Umgebung. Ich glaube, daß ich es kann, trotzdem ich kein Prinz bin und noch weniger ein Wundertäter. Und Sie dürfen auch nicht fürchten, daß ich eines Tages mit der Absicht kommen werde, mir einen schönen Dank dafür zu holen. Nein, nichts davon. Ich bin krank und ohne Sinn für das, was die Glücklichen und Gesunden ihre Zerstreuung nennen.*« (201)

Bald kommt der junge Graf täglich, bleibt aber nie bis zum Abend. Stine muß ihm stundenlang aus ihrem Leben erzählen, und am liebsten hört er sich die Berichte von den Landpartien nach Schildhorn, Tegel oder dem Finkenkrug an. Von ihm erfährt sie einiges aus seiner Zeit als Fähnrich und Soldat. Er habe sich über den Krieg gegen die Franzosen gefreut, endlich sei das Garnisons-Einerlei zu Ende gegangen. *Aber freilich nicht auf lange. Denn* (...) *drei Tage später, und er habe, aus dem Sattel geschossen, dagelegen, und als einen Halbtoten hätten sie ihn weggetragen. Und während seine Kameraden von Sieg zu Sieg gezogen seien, hätt er sich in einem Nest an der Grenze hingequält und nicht gewußt, ob er leben oder sterben solle.* (210)

Beim Gespräch mit ihrer Schwester über ihre Beziehung zu Waldemar v. Haldern betont Stine mit Nachdruck, daß er sie weder anbete noch ihr Liebhaber sei. »*Ich sehe wohl, daß er mich liebhat, aber das ist doch was andres, und das kann ich dir sagen: noch is kein Wort über seine Lippen ge-*

kommen, dessen ich mich vor Gott und Menschen oder vor mir selber zu schämen hätte.« (213) Aber gerade das hält ihre Schwester für die größte Gefahr: *»Nein, nein, Stine, Liebschaft is nich viel, Liebschaft is eigentlich gar nichts. Aber wenns hier sitzt«, und sie wies aufs Herz, »dann wird es was, dann wird es eklig.«* (213)

Waldemar v. Haldern ist fest entschlossen, sich mit Stine zu verloben. Und dies, obwohl sie gesellschaftlich zwei Stufen unter ihm steht und seine Familie, dessen ist er sich absolut sicher, dem nicht zustimmen wird. Was er von ihr möchte, ist nur eine gewisse Teilnahme an seinem Leben, und um das zu erreichen, wendet er sich an seinen Berliner Onkel, den man als den Clan-Chef des Hauses Haldern bezeichnen könnte. Jedoch, schon als er ganz allgemein von seinen Heiratsplänen berichtet, ohne noch Namen zu nennen, schlägt der Onkel mit der flachen Hand auf den Tisch. *»Wahrhaftig, Junge, du bist der Beste von allen lebenden Halderns* (...). *Aber eines, wenn es eins ist, wünsch ich dir* ***nicht****. Ein Mann wie du heiratet nicht. Das bist du drei Parten schuldig: dir, deiner Nachkommenschaft (die bei kränklichen Leuten wie du nie ausbleibt) und drittens der Dame, die du gewählt.«*

»Es ist keine Dame.«

Der alte Graf verfärbte sich. (...) *»Keine Dame. Was dann? Wer?«*

»Stine.«

Der alte Graf sprang auf, warf seinen Stuhl um einen Schritt zurück und sagte: »Stine! Bist du toll, Junge?« (229)

Waldemars Reaktion besteht darin, dem Onkel zu erklären, daß er Schluß mit der Alten Welt machen und nach Amerika auswandern wolle. *»Ich fühle mich zu diesem liebenswürdigen Geschöpf, das nichts ist als Wahrhaftigkeit, Natürlichkeit und Güte, nicht nur hingezogen, das sagt nicht genug, ich fühle mich an sie gekettet, und ein Leben ohne sie* *hat keinen Wert mehr für mich und ist mir undenkbar geworden. Es braucht nicht Amerika zu sein; es findet sich auch wohl ein Winkel hier ...«*

»Was Gott verhüte ...«

»Dann also drüben. Und ich bitte dich, mir bei den Eltern in Groß-Haldern, wenn nichts weiter, so doch das Ausbleiben eines großen, aufgesteiften Protestes erwirken zu wollen.« (233)

Der alte Graf lehnt ab, denn er weiß, daß den Verwandten *eine Schwiegertochter im Stile von Stine Rehbein einfach Tod und Schande bedeutete. Was half es, wenn Waldemar aus dem Lande ging und sich für immer expatriierte? Die Tatsache der »Encanaillierung«* (das Herabsinkem zum Pöbel) *eines Haldern blieb bestehen und mit ihr der Skandal, die Blame, das Ridikül* (die Schande, die Lächerlichkeit). *Und das letztere war das schlimmste.* (235)

Der alte Graf läuft nach diesem Gespräch zu Stines Schwester und erklärt sie zur Schuldigen an dieser Affäre. Aber Pauline Pittelkow ist ebenso verstört wie er. *»Es ist ein Unglück für meine Stine. Ja, Graf. Oder denken Sie, daß ich so dumm bin, so was fürn Glück zu halten?«* (237)

Als Waldemar v. Haldern dann mit Stine spricht und ihr berichtet, wie der Besuch bei seinem Onkel abgelaufen ist, stößt er bei ihr auf ebensoviel Ablehnung wie bei seinem Onkel. Ja, sie ist entsetzt. *»Was hast du getan?« wiederholte Stine, zugleich hinzusetzend: »Und ich Ärmste bin schuld daran.* (...) *Daß es nicht ewig dauern würde, das wußte ich; aber ich rechnete doch auf manchen Tag. Und nun ist alles falsch gewesen, und unser Glück ist hin, viel, viel schneller als nötig, bloß weil du wolltest, daß es dauern solle.«* (243 f.)

Waldemar v. Haldern hat unterschätzt, wie sehr die gesellschaftlichen Rollen im Deutschland des ausgehenden 19. Jahrhunderts noch ehern festgeschrieben sind, auch und gerade in den unteren Ständen. *»**Ich** bin aus den Vorurteilen heraus, und nun willst **du** sie haben. Ich beschwöre dich, Stine, mache dich frei davon, und vor allem entschlage dich deiner Ängstlichkeiten.«*

Stine schüttelte den Kopf.

»Es soll also nichts mit uns werden?«

»Es kann nicht.«

»Und alles soll bloß ein Sommerspiel gewesen sein?«

»Es muß.«

»Und es kommt dir nicht der Gedanke, daß mir dies alles das Leben bedeuten könnte?«

»Um Gottes willen, Waldemar!«

»Ich will keine Ausrufe, ich will eine Antwort: Ein ›Ja‹, kurz und bestimmt, und dann fort, fort. Sprich, Stine, du weißt, was ich bitte. Willst du?«

»Nein.« (247)

Waldemar v. Haldern kehrt in seine Wohnung zurück und betrachtet den kleinen Revolver, der auf seinem Schreibzeug liegt. *Er nahm ihn in die Hand und sagte: »Spielzeug. Und tut es am Ende doch.«* (250)

Doch dann legt er die Waffe wieder beiseite, setzt sich hin und schreibt an seinen Onkel. Daß er in der Haldernschen Gruft beigesetzt werden möchte. Sein letzter Brief aber ist an Stine gerichtet:

*Meine liebe Stine! Du wolltest nicht den weiten Weg mit mir machen, und so mache ich den weiteren. Ich glaube, was Du tatest, war richtig (...). Ich danke Dir für alle Freundlichkeit und Liebe. Mein Leben hat doch nun einen Inhalt gehabt. (...) So denn also: gedenke mein. Aber gedenke meiner freundlich und vor allem verzichte nicht auf Hoffnung und Glück, weil **ich** darauf verzichtete. Lebe wohl. Ich schulde Dir das Beste. Dein Waldemar.* (252)

Dann nimmt er die Schachtel, in der er seit langem seine

Schlafmittel angesammelt hat, und schüttet die Pulver in ein kleines, halb mit Wasser gefülltes Rubinglas. »*So, das ist es.*« *Und während er das Glas hob und wieder niedersetzte, trat er noch einmal ans Fenster und sah hinaus. Der Mond, eine schwache Sichel, war aufgegangen und schüttete sein Licht über den Fluß* (...).

Und er löschte die Lichter und trank. Und dann nahm er seinen Platz wieder ein und lehnte sich zurück und schloß die Augen. (253)

Die Beisetzung Waldemars findet in Groß-Haldern statt, und unter den Trauergästen sehen wir auch Stine, die mit dem Vormittagszug angereist ist.

Nach innen hin verblutet

Mit seinem Roman »Graf Petöfy«, erschienen 1884 als Vorabdruck in »Über Land und Meer«, entführt uns Fontane in die k. u. k.-Monarchie.

»Fontane kannte weder den Wiener Wald noch den Plattensee«, schreibt Nürnberger dazu, »auch nicht die Lebensformen der ersten Gesellschaft in Wien und den österreichischen Katholizismus. (...) Figuren und Umwelt erscheinen konventionell. Petöfy – als gräflicher Name ein Mißgriff – erinnert an den 1848 gefallenen ungarischen Dichter.« (136) Jolles sieht es etwas differenzierter: »Die zeitgenössische Kritik stand dem Roman durchaus wohlwollend gegenüber, aber angesichts der späteren Meisterwerke konnte sich die Anerkennung nicht halten. (...) gegenüber der Darstellung der Berliner Gesellschaft wurde die fremde Atmosphäre als leblos empfunden.« (55)

Doch nun zur Geschichte. In Wien bewohnen die beiden letzten Petöfys, Graf Adam und seine Schwester Judith, eine seit vielen Jahren verwitwete Gräfin von Gundelskirchen, ein Stadthaus; in Ungarn steht ihr Schloß. Ein Neffe der Gräfin v. Gundelskirchen ist Graf Egon von Asperg.

Adam v. Petöfy ist 70 Jahre alt geworden. Er ist ein alter Soldat, Junggeselle und Liebhaber des Theaters. So kommt es, daß zu seinem großen Winterfest in Wien auch Fräulein Franziska Franz erscheint, eine junge und sehr attraktive Schauspielerin aus dem preußisch-protestantischen Norden Deutschlands.

Als Adams Neffe Egon Franziska den Arm reicht, prickelt es. Aber das Gespräch, das Franziska am nächsten Morgen mit ihrer vertrauten Dienerin Hannah führt, dreht sich mehr um den Onkel. Hannah sieht Adam v. Petöfy sehr kritisch. »*Er ist alt und möchte gern jung sein, er spielt den Weltmann und ist eigentlich bloß ein Wiener, und drittens und letztens: er glaubt, daß sich alle Weiber um ihn reißen, und wird doch eigentlich nur genasführt. (...) er hat all die Narrheiten eines alten Junggesellen und Theaterenthusiasten. Aber ganz zuletzt ist er doch wieder anders. Ich glaube, daß er ein sehr gutes und braves und sogar edles Herz hat. Er ist vornehmer und besser als irgendeiner der jungen und namentlich der alten Herren, die dir einen Besuch gemacht haben.*« (148) Franziska teilt diese Meinung.

Hannah meint jedoch, der junge Graf Egon, Adjutant bei Erzherzog Rainer, hätte ihr wohl wesentlich besser gefallen. Franziska bestreitet dies: »*Nein, nicht das. Er hat mir nur nicht mißfallen; das ist alles, was ich sagen kann. Er hat etwas von dem mir unerträglichen ›von oben herab‹ ...*« (149)

Wie geht es nun weiter? *Einige Wochen lang setzte sich der Verkehr Franziskas mit dem Petöfyschen Hause fort, dann aber brach er etwas auffällig ab ...* Petöfy war überraschend nach Paris gereist. Der Grund mag wohl auch in dem gelegen haben, was man sich im Zirkel seiner Schwester, der Gräfin von Gundelskirchen, erzählt: *Der alte Graf sei regelrecht verliebt oder interessiere sich wenigstens bis zur Torheit für das junge Fräulein, und so sei denn die ganze Pariser Reise nichts weiter als eine Flucht.* (150 f.)

Bis zu Franziska allerdings ist dieses Gerücht nicht gedrungen, denn sie war bald nach der Abreise Petöfys an einem *nervösen Fieber* erkrankt und lag wochenlang in einem *apathischen Dämmerzustande* (151). Zur Rekonvaleszenz zieht sie dann mit ihrer Freundin Phemi zusammen in eines der Villendörfer am Rande Wiens.

Dort erblickt sie eines Tages vor dem gegenüberliegenden Hotel den Grafen von Asperg. *Egon verneigte sich (...) und erzählte nun in Kürze, daß die Tante seit etwa acht Tagen hier in Öslau sei, drüben im Hotel. Er sei gekommen, ihr Briefe zu bringen, darunter auch Briefe von Graf Adam.* (157) Diese Begegnung hat zur Folge, daß *sich ein Verkehr zwischen hüben und drüben entwickelte, der sich indessen auf bloße Begrüßungen beschränken zu wollen schien.* (160)

Erst eine Landpartie in die Berge treibt die Dinge weiter voran. Schließlich erklärt Petöfy seiner Schwester ohne lange Umschweife: »(...) *ich habe vor, mich zu verheiraten.*«

Judith erschrak heftig, aber sie war doch anderseits auch so vorbereitet darauf, daß es ihr gelang, ihre Ruhe rasch wiederzugewinnen. Und so sagte sie denn: »Warum solltest du nicht? Es war einst der Wunsch meines Lebens.« (...)

»Und wie stellst du dich zu meiner Wahl?«

»Nun, sie hat Schick.«

»Und du Mißtrauen?«

»Nein, ich habe sogar eine Vorliebe für sie.«

Das beteuert Judith zwar, doch schnell kommt ihr Aber:

Die beiden trenne nicht nur Geburt und Stand und Konfession, sondern vor allem der *Unterschied der Jahre.* (185)

Petöfy versichert ihr, daß er auf seine alten Tage nicht mehr an Zärtlichkeiten und an körperliche Liebe denke, ganz etwas anderes sei ihm entscheidend: *»Ich habe das Einsamkeitsleben satt und habe vor allem auch die Mittel satt, die sonst dazu dienen mußten, dieser Einsamkeit Herr zu werden. Es ist mir klar geworden, daß man die Leere nicht mit Leerheiten ausfüllen oder heilen kann, und so steh ich denn vor einem neuen und nach einer sehr entgegengesetzten Seite hin liegenden Ausfüllversuche.* (...) *Sie hat den guten Verstand der Norddeutschen und übt die Kunst der Erzählung und Causerie* (der Plauderei) *wie keine Zweite.«* (186 f.)

Aber seine Schwester bleibt skeptisch. *»Und wenn sie nun ja sagt, was glaubst du, das daraus wird?«*

»Mein Glück.«

»Erkauft durch das ihre. Denn junges Blut will junges Blut, und was sie dir bringt, ist ein Opfer.« (187)

Dem widerspricht Petöfy mit Nachdruck. Zwischen ihm und Franziska soll es »(...) *ein Verhältnis werden, das sich auf vollkommener Freiheit aufbaut, ein Ehepakt, der statt der Verklausulierungsparagraphen ein einziges weißes Blatt hat* (...). *Und sie* soll *jung sein und Freude haben und jede Stunde genießen.* (...) *es würde mich glücklich machen, sie von unseren besten Kavalieren umworben und unser altes Schloß Arpa zum Minnehof à la Wartburg erhoben zu sehen.* (...) *Ein heiteres Leben will ich um mich haben, ein Leben voll Kunst, voll Huldigung und Liebesfreude.«* (188)

So wie Petöfy und seine Schwester Judith nach einer Antwort auf die Frage suchen, wie diese Ehe zu bewerten sei, tun dies auch Franziska und Hannah, ihre Dienerin und alte Freundin. Hannah ist ebenso voller Zweifel wie die Gräfin von Gundelskirchen. Ein alter Graf und eine junge Schauspielerin, das ginge nicht zusammen.

Franziska will das nicht glauben. »*Im allgemeinen, darin hast du recht, gehört zu einem Grafen eine Gräfin; wer wollte das bestreiten? Aber wenn es keine Gräfin sein kann, so kommt nach der Gräfin gleich die Schauspielerin, weil sie (...) der Gräfin am nächsten steht. Denn worauf kommt es in der sogenannten Oberschicht an? Doch immer nur darauf, daß man eine Schleppe tragen und einen Handschuh mit einigem Schick aus- und anziehen kann. Und sieh, das gerade lernen wir aus dem Grunde. So vieles im Leben ist ohnehin nur Komödienspiel, und wer dies Spiel mit all seinen großen und kleinen Künsten schon von Metier wegen kennt, der hat einen Pas vor den anderen voraus und überträgt es leicht von der Bühne her ins Leben.*« (194)

So kommt es zur Verlobung zwischen dem Grafen und Franziska, und einen Monat später heiraten sie. Die Hochzeitsreise geht nach Oberitalien. Von dort reisen sie nach Ungarn, und Franziska ist von ihrem neuen Heim, Schloß Arpad, sehr angetan.

Ihr Leben verläuft nach einem festen *Programm*, das sich Petöfy für sie ausgedacht hat: »*Ich denke mir also, wir haben ein gemeinschaftliches Frühstück ein für allemal, und du plauderst mir dabei vor, was du die Stunden vorher geträumt hast. Gute Träume kommen einem Sensationskapitel am nächsten (...). Und dann entlaß ich dich in Gnaden, und du bist frei bis zu Tisch. (...) Dann speisen wir, und gleich danach beginnt unser eigentlicher Tag, oder sag ich lieber der meinige. Nach Tisch haben wir dann noch eine Fahrt (...) und unterwegs erzählst du mir dies und das und gibst mir eine Quintessenz aus der Plauderecke der Zeitung.*« (219)

So vergehen die Wochen. Am meisten liebt Franziska die

Spazierfahrten in die Berge und zum Arpasee, aber auch ihre Studien: Ungarisch ist zu lernen. Nachbarn stellen sich ein, allerdings nur die Herren. Die Damen bleiben aus, was Petöfy schmerzlich trifft. Sie lassen ihn fühlen, daß sie die Ehe mit Franziska nur für eine Mesalliance halten.

Franziska schreibt an die Gräfin Judith: *Vierzig Tage sind es heute, daß ich auf Schloß Arpa bin, und die lange kurze Zeit liegt hinter mir wie ein Traum. Die Güte des Grafen gegen mich ist grenzenlos, seine Nachsicht rührend, seine Meinung von mir beschämend.* (230) In seinem Zimmer unten lebt Petöfy wie ein Soldat, *auf einem Feldbett, nur mit einem Militärmantel zugedeckt.* (235) Beide haben sich in ihrem Leben eingerichtet, genießen das Gleichmaß der Tage und das Maß des Glücks, das sie bringen. Da kommen, per Boot über den Arpasee, Egon und die Gräfin von Gundelskirchen zu Besuch.

Egon, in Jagdrock und steirischem Hut, sprang ans Ufer, umarmte den Oheim und küßte Franziska die Hand. (248)

Franziska nahm Judiths Hand und küßte sie. Dann sagte sie (...): »Ich habe mehr Glück gewonnen, als ich erwartete. Der Graf liebt mich und ist edel und gerecht. Ob ich glücklich bin? Ich weiß es nicht, gnädigste Gräfin, aber ich hoff es. Vielleicht kann man glücklich sein, wenn man es sein will (...).« (249)

Egon ist sehr unternehmungslustig, und man streift fast täglich durch die Gegend. *Mitunter schloß sich der alte Graf an, meist aber war es Andras* (der Diener), *der das junge Paar in die Berge hinein begleitete. Während dieser Ausflüge war es denn auch, daß sich Egon und Franziska recht eigentlich erst kennen und ein Gefallen aneinander finden lernten.* (251) Egon ist bald *überzeugt, daß die Kühle, die sie zeigte, nur Täuschung sei.* (252)

Es kommt, wie es wohl kommen muß, und dies mit sehr

viel Action: Ein *böses altes Weib mit einem roten Tuch um den Kopf* (256) kommt aus einem Erlenbusch gesprungen und raubt Marischka, die Tochter eines Einheimischen. Das ganze Dorf und Schloß Arpa beteiligen sich nun an der Suche nach dem entführten Kind, und dabei verpassen Franziska und Egon das Schiff, das sie über den See zurückbringen soll. Das nächste geht erst am Morgen des nachfolgenden Tages. Einen Landweg gibt es nicht, auch ein geeigneter Gasthof zum Übernachten läßt sich nicht auf Anhieb finden. Da schlägt Franziska vor, doch ein kleines Boot zu mieten. Ein Segel und zwei gute Ruderer reichten wohl. So geschieht es, und sie fahren in die Nacht hinein. (...) *immer einsamer ward es. Die letzten Lichtfünkchen am Ufer erloschen, und nur die Sterne glühten noch über ihnen.* (263)

Bald aber geraten sie in ein fürchterliches Unwetter und mitten in eine Windhose. (...) *so kam es auch schon wie eine Spirale die Luft herunter und hob das Wasser samt dem Boot in die Höhe, als ob ein Kork gezogen würde. Dazu wuchs das unheimliche Gepfeif* (...). (264)

Franziska greift nach Egons Hand: *»Verzeih! Ich bin schuld.«*

»Woran?«

»An unserem Tod.«

»Wir leben.«

»Aber wie lange noch? Und es ist auch das Beste so. Wenigstens das Beste für mich. Der Tod löst alles Wirrnis, das ich heraufbeschworen habe. Was sollt ich noch hier? Ich sterbe gern, Egon, und gerade so, so. Das Glück bleibt mir treu bis zuletzt ... Aber du?«

»Nein, nein, Franziska. Es kann nicht sein; nicht so. Wir leben noch, **müssen** *leben.« Und er ergriff ihre Hand und bedeckte sie mit Küssen.*

In diesem Augenblicke schwieg das Pfeifen und Singen

oben in der Luft, und statt seiner gab es einen schweren, dumpfen Schlag (...). *Und dabei legte sich das Boot auf die Seite, so weit und so tief, daß es kentern zu wollen schien; aber als es wieder stand, griffen beide Bootsleute mit ihren Rudern ein, und alle fühlten jetzt, auch Franziska, daß sie dem Tod entronnen und aus dem Trichter heraus seien.* (265)

Ein Wellenstoß wirft das Boot auf den Strand, und man trägt die ohnmächtig gewordene Franziska in eine nahe gelegene Fährhütte, in der sie dann gemeinsam mit Egon die Nacht verbringt.

In den nächsten Tagen sind beide so befangen, daß Hannah etwas merkt und Angst vor Petöfys Reaktionen hat. »(...) *sieh dich vor, Fränzl, ich versteh mich auf Augen, und ein so gutes Herz er hat, so heißes Blut hat er. Er ist ein Feuertopf, und fällt erst mal ein Funke hinein, so haben wir ein Geprassel und einen Krach und Knall. Ich beschwöre dich, hast du mir nichts zu sagen, nicht ein kleines Wort, das mich beruhigen könnte?*«

Franziska schüttelte den Kopf.

Hannah ist erschüttert über dieses Geständnis. »(...) *ich begreife dich nicht.* (...)«

»(...) *Ich fühle meine Schwäche, mein Unrecht, und ich bekenne mich dazu*«, ist Franziskas Antwort. (269)

Auch Egon ist sehr nachdenklich geworden und hält stumme Zwiesprache mit sich. »*Was tun? Ich habe nur zwei Wege: weiter treiben oder Rückzug. Und der eine Weg ist um nichts besser als der andere. Weiter treiben und auf Geheimnis hoffen, – eine Hoffnung, die jedesmal trügt. Denn alles dunkel Verschwiegene wächst ans Licht, heut oder morgen.*« (269 f.)

Und nun Petöfy. In einem Gespräch mit seiner Schwester beginnt er Verdacht zu schöpfen. Wenn Franziska und Egon wirklich ... Er nimmt Andras ins Verhör, der mit an Bord gewesen ist, doch der stellt sich taub. Die Ungewißheit nagt an Petöfy. Zur Theatersaison geht es nun nach Wien, doch es ist wie eine Flucht.

Eines Abends sitzt man im Theater beisammen und danach beim Tee im Petöfyschen Palais. Egon, gewohnt, den Wirt zu spielen, soll eine Flasche Bordeaux öffnen, was aber auf einige Schwierigkeiten stößt, *und als er die Flasche wieder niedersetzte, sah die Tante, daß er an dem Ringfinger der linken Hand blutete.*

»Was hast du?« fragte die Gräfin.

Und es stellte sich nun heraus, daß ein kleines, dünnes Ringelchen, das er halb versteckt unter einem großen Türkisringe trug, infolge der Anstrengung zerbrochen und mit einer seiner Spitzen ihm in das Fleisch gedrungen war. Er zog das Ringelchen ab und schob es, so gut es ging, auf den Ringfinger der anderen Hand; der Oheim aber erkannte sofort, daß es der kleine Ring mit dem Emaillevergißmeinnicht war, der damals in Franziskas Zimmer an dem Schmuckständerchen gehangen und ihn um seiner Einfachheit willen so sehr frappiert hatte.

»Wie du nur blutest«, sagte er, während er noch immer auf den Ring sah. »Und solch Ringelchen! Man sollte nicht glauben, daß es so tief verletzen könne. Wo stammt es nur her? Alles in allem kann es weder aus den Kronjuwelen der Petöfys noch aus denen der Aspergs kommen.«

»Ich trag ihn noch von der Ecole militaire her«, stotterte Egon. »Es war unser Verbindungszeichen.« (278 f.)

Damit hat er sich nun verraten, und Petöfy hat volle Gewißheit über alles. Der alte Graf zieht sich in sein Zimmer zurück und sieht auf die Straße hinunter, wo in einem offenen Wagen ein junges Paar vorüberfährt. Die Frau lehnt sich an die Schulter des Geliebten.

»Sie sind jung und lieben einander. Und das ist das Natür-

liche.« Petöfy sieht ein, daß es eine Narretei von ihm war, sein Leben und seine Ehe mit Franziska wie ein Theaterstück inszenieren zu wollen. *»Im Einfachsten hab ich mich verrechnet ...« (280)*

Er spricht noch einmal mit Franziska, und es ist ein stiller Abschied von ihr. *Sie sah eine Weile vor sich hin. Dann hob sie das Auge wieder und sah ihn still und ruhig an, und etwas wie Wehmut und Bitte lag in ihrem Blick. Er war durch diesen Blick entwaffnet, zugleich in seinem Herzen bewegt und nahm Franziskas Hand und küßte sie, dann rasch aufbrechend, sprach er von Briefen, die noch zu schreiben seien* (...). (282)

Franziska geht aus, und Petöfy reitet noch einmal durch Wien, *an Plätzen vorbei, daran sich hundert Erinnerungen für ihn knüpften.* (284) Wieder zu Hause, gibt er die Weisung, niemanden zu ihm vorzulassen. *»Ich bin für niemand zu sprechen, Andras. Für niemand. Und diesen Brief gib an die Gräfin, wenn sie zurück ist. Und nun geh. Ich will allein sein.«* (286)

Wie Petöfy nun aus dem Leben scheidet, erfahren wir nicht. Der Selbstmord wird nicht zugegeben. Die Kirche führt seinen Tod auf einen Anfall von Melancholie zurück, andere kolportieren, es sei der Schmerz um ein entgangenes Amt bei Hofe gewesen. Bei der Trauerfeier erzählt man sich, *er habe zurückgelehnt in seinem Schreibstuhl gesessen, auf den ersten Blick ohne Zeichen äußerer Verletzung oder überhaupt dessen, was geschehen sei, denn er habe sich nach innen hin verblutet.* (286)

Franziska erbt das Schloß, und die Gräfin von Gundelskirchen fragt sie, ob sie Egon nun die Hand reichen werde.

»Ich wünsche, daß er sie nicht fordert, aber wenn er sie fordert: nein.«

»Es klingt etwas Herbes in deiner Antwort. Verdient er es?«

»Nein. Aber wir sind allemal hart gegen die, die schuld sind an unserer Schuld. Und um so härter, je schuldiger wir uns selber fühlen.« (290)

Die Ruh ist wohl das Beste

In seinem zuerst 1891 abgedruckten Roman »Unwiederbringlich« führt uns Fontane nach Dänemark und ins damals noch dänische Schleswig-Holstein. *Eine Meile südlich von Glücksburg, auf einer dicht an die See herantretenden Düne, lag das von der gräflich Holkschen Familie bewohnte Schloß Holkenäs* (...). (7) Die Protagonisten sind die Gräfin Christine v. Holk, eine schöne Frau von 37 Jahren, von den Herrnhutern sehr pietistisch erzogen, und Graf Helmuth v. Holk, Gutsherr, ehemaliger Attaché der dänischen Gesandtschaft in London und Kammerherr der dänischen Prinzessin Marie Eleonore. Sie haben zwei Kinder. Asta, rotblond und gerade gewachsen, ist 16 und Axel 15 Jahre alt.

Nürnberger zitiert zustimmend eine Reihe von Kritikern, unter Ihnen keinen geringeren als Conrad Ferdinand Meyer, die den poetischen Hauch dieses Romans rühmen und ihn wegen seiner kühlen und kontrollierten Form, ohne Schlacke und Sentimentalität, seiner feinen Psychologie und seiner lebenswahren Charaktere vor allen anderen Romanen Fontanes einordnen. (139) So ist es auch bei Jolles zu lesen, die auf Peter Demetz verweist, »der ›Unwiederbringlich‹ als Fontanes Meisterwerk ansieht«. (72)

Vor sieben Jahren, so erfahren wir auf den ersten Seiten, hat es bei Holk und Christine die Blüte ihres Glücks gegeben, nach ihrem Einzug in das neu erbaute Schloß.

»Bald ist es ein Jahr nun, Helmuth, daß wir zuletzt hier auf der Düne standen und du mich fragtest, ob ich hier glücklich sein wolle. Ich schwieg damals ...«

»Und heute?«

»Heute sag ich ja.« (11)

Nun aber, wir schreiben das Jahr 1859, gibt es in ihrer Ehe schon einige »Abnutzungserscheinungen«. *Holk, so gut und vortrefflich er war, war doch nur durchschnittsmäßig ausgestattet und stand hinter seiner Frau, die sich höherer Eigenschaften erfreute, um ein beträchtliches zurück.* (...) *und es kamen Momente, wo er unter den Tugenden Christines geradezu litt und sich eine weniger vorzügliche Frau wünschte.* (12) Holk, 45 Jahre alt, hat zwei Passionen: das Bauen und das Vieh. Christine interessiert das wenig, sie möchte lieber in aller Tiefe ausloten, welche Erziehung und welche Internate für die Kinder am besten sind. Das nun wiederum ist Holk relativ egal.

Zum Kreis der beiden Holks gehören: das Fräulein Julia von Dobschütz, zugleich Christines Freundin und die Erzieherin der Kinder; Arne, Christines Bruder, eigentlich Baron Arne von Arnewiek, 60 Jahre alt; Seminardirektor Schwarzkoppen; und Pastor Petersen mit seiner Enkelin Elisabeth.

Holk ist anti-, Christine propreußisch. Friedrich den Großen bewundert Holk noch, aber *»das sozusagen posthume Preußen, das Preußen nach ihm, ist kein Gegenstand meiner Bewunderung, immer im Schlepptau, heute von Rußland, morgen von Österreich.«* (28) Christine indes hat einen starken Widerwillen gegen das ihrer Meinung nach weichliche und zu hedonistische Dänemark. *»In Kopenhagen ist alles von dieser Welt, alles Genuß und Sinnendienst und Rausch, und das gibt keine Kraft. Die Kraft ist bei denen, die nüchtern sind und sich bezwingen.* (...) *Deutsch, aber nicht preußisch, so soll es sein.«* (30 f.)

Arne sieht die Unterschiedlichkeit der Charaktere von Holk und Christine im Gespräch mit Schwarzkoppen sehr deutlich: Holk ist für ihn ein »(...) *Augenblicksmensch. Und daß es so ist, das ist auch wieder einer von den Punkten, die meine Schwester ihm nicht verzeihen kann und worin ich mich abermals auf ihre Seite stellen muß.* (...) *Erst imponierte ihm ihre Schönheit* (...), *und dann imponierte ihm ihre Klugheit oder doch das, was er dafür hielt, und dann imponierte ihm, und vielleicht am meisten, ihre Frömmigkeit. Aber seit einiger Zeit, und leider in zu rasch wachsendem Grade, bereitet sich ein Umschwung in ihm vor; er ist ungeduldig, anzüglich, ironisch* (...).« (35 f.)

Diese Ironie ihres Gatten ist es auch, die Christine zunehmend enervierend findet: »*Ich bitte dich, Helmuth, verzichte doch endlich darauf, eine ernsthafte Sache ins Scherzhafte zu ziehen.*« (41) Es geht um die Frage, in welches Internat man die Kinder schicken solle. Für Holk spielt es keine Rolle, wohin sie kommen, denn: »*Erziehung tut nicht viel.*« (41) Ihm erscheint ein Elternhaus mit viel Liebe für die Kinder das Entscheidende zu sein, außerdem ist es ihm ein Bedürfnis, die Kinder täglich um sich zu haben. Christine weist ihn zurecht: »*Es handelt sich, Helmuth, nicht um das, wessen du bedarfst, sondern es handelt sich um das, wessen die Kinder bedürfen.*« (42)

Da nun bekommt Holk einen Brief vom Freiherrn Ebenezer Pentz. Ein anderer Kammerherr sei erkrankt, und so käme man nicht umhin, ihn, Holk, an den dänischen Hof zu rufen, um der Prinzessin Gesellschaft zu leisten. Christine hat starke Vorurteile gegen die dänische Hauptstadt und die Dänen: »*Alles in Kopenhagen ist Taverne, Vergnügungslokal.* (...) *Aber so gewiß sie* (die Dänen) *die Tugenden haben, die der Verkehr mit der Welt gibt, so gewiß auch die Schattenseiten davon. Es sind lauter Lebeleute; sie haben sich nie recht quälen und mühen müssen, und das Glück und der Reichtum sind ihnen in den Schoß gefallen. Die Zuchtrute hat gefehlt* (...).« (46) Sie selbst sei immer allem Höfischem aus dem Wege gegangen und habe einen Horror vor Prinzessinnen. Doch: »*Du bist im Dienst, und solange du's für richtig hältst, darin zu verbleiben, so lange hast du bestimmte Pflichten und mußt sie erfüllen.* (...) *Du bist leichtlebig und schwankend und wandelbar, und ich habe den melancholischen Zug und nehme das Leben schwer. Auch da, wo Leichtnehmen das Bessere wäre. Du hast es nicht gut mit mir getroffen, und ich wünschte dir wohl eine Frau, die mehr zu lachen verstände.*« (47 f.)

Als Holk dann abgereist ist, bemerkt sie sehr wohl, wieviel Gefahr mit einem solchen Gedanken verbunden ist, und äußerst sich der Dobschütz gegenüber sehr besorgt: »(...) *Julie, was mich in meinem Gemüte seit heute früh beschäftigt, ist einfach das: ich durfte Holk nicht reisen lassen oder doch nicht allein. Ich habe diese sonderbare Stellung immer mit Unbehagen und Mißtrauen angesehen, und wenn er auch diesmal hinüber mußte, weil sein Nichterscheinen eine Beleidigung gewesen wäre, so mußte ich mit ihm gehen ...*« (65)

Christine scheint eine Vorahnung von dem zu haben, was da heraufzieht. Und in der Tat, schon bald begegnet Holk in Kopenhagen der ersten Versuchung: Es ist Brigitte Hansen, die Tochter der Witwe Hansen, bei der er sich eingemietet hat. Ihr Mann, von dem sie sich entfremdet hat, ist als Kapitän auf hoher See, und sie ist ebenso hübsch wie lasziv. *Sie trug Rock und Jacke von ein und demselben einfachen und leichten Stoff, aber alles auf Wirkung hin klug berechnet.* (...) *Alles in allem eine merkwürdige Mischung von Froufrou und Lady Macbeth.* (79) Auf einer der Reisen, auf die sie ihr Mann früher einmal mitgenommen hat, ist sie vom siamesischen Kaiser angebetet worden. Brigitte Hansen versucht, auch Holk aus seiner Reserve zu locken – doch vergeblich.

Holk, nun in Kammerherrnuniform, spielt seine Rolle als Gesellschafter der 70jährigen Prinzessin mit heiterer Gelassenheit, sich treiben lassend. Spazierfahrten gibt es, Kartenspiele und Feste, vor allem aber sitzt man plaudernd zusammen.

Zur Begleitung der Prinzessin gehört – neben dem abgeklärten Pentz, dem ernsthaften Freiherrn Erichsen und der mürrischen Gräfin Schimmelmann – auch Ebba von Rosenberg, Enkelin des *Lieblings- und Leibjuden* des schwedischen Königs Gustavs III, ehemalige Fürstengeliebte. Sinnlich ist sie, kokett, geistreich und exotisch-anziehend. Deutsche mag sie an sich nicht leiden, und Holk hat es schwer mit ihr: *Denn ihm war nicht entgangen, daß er am Vormittage, während der Audienz bei der Prinzessin, von seiten Ebbas mit einem leisen Anfluge von Spott und Überlegenheit beobachtet worden war* (...). (99)

Holk ist mißgestimmt und freut sich, als ein Brief Christines eintrifft. *Aber er ging einer Täuschung entgegen, der Brief war von einer solchen Nüchternheit, daß er nur imstande war, ein Mißbehagen an die Stelle des anderen zu setzen.* (...) *»Ich erwarte Zärtlichkeiten und finde Sticheleien.* (...) *Am liebsten freilich behielt' ich die Kinder um mich; sind sie fort, so hab ich nichts als eine furchtbar vorzügliche Frau, die mich bedrückt.«* (132 f.) Ein inneres Zurück zu Christine gibt es nicht für ihn, aber auch kein Vorwärts zu Ebba hin, denn *mit einem ganz eigenen Mischgefühl von Behagen, Ärger und Bangen nahm er mehr und mehr wahr, wie das Fräulein mit ihm spielte.* (135)

Das entgeht auch der Prinzessin nicht, und sie stellt Ebba deswegen zur Rede. Die äußerst sich ziemlich abfällig über

Holk: »(...) *ich glaube, sein Charakter ist noch viel schwächer als sein Herz* (...). *Und was das Schlimmste ist, er weiß es nicht einmal. Weil er wie ein Mann aussieht, so hält er sich auch dafür. Aber er ist bloß ein schöner Mann, was meist soviel bedeutet wie gar keiner. Ich kenn ihn noch nicht lange genug, um ihn auf all seinen Halbheiten ertappt zu haben, aber ich bin ganz sicher, daß sie sich auf jedem Gebiete finden.* (...) *Er ist moralisch, ja beinah tugendhaft und schielt doch begehrlich nach der Lebemannschaft hinüber. Und diese Halbheit ist die schlimmste* (...).« (135 f.) Die Prinzessin mahnt Ebba zum Rückzug. »*Du darfst ihm nicht, wie du jetzt tust, unausgesetzt etwas irrlichterlich vorflackern. Er ist schon geblendet genug.*« (136) Ebba lehnt aber jede sittliche Verantwortung für Holk entschieden ab. »*Er ist seiner Frau Treue schuldig, nicht ich, und wenn er diese nicht hält, so kommt es auf ihn und nicht auf mich.*« (137)

Ein neuer Brief von Christine löst in Holk widerstreitende Gefühle aus. Er *fühlte sich* (...) *einer gewissen Rührseligkeit hingegeben. Es war soviel Liebes in dem Briefe, daß er alte Zeiten und altes Glück wieder heraufsteigen fühlte. Sie war doch die Beste. Was bedeutete daneben die schöne Brigitte? Ja, was bedeutete dagegen selbst Ebba? Ebba war eine Rakete, die man, solange sie stieg, mit einem staunenden »Ah« begleitete, dann aber wars wieder vorbei* (...). Bald jedoch kommt das große Aber, *und was er heraushörte, war nur noch, oder doch sehr vorwiegend, der Ton der Rechthaberei.* (140) Und schließlich war ihm nur noch eines gewiß: *das Schrecknis ihrer Vorzüglichkeit*. Christines Unfehlbarkeit und ihr doktrinärer Ton – im Brief sind es die Ansichten über die Kindererziehung – stoßen ihn ab und bringen ihn dahin, sich gegen sie aufzulehnen. *Alles war Abkommen auf Zeit, alles jeweiliger Majoritätsbeschluß;*

Moral, Dogma, Geschmack, alles schwankte, und nur für Christine waren alle Fragen gelöst (...). (141)

Prinzessin Marie Eleonore beschließt nun, eine Weile auf Schloß Frederiksborg zu leben, und Holk und ihr Hofstaat folgen ihr. Der Flirt mit Ebba geht weiter. Von Arne, dem Schwager, der Holks Briefe nach Holkenäs gelesen hat, kommen schwere Vorwürfe. So sonderbare Frauen wie Brigitte Hansen und Ebba beschäftigten ihn, Holk, pausenlos, aber: *»Für deine Frau, Deine Kinder hast Du während dieser langen Zeit keine zwanzig Zeilen gehabt* (...).*«* (180) Holk ist sehr getroffen von dieser Kritik, was aber an seinem Verhalten und seiner Einstellung zu Christine nichts ändert, im Gegenteil: *Die Korrespondenz zwischen ihm und Christine stockte völlig* (...). (186)

Es wird Winter, und es gibt eine Schlitten- beziehungsweise Schlittschuhpartie auf dem teilweise zugefrorenen Arresee, wobei sich Ebba als eine faszinierende Eistänzerin erweist, *das Kleid geschürzt* (191). Eifersucht erfaßt Holk, als er sie mit zwei Offizieren sieht. Als die anderen müde sind und schon in der Gaststube sitzen, kann er nicht mehr an sich halten, und *ungestüm* ergreift er ihre Hand *und wies nach Westen zu, weit hinaus, wo die Sonne sich neigte. Sie nickte zustimmend und beinah übermütig, und nun flogen sie* (...) *der Stelle zu, wo sich der eisblinkende, mit seinen Ufern immer mehr zurücktretende Wasserarm in der weiten Fläche des Arresees verlor. Immer näher rückten sie der Gefahr* (...). Doch im letzten Augenblick bremst Holk und reißt auch Ebba zurück. *»Hier ist die Grenze, Ebba. Wollen wir darüber hinaus?« Ebba stieß den Schlittschuh ins Eis und sagte: »Wer an zurück denkt, der will zurück. Und ich bins zufrieden.«* (192)

Die anderen verfolgen die »Eismeerexpedition« mit spöttischen, aber auch besorgten Kommentaren. *»Ebba liebt* *mit der Gefahr zu spielen (...) und sie darf es auch, weil sie ein Talent hat, ihren Kopf klug aus der Schlinge zu ziehen. Sie wird wohl für alle Fälle einen Rettungsgürtel unter der Pelzjacke tragen. Aber nicht jeder ist so klug und so vorsichtig und am wenigsten unser guter Holk.«* (193)

Im Schloß vergnügt man sich bei Kartenspiel und Causerie, und es kommt die Nacht, in der sich alles entscheidet. Als die Tafel aufgehoben worden ist und sich alle in ihre Gemächer begeben haben, sieht Holk Ebba in der Tür ihres Zimmers stehen. *»Gute Nacht«, sagte sie und schien sich, unter einer scherzhaft feierlichen Verbeugung, von der Schwelle her in ihr Zimmer zurückziehen zu wollen. Aber Holk ergriff ihre Hand und sagte: »Nein, Ebba, nicht so; Sie müssen mich hören.« Und mit eintretend sah er sie verwirrt und leidenschaftlich an. Sie aber entwandt sich ihm leicht (...) Und dabei lachte sie.*

Diese Heiterkeit aber steigerte nur seine Verwirrung, an der sie sich eine Weile weidete, bis sie zuletzt halb mitleidig bemerkte: »Holk, Sie sind doch beinah deutscher als deutsch ... Es dauerte zehn Jahre vor Troja. Das scheint Ihr Ideal.« (201 f.)

Daß es nun zum Liebesakt kommt, kann als sicher gelten, doch über das Wie erfahren wir nichts. Nach zwei Leerzeilen folgt ein lapidarer Hinweis auf das sich anschließende Siebenundzwanzigste Kapitel, und das beginnt mit dem Satz: *Eine Stunde war vergangen, als es klopfte. Holk fuhr zusammen, Ebba aber, ihrer ganzen Natur nach vor dem Lächerlichen eines ängstlichen Versteckspiels mehr als vor einer Entdeckung erschreckend, schritt rasch auf die Tür zu und öffnete.*

Karin stand da. (202)

Ihre Dienerin kommt, um Ebba mitzuteilen, daß in ihrer Stube ein Feuer ausgebrochen sei. Ebba sieht nach und findet das Treppenhaus schon erfüllt von Qualm und Rauch. Kleine Flammen schlagen schon aus den Dielen. Karin flieht ins Freie. Doch Ebba folgt ihr nicht, sondern denkt an Holk, *und schnell entschlossen, ihn nicht im Stiche zu lassen, eilte sie wieder treppauf und in ihr Zimmer zurück. Umsonst er war nicht mehr da.* (203) Um ihren und seinen Ruf zu retten, denkt sie, bringt er sich um. Sie findet ihn schließlich zwei Stockwerke höher in der Tür seines eigenen Zimmers. *»Rasch, Holk, oder wir sind des Todes. Karin hat sich gerettet. Versuchen wirs auch.« Und ohne ein Ja oder Nein abzuwarten, faßte sie seinen Arm und riß ihn mit sich fort, die beiden Treppen wieder hinunter. Aber so schnell dies alles ging, das Unheil unten war noch schneller gegangen* (…). *»Wir sind verloren«, und Ebba schien auf der Treppe zusammenbrechen zu wollen. Aber Holk umfaßte die halb bewußtlos Gewordene, und mit all der Kraft, wie sie die Verzweiflung gibt, trug er sie jetzt die Wendeltreppe wieder hinauf, von Stockwerk zu Stockwerk, bis er zuletzt mit ihr unter dem von Balken und Latten durchzogenen Turmdache stand. Eine offene Luke gab gerade Licht genug, um sich in dem wirren Durcheinander mühsam zurechtzufinden, und zwischen dem Gebälk hin auf die Lichtöffnung zusteuernd, trat er jetzt, Ebba nach sich ziehend, ins Freie hinaus. Hier war sie für den Augenblick gerettet* (…). (203) Bald aber mußte das Feuer auch hier oben angekommen sein. Den Blitzableiter hinunterzuklettern oder auf der Dachrinne entlang zu balancieren, schafft Ebba nicht: *»Es geht nicht, ich bin gelähmt.«* (204) Schließlich entdeckt Karin sie und schickt einen Trupp von Männern nach oben, die sie beide auch retten.

Ebba fragt sofort, wo denn die Prinzessin sei. *»Auf dem Bahnhofe«, war die Antwort; »man will einen Extrazug für sie einstellen. Der Boden brennt ihr hier unter den Füßen.«*

(205) Ebba will ihr sofort folgen, doch ihr Schwächezustand läßt dies nicht zu, so daß man erst am nächsten Morgen nach Kopenhagen aufbrechen kann.

Wieder in seinem Zimmer bei Frau Hansen, fällt es Holk schwer, das Geschehene zu verarbeiten. Daß *eine höhere Hand* Ebba und ihn gerettet hat, sieht er als untrügliches Zeichen dafür, daß sie zusammengehören, und er beschließt, sich von Christine zu trennen. *Christine selbst hat ein Gefühl davon, daß es so das beste sei. Die guten Tage sollen nicht vergessen sein, nein, nein, und eine dankbare Erinnerung soll der Trennung alles Bittere nehmen; aber die Trennung selbst ist nötig, und ich darf wohl hinzusetzen, ist Pflicht, weil wir uns innerlich fremd geworden sind. Ach, all diese Herbheiten. Ich sehne mich nach einem anderen Leben, nach Tagen, die nicht mit Traktätchen anfangen und ebenso aufhören; ich will kein Harmonium im Hause, sondern Harmonie, heitere Übereinstimmung der Seelen, Luft, Licht, Freiheit.* (210) Sein innerer Monolog endet damit, daß er zu Ebba will, *diese Stunde noch, und dann wollt er mit ihr vor die Prinzessin treten und alles bekennen und erst ihre Verzeihung und dann ihre Zustimmung anrufen. Und ihr auch sagen, daß Christine selbst bereits in diesem Sinne geschrieben oder wenigstens Andeutungen gemacht habe. Von einem Widerstande drüben in Holkenäs könne keine Rede sein, die Trennung sei so gut wie da, nur noch eine Formalität, und er bäte sie, den Schritt, den er vorhabe, gutheißen und sein Verhältnis zu Ebba als eine vorläufige Verlobung ansehen zu wollen.* (211)

Doch als er ins Palais eilt, um Ebba zu sprechen, teilt ihm Karin mit, *daß das Fräulein nach mehrstündigem Fieber eben eingeschlafen sei und nicht geweckt werden dürfe.* (212) Auch zur Prinzessin selber läßt man ihn nicht vor. Ruhelos flaniert er durch die Stadt. Ein zweiter Besuch im Palais ist ebenso erfolglos wie der erste. Er bekommt Kopfschmerzen und findet keinen Schlaf.

Am nächsten Tag gelingt es ihm dann, wenigstens die Prinzessin zu sprechen, doch die alte Dame ist so müde und krank, beinahe leblos, daß es sinnlos wäre, mit ihr über seine Pläne zu reden, und er bittet nur um einen mehrtägigen Urlaub. Ebba läßt sich auch in den nächsten Tagen nicht sprechen, und seine Sehnsucht nach ihr wird unerträglich: *»Ich bin noch nicht alt genug, um auf Fleisch und Blut zu verzichten.«* (217)

Um alles klar zu machen, beschließt er, Weihnachten auf einen Tag nach Holkenäs zu fahren. Dort angekommen, trifft er zuerst auf die Dobschütz, und die holt Christine. *Und nun wandte er sich und sah, daß Christine eingetreten war. Sie blieb stehen und hatte die Hand der Dobschütz genommen, wie um sich zu halten.*

Holk ging auf sie zu. »Guten Tag, Christine. Du siehst mich früher wieder, als ich erwartete.« (...)

Christine sah ihn an und fühlte beinah Mitleid mit ihm. »Ich will es dir leicht machen, Holk«, sagte sie. »Was du nicht sagen magst, ich will es sagen. (...) *Es liegt dir etwas sehr andres am Herzen als das Christkind, und es kann nur noch die Frage sein, wie dein Glück heißt, ob Brigitte oder Ebba.* (...) *Also sprich es aus, daß du gekommen bist, um mit mir von Trennung zu sprechen.«* (221)

Holk fährt auf. *»Immer derselbe Ton der Überhebung. Daß ich dirs offen bekenne, ich war erschüttert, als ich dich da vorhin eintreten sah* (...). *Aber ich bin es nicht mehr. Du hast nichts von dem, was wohltut und tröstet und einem eine Last von den Schultern nimmt oder wohl gar Blumen auf unsrn Weg streut. Du hast nichts von Licht und Sonne. Dir fehlt alles Weibliche, du bist herb und moros* (verdrießlich) (...) *und selbstgerecht.«* (222)

Christine ist verbittert, denn sie glaubte, Anspruch auf seine Liebe zu haben, *weil sie in Liebe für ihn aufging*, und wirft ihm vor, auch das Schicksal seiner Kinder rühre ihn nicht. »*Und nun lebe wohl und werde nicht zu hart gestraft für diese Stunde.*« Sie steht auf, *die Empörung, die ihr Herz füllte, gab ihr Kraft zu allem.* (223)

Christine verläßt das Schloß, und Holk ist *erschüttert, aber doch nur in seinem Herzen, nicht in seinen Entschlüssen.* (224) Er geht nach Flensburg und mietet sich dort im Hillmannschen Gasthause ein. Immer wieder malt er sich seine Hochzeit mit Ebba aus.

Endlich ist das Weihnachtsfest vorbei, und es fahren wieder Schiffe in die Hauptstadt. Kaum ist er in Kopenhagen an Land gegangen, begehrt er, Ebba zu sprechen, und diesmal läßt Karin ihn vor. Doch »das schwedische Fräulein« ist nicht nur krank und matt, sondern tritt ihm auch gegenüber, als wäre nie etwas zwischen ihnen gewesen. Holk verliert die Geduld.

»*Warum plötzlich diese Förmlichkeit, diese Nüchternheit? Eh ich abreiste, hab ich Sie sprechen wollen, nicht um eine Gewißheit meines Glückes zu haben, diese Gewißheit hatte ich, oder glaubte wenigstens sie haben zu dürfen, nein, es trieb mich einfach, Sie zu sehen und mich, eh ich hinüberging, über Ihr Ergehen zu beruhigen, und so bin ich abgereist und habe drüben einen Tag erlebt und einen Kampf gekämpft und Worte gesprochen, Worte* (...) *die Sie kennen müssen, als ob Sie Zeuge der ganzen Szene gewesen wären.* (...) *Sie wissen, wie's mit mir steht; wissen, daß ich vom ersten Tag an in Ihrem Netze war, daß ich alles, und vielleicht mehr als ich durfte, darangesetzt habe, Sie zu besitzen.*« (231 f.)

Ebba aber läßt ihn abblitzen. »*In der Liebe regiert der Augenblick, und man durchlebt ihn und freut sich seiner, aber wer den Augenblick verewigen oder gar Rechte daraus herleiten will (...), der ist kein Held der Liebe, der ist bloß ihr Don Quijote.«*

Holk sprang auf. »Ich weiß nun genug; also alles nur Spiel, alles nur Farce.«

»Nein, lieber Holk, nur dann wenn Ihre deplacierte Feierlichkeit das, was leicht war, schwer genommen haben sollte, was Gott verhüten wolle.« (...)

In Holk drehte sich alles im Kreise. Das also war sein erträumtes Glück! (...)

»So schließt denn alles«, nahm er nach einer kurzen Pause das Wort, »mit einer Demütigung für mich ab, mit einer Demütigung, die zum Überfluß auch noch den Fluch der Lächerlichkeit trägt (...).« (232 ff.)

Um wieder zu sich zu kommen, verläßt er Kopenhagen, reist durch Europa und läßt sich dann in London nieder, wo er erleben muß, wie Ebba sich mit dem unendlich reichen Lord Ashingham verlobt. Das tilgt Ebbas Bild aus seinem Herzen, und immer öfter denkt er wieder an Christine. Er streckt seine Fühler nach Holkenäs aus, und Freunde dort machen ihm Hoffnung, daß ein *Ausgleich* (238) mit Christine möglich sei. Auch Arne, ihr Bruder, schreibt ihm und hofft, *daß der Moment Eurer Aussöhnung nahe sein möge.* (242) Er träumt davon, mit Christine wieder im Schloß am Meere zu leben und sich das alte Glück zurückzuholen.

Und was Holk geträumt, es erfüllte sich oder schien sich doch erfüllen zu wollen. (245) Christine willigt ein, und es gibt eine große Feier mit allen Freunden und Verwandten. In der Kirche empfangen sie den Segen zum quasi neuen Ehebunde. Arne bringt später den Toast aus: *»Auf das Glück von Holkenäs.«* (247) Und es schien sich wirklich erneuern zu wollen. *Man lebte sich zu Liebe, sah viel Gesellschaft* *(mehr als sonst) und machte Nachbarbesuche, bei denen es von seiten Holks an Unbefangenheit und guter Laune nie gebrach, und nur wer schärfer zusah, sah deutlich, daß diesem allen doch das rechte Leben fehlte. Friede herrschte, nicht Glück, und ehe der Herbst da war, war namentlich für die Dobschütz und Arne kein Zweifel mehr, daß, was Christine anging, nichts da war, als der gute Wille zum Glück.* (247 f.) Auch mit der Dobschütz, ihrer engsten Freundin, spricht sich Christine nicht mehr aus, aber so viel weiß jene: *»Christine will vergessen, aber sie kann es nicht.«* (250)

Es gibt eine kleine Festlichkeit auf Holkenäs, bei der Asta, die inzwischen in ihrem Pensionat *als kleine Virtuosin auf dem Klavier* (251) ausgebildet worden ist, ein schwermütiges Lied spielt und ihre Freundin Elisabeth Petersen dazu singt: *Denkst du verschwundener Tage, Marie, / Wenn du starrst ins Feuer bei Nacht? / Wünschst du die Stunden und Tage zurück, / Wo du froh und glücklich gelacht? – Ich denke verschwundener Tage, John, / Und sie sind allezeit mein Glück, / Doch die mir die liebsten gewesen sind, / Ich wünsche sie nicht zurück …* (252 f.)

Wenig später stehen Christine und die Dobschütz auf dem Steg am Meer, um der untergehenden Sonne zuzusehen. Da es kühl wird, bittet Christine die Freundin, ihr einen Mantel zu holen.

Das Weitere schildert Julie v. Dobschütz in einem Brief an Generalsuperintendent Schwarzkoppen, geschrieben am 14. Oktober 1861: *Als ich wieder am Ausgang des Steges ankam, fand ich die Gräfin nicht mehr und wußte nun, was geschehen. Ich eilte zurück, um Hilfe zu holen, trotzdem ich sicher war, daß alles nutzlos sein würde. Holk war wie betäubt und wußte sich nicht Rat. Endlich aber wurde das Dorf alarmiert, und bis in die Nacht hinein suchte man an*

Steg und Strand (...) und erst am andern Morgen kamen Holkebyer Fischer aufs Schloß und meldeten, daß sie die Gräfin gefunden hätten. (256)

Eine Woche später ist die Beerdigung, und man findet danach einen für Holk bestimmten Bogen Papier. Auf ihm hat Christine eine Strophe festgehalten, die Elisabeth damals unmittelbar nach Holks Abreise zur Prinzessin Marie Eleonore gesungen hatte: *Die Ruh ist wohl das Beste/Von allem Glück der Welt (...) Wer haßt, ist zu bedauern,/Und mehr noch fast, wer liebt.* (257 f.)

Karriere oder Spargelbeet

Fontanes Erzählung »Schach von Wuthenow«, zuerst als Vorabdruck in der »Vossischen Zeitung« im Juli und August 1882 erschienen, trägt den Untertitel »aus der Zeit des Regiments Gendarmes«. Gemeint ist damit das vornehme preußische Kürassierregiment, das, nach französischem Vorbild geformt, bis zur Neuordnung des preußischen Heeres 1808 bestand. Der Protagonist, der »schöne, gesellschaftlich gewandte, preußenstolze, familienbewußte« Schach v. Wuthenow (vgl. Grawe 200), ist Rittmeister in diesem Regiment. »Eine Charakterstudie entsteht und zugleich eine kritische Auseinandersetzung mit dem nachfriderizianischen Preußen, unmittelbar vor der Katastrophe von Jena und Auerstedt.« (Verchau 150)

Wir begegnen Schach v. Wuthenow zuerst in der Berliner Behrenstraße, im Salon der Frau von Carayon, Josephine v. Carayon, und ihrer Tochter Victoire. Ein heller Lampenschein läßt erkennen, *daß ihr* (Victoires) *feines Profil, das einst dem der Mutter geglichen haben mochte, durch zahlreiche Blatternarben aber um seine frühere Schönheit gekommen war.* (9) Beide verehren Schach, der alsbald von einem eintretenden Diener gemeldet wird. (...) *ein Schimmer freudiger Überraschung überflog beide Damen, als der Angemeldete gleich danach eintrat. Er küßte Frau von Carayon die Hand, verneigte sich gegen Victoire* (10) und begrüßte dann die anderen Gäste, so auch Heinrich v. Bülow, einen ehemaligen Stabsoffizier.

Das Gespräch kreist um die richtige Strategie im Umgang mit Napoleon. Bülow ist für eine Allianz mit Napoleon, »da Preußen, gebannt nach rückwärts auf den Ruhm Friedrich des Großen blickend, seine Schwäche mit Prahlereien überdeckt« (Grawe 58). Schach aber vermag ihm nicht zu folgen und ist für die Konfrontation. Bülow hält, falls es dazu käme, die Tage für Preußens gezählt. *»Der Geist ist heraus, alles ist Dressur und Spielerei geworden«* (50), wird er später sagen.

Am nächsten Tag erscheint Schachs kleiner *Groom* (Bursche, Reitknecht) in der Behrenstraße und überreicht Frau von Carayon ein *Billett*, auf dem er eine gemeinsame Spazierfahrt vorschlägt. *»Über das Ziel erwarte ich Ihre Befehle.«* Übermütig erwidert Victoire: *»Herzlichst akzeptiert, trotzdem die Ziele vorläufig im Dunkeln bleiben. Aber ist der Entscheidungsmoment erst da, so wird er uns auch das Richtige wählen lassen.«* (28) Ihre Mutter tadelt sie wegen dieser Pikanterie.

Herr von Carayon, schon vor langer Zeit gestorben, *war ein kleiner, schwarzer Koloniefranzose gewesen* (27), und Victoire hat nun ihren Spaß daran, die Heirat ihrer Mutter mit Schach v. Wuthenow voranzutreiben. *»Sonst verheiraten Mütter ihre Tochter, hier liegt es anders, und ich verheirate dich. Er liebt dich, und du liebst ihn. In den Jahren* *seid ihr gleich, und ihr werdet das schönste Paar sein, das seit Menschengedenken im Französischen Dom oder in der Dreifaltigkeitskirche getraut wurde.«*

Frau von Carayon widerspricht ihr mit feucht gewordenen Augen. *»Ach, meine süße Victoire, du siehst es anders, als es liegt.* (...) *Glaube mir, deine kleine Hand wird das Band nicht knüpfen, das du knüpfen möchtest. Es geht nicht, es kann nicht sein. Ich weiß es besser. Und warum auch? Zuletzt lieb ich doch eigentlich nur dich.«* (29)

Die Fahrt geht nach Tempelhof hinaus, und beim abendlichen Besuch der dortigen Kirche küßt Schach der schönen Mutter die Hand. *»Teure Josephine, Sie sind mir das Ideal einer Frau: klug und doch ohne Gelehrsamkeit und Dünkel, espritvoll und doch ohne Mokanterie. Die Huldigungen, die mein Herz darbringt, gelten nach wie vor nur Ihnen, Ihnen, der liebenswürdigsten und besten. Und das ist Ihr höchster Reiz, meine teure Freundin, daß Sie nicht einmal wissen, wie gut Sie sind und welch stille Macht Sie über mich üben.«* (35)

Doch die Worte, die alles entscheiden würden, fallen nicht. Schach unterhält die Damen, auch ein Tantchen ist noch dabei, mit der Erzählung über einen in Stein gehauenen Tempelritter, der sich über die Kirchenbesucher ärgert, die ihm beim Vorbeigehen das Gesicht abschurren, und nimmt den Arm von Victoire, die meint, dies hier sei gar kein echter Tempelritter. *»Hab ich recht?« – »Immer recht, meine liebe Victoire.« Und der Ton dieser Worte traf ihr Herz und zitterte darin nach, ohne daß sich Schach dessen bewußt gewesen wäre.* (40)

Dann aber bietet Schach der Frau von Carayon den Arm und *führte diese bis an das Gasthaus zurück. – Victoire sah ihnen betroffen nach und sann nach über den Tausch, den Schach mit keinem Worte der Entschuldigung begleitet hatte.*

Was war das? Und sie verfärbte sich, als sie sich (…) *die selbstgestellte Frage beantwortet hatte.* (42)

Von dieser Szene kommt Victoire so schnell nicht los, und in einem Brief an ihre Freundin Lisette v. Perbandt schreibt sie: *Es gab mir einen Stich durchs Herz, denn ich konnte mich des Gedankens nicht erwehren, daß es ihm peinlich gewesen sei, mit mir und an meinem Arm unter den Gästen zu erscheinen. In seiner Eitelkeit, von der ich ihn nicht freisprechen kann, ist es ihm unmöglich, sich über das Gerede der Leute hinwegzusetzen, und ein spöttisches Lächeln verstimmt ihn auf eine Woche. So selbstbewußt er ist, so schwach und abhängig ist er in diesem* ***einen*** *Punkte.* Aber: (…) *all seiner Eitelkeit ungeachtet, schätz ich ihn wie keinen anderen.* (…) *Ich hasse das Wort »ritterlich« und habe doch kein anderes für ihn.* ***Eines*** *ist er vielleicht noch mehr, diskret, imponierend oder doch voll natürlichen Ansehens* (…). (45)

Schach wird vom Prinzen Louis zu einer kleinen Gesellschaft eingeladen, und dort wird unter anderem auch über Victoire v. Carayon und deren Entstellung durch die Blattern (Pocken) gesprochen. *»Ein gewisser Reiz der Erscheinung ist ihr freilich geblieben«*, erklärt Schach v. Wuthenow der Königlichen Hoheit, *»aber es sind immer nur Momente, wo die seltene Liebenswürdigkeit ihrer Natur einen Schönheitsschleier über sie wirft und den Zauber ihrer früheren Tage wiederherzustellen scheint.«* (60)

Der Prinz merkt an, daß er einer *beauté du diable* (61) wie Victoire immer den Vorzug vor allen anderen Frauen geben würde. Dies hinterläßt Wirkung bei Schach, und als er wieder einmal die Carayons besucht und nur Victoire vorfindet, verführt er sie: *»Ich beschwöre Sie, fassen Sie sich und glauben Sie wieder an Ihr Anrecht auf Leben und Liebe.* (…) *Alles ist Märchen und Wunder an Ihnen* (…).*«*

Ach, das waren die Worte, nach denen ihr Herz gebangt hatte (...).

Und nun hörte sie sie willenlos und schwieg in einer süßen Betäubung. (70)

Frau von Carayon kommt früher als erwartet nach Hause, aber dennoch zu spät. Schach versteckt sich und kann die Wohnung verlassen, ohne von ihr entdeckt zu werden.

»Bis auf morgen«, war Schachs Abschiedswort gewesen, aber er kam nicht. (71) Erst im Theater sieht Victoire ihn wieder, wo »Martin Luther oder Die Weihe der Kraft« von Zacharias Werner gegeben wird. *Schach saß den Carayons gegenüber und grüßte mit großer Artigkeit. Aber bei diesem Gruße blieb es, und er kam nicht in ihre Loge hinüber, eine Zurückhaltung, über die Frau von Carayon kaum weniger betroffen war als Victoire.* (72)

Erst am nächsten Vormittage sucht er sie in der Behrenstraße auf und erklärt im Hinblick auf das Luther-Stück, daß er sich nicht für Katharina v. Bora begeistern könne, denn eine richtige Nonne sei sie ja nicht gewesen. *Victoire senkte den Blick, und ihre Hand zitterte. Schach sah es, und über seinen faux pas erschreckend, sprach er jetzt hastig und in sich überstürzender Weise von einer Parodie, die vorbereitet werde* (...). (73)

Es wird eine »Sommer-Schlittenfahrt« veranstaltet, bei der die Offiziere des Regiments Gendarmes – Schach ist nicht dabei – in einer Art Karnevalsumzug Martin Luther durch den Kakao ziehen. (...) *unzüchtige Nonnen, mit einer Hexe von Äbtissin an der Spitze, johlend, trinkend und Karten spielend* (...). (81) Victoire sieht den Zug vom Balkon aus und erleidet einen Nervenzusammenbruch: *Welche verkommene Welt, wie pietätlos, wie bar aller Schicklichkeit! Wie schal und ekel. Ein Gefühl unendlichen Wehs ergriff sie, das Schöne verzerrt und das Reine durch den Schlamm gezo-*

gen zu sehen. (82) Frau von Carayon ahnt, daß Victoires Weinkrampf noch einen anderen Grund haben muß, und fleht sie an: »*Ich beschwöre dich, Victoire, sprich. Du darfst es. Es sei, was es sei.*«

Victoire schlug ihren Arm um Frau von Carayons Hals, und ein Strom von Tränen entquoll ihrem Auge.

»*Beste Mutter!*«

Und sie zog sie fester an sich und küßte sie und beichtete ihr alles. (83)

Ob zu diesem Zeitpunkt schon feststeht, daß Victoire schwanger ist, sagt Fontane nicht explizit, wir können es aber aus verschiedenen Andeutungen schließen, jedenfalls stellt Frau von Carayon Schach am nächsten Tag zur Rede. Victoire habe ihr ein Geheimnis mitgeteilt, »*ein Geheimnis, das Sie kennen.*«

Schach, der sich doppelt schuldig fühlte, war wie mit Blut übergossen. (85)

Frau von Carayon sagt viel in diesen Minuten, doch ihre letzten Sätze lassen keinen Zweifel offen: »*Und so muß ich denn auf Legitimisierung des Geschehenen dringen. Dies, mein Herr Rittmeister, war es, was ich Ihnen zu sagen hatte.*«

Schach, *der inzwischen Gelegenheit gefunden hatte, sich wieder zu sammeln, erwiderte, daß er wohl wisse, wie jegliches Ding im Leben seine natürliche Konsequenz habe. Und solcher Konsequenz gedenk er sich nicht zu entziehen.* Zwar habe er nie heiraten wollen: *Aber er fühle mit nicht minderer Gewißheit, daß er sich zu dem Tage zu beglückwünschen habe, der binnen kurzem diesen Wechsel in sein Leben bringen werde. Victoire sei der Mutter Tochter, das sei die beste Gewähr einer Zukunft, die Verheißung eines wirklichen Glücks.*

All dies wurde sehr artig und verbindlich gesprochen, aber doch zugleich auch mit einer bemerkenswerten Kühle.

Dies empfand Frau von Carayon in einer ihr nicht nur schmerzlichen, sondern sie geradezu verletzenden Weise; das, was sie gehört hatte, war weder die Sprache der Liebe noch der Schuld (...). (86 f.)

In beinahe offener Gegnerschaft zu Schach beendet sie die Unterredung. *»Ich nehme vorläufig ein stilles Verlöbnis an. Über alles andere werden wir uns leicht verständigen. Wenn es sein muß, schriftlich.«* (87)

Schach gerät in Panik. (...) *Hochzeit, Ehe, Worte, deren bloßer Klang ihn von alter Zeit her erschreckte.* (88) In einer Woche soll Verlobung sein und drei Wochen später Hochzeit, gefolgt von einer langen Hochzeitsreise nach Italien. Und dann droht das langweilige Landleben auf Schloß Wuthenow. Doch Schach schafft es, sich mit allem zu arrangieren und das Beste aus seinem neuen Leben zu machen – in Gedanken jedenfalls.

Alles war überstanden und das Lebensschiff an der Klippe des Lächerlichen nicht gescheitert. (90)

Aber es soll alles anders kommen. Denn plötzlich tauchen drei unverschämte Bilder auf, Karikaturen, von einem unbekannten Gegner und Neider gezeichnet, die ihn – Josephine und Victoire v. Carayon um sich herum drapiert – als »Schach von Persien«, als »Die diebische Schach-Elster« und als »Schach matt« darstellen. Die ganze Stadt zerreißt sich das Maul darüber. *Schach zitterte vor Scham und Zorn, alles Blut stieg ihm zu Kopf, und es war ihm, als würd er vom Schlage getroffen.* (91) Er meldet sich krank, bittet um Urlaub und verläßt Berlin an dem Tage, an dem seine Verlobung mit Victoire v. Carayon veröffentlicht werden soll. So geht er auf sein Gut, *ohne sich von den Carayons* (...) *verabschiedet zu haben.* (94)

In schlaflosen Nächten und während einsamer Bootsfahrten auf dem Ruppiner See sucht er seinen Frieden mit sich und der Welt zu machen und sich sein zukünftiges Leben in den schönsten Farben auszumalen, aber es will ihm nicht so recht gelingen: *»Und dann gehe ich mit Victoire durch den Garten, und aus dem Park auf die Wiese. (...) Vielleicht sind wir allein; aber vielleicht läuft auch ein kleiner Dreijähriger neben uns her und singt in einem fort: Adebar, du Bester, bring mir eine Schwester! Und meine Schloßherrin errötet und wünscht sich das Schwesterchen* **auch**. *Und endlich sind elf Jahre herum, und wir halten an der ersten Station, die die stroherne Hochzeit heißt. Ein sonderbares Wort. Und dann ist auch allmählich die Zeit da, sich malen zu lassen für die Galerie.«* Gemeint ist die Ahnengalerie der Wuthenows. *»Denn wir dürfen doch am Ende nicht fehlen! Und zwischen die Generäle rück ich dann als Rittmeister ein, und zwischen die schönen Frauen kommt Victoire. Vorher aber hab ich eine Konferenz mit dem Maler und sag ihm: ›Ich rechne darauf, daß Sie den* **Ausdruck** *zu treffen wissen. Die Seele macht ähnlich.‹ Oder soll ich ihm geradezu sagen: ›Machen Sie's gnädig‹ ... Nein, nein!«* (105 f.)

Von den Spottbildern, die Schach so zusetzen, erfahren alle, nur nicht Josephine und Victoire Carayon. Hätte Frau von Carayon davon gewußt, wäre sie sicherlich voller Mitleid gewesen und hätte ihm Aufschub gewährt, so aber hält sie sein Verhalten für einen empörenswerten Wort- und Treuebruch und bedenkt ihn ihrer Tochter gegenüber mit *den heftigsten und unschmeichelhaftesten Ausdrücken* (107): Schach sei – gemessen am Ruhm und an der Größe der Carayons – nichts weiter als *»ein blauer Rock mit einem roten Kragen, und Wuthenow ist eine Lehmkate. (...) Ein kleiner ängstlicher Aufmercker. Er hört auf das, was die Leute sagen, und wenn das ein Mann tut (wir müssens), so heiß ich das Feigheit (...). Aber er soll mir Rede stehn. Ich habe mei-*

nen Plan jetzt fertig und will ihn demütigen, so gewiß er uns demütigen wollte.« (110 f.)

Sie droht ihm schwerwiegende Schritte an, sollte er das Verlöbnis mit Victoire nicht bis zum folgenden Tage veröffentlicht haben, und fährt in Verfolgung ihrer Pläne nach Potsdam hinaus, um vor den König zu treten. *Sie hatte vor, einen Fußfall zu tun, ihm den ihr widerfahrenen Affront vorzustellen und seinen Beistand anzurufen,* (112) muß aber erfahren, daß der König Potsdam schon wieder verlassen hat und nach Paretz gegangen ist. Sie reist ihm nach und wird von General v. Köckritz empfangen, der ihr auch aufmerksam und teilnahmsvoll zuhört und ihr schließlich den Zugang zum König verschafft. Von seinem Adjutanten vorab informiert, empfängt Friedrich Wilhelm II. sie im Park. *»Frau von Carayon? Mir sehr wohl bekannt ... Erinnre Kinderball ... schöne Tochter ... Damals ...« Er schwieg einen Augenblick, entweder in Verlegenheit über das ihm entschlüpfte letzte Wort oder aber aus Mitgefühl mit der tiefen Bewegung der unglücklichen und beinahe zitternd vor ihm stehenden Mutter, und fuhr dann fort: »Köckritz mir eben Andeutungen gemacht ... Sehr fatal ... Aber bitte ... sich setzen, meine Gnädigste ... Mut ... Und nun sprechen Sie.«* (119)

Eine Woche später wird Schach ins Schloß Charlottenburg gerufen und ins Arbeitskabinett des Königs geführt. *»Habe Sie rufen lassen, lieber Schach ... Die Carayons; fatale Sache. Spiele nicht gern den Moralisten und Splitterrichter; mir verhaßt; auch meine Verirrungen. Aber in Verirrungen nicht steckengeblieben; wiedergutmachen. Übrigens nicht recht begreife. Schöne Frau, die Mutter; mir sehr gefallen; kluge Frau. (...) Und die Tochter! Weiß wohl weiß, armes Kind ... Aber, enfin, müssen Sie doch scharmant gefunden haben, und was man einmal scharmant gefunden, findet* *man, wenn man nur will, auch wieder. Aber das ist* **Ihre** *Sache, geht mich nichts an. Was mich angeht, das ist die honnêteté.«* Und um dieser Ehrbarkeit willen verlangt der König seine Heirat mit dem Fräulein von Carayon. *»Oder Sie müßten denn Ihren Abschied nehmen und den Dienst quittieren wollen.«* (120 f.)

Da das für Schach das Schmerzlichste wäre, gibt er durch seine Körpersprache zu verstehen, daß er sich den Wünschen Seiner Majestät fügen werde.

»Nun, denn bleiben also; schöner Mann; liebe das. Aber Remedur muß geschafft werden, und bald, und gleich. (...) *Abgemacht also. Rechne darauf, dringe darauf. Und werden mir Meldung machen.«*

»Zu Befehl, Ew. Majestät.« (121)

Damit ist Schach gnädig entlassen, muß aber anschließend noch bei der Königin antreten und ihr versprechen, sich reuig und bußfertig zu zeigen. Aber innerlich ist Schach nicht umgestimmt worden. *Er wußte, was er dem König schuldig sei:* ***Gehorsam****! Aber sein Herz widerstritt, und so galt es denn für ihn, etwas ausfindig zu machen, was Gehorsam und Ungehorsam in sich vereinigte* (...). *Und dafür gab es nur* ***einen*** *Weg.* (123)

Schach schreibt noch am selben Abend einen Brief an Frau von Carayon, in dem er *in anscheinend aufrichtigen Worten um seines Benehmens willen um Entschuldigung* bittet (124), und fährt am nächsten Vormittag in die Behrenstraße, wo Frau von Carayon versöhnliche Töne anschlägt. Dann erscheint Victoire. *Er trat ihr entgegen, nicht kalt und zeremoniös, sondern herzlich, und der Ausdruck einer innigen und aufrichtigen Teilnahme, womit er auf sie sah und ihr die Hand reichte, besiegelte den Frieden. Es war kein Zweifel, er war ergriffen, und während Victoire vor Freude strahlte, füllten Tränen das Auge der Mutter.* (126)

Das Aufgebot wird bestellt, und die Trauung findet statt. Zur Festtafel erscheinen illustre Gäste. *Alles gab sich einer ungezwungenen Heiterkeit hin, an der sogar Victoire teilnahm* (...). (129)

Am Ende der Feier wird Schach zum Dienst gerufen, sein Wagen mit dem Groom fährt vor. Victoire begleitet ihn bis an die Treppe. *»Bis auf morgen«, sagte Schach und trennte sich rasch und ging.*

Aber Victoire beugte sich weit über das Geländer vor und wiederholte leise: »Bis auf morgen. Hörst du? ... Wo sind wir morgen?«

Und siehe, der süße Klang ihrer Stimme verfehlte seines Eindrucks nicht, auch in diesem Augenblicke nicht. Er sprang die Stufen wieder hinauf, umarmte sie, wie wenn er Abschied nehmen wolle für immer, und küßte sie. (132 f.)

Der Wagen fährt ab. Auf dem Bock sitzen der Groom und Baarsch, die Ordonanz. Als der Wagen von der Behren- in die Wilhelmstraße einbiegt, gibt es einen kleinen Ruck oder Schlag, und Baarsch vermutet einen Stein, doch der Groom weiß es besser: Ein Schuß sei es wohl gewesen. *»Yes, pistol-shooting ...«*

Der Wagen hält vor Schachs Wohnung, und der Groom springt vom Bock. *Er öffnete den Wagenschlag, ein dichter Qualm schlug ihm entgegen, und Schach saß aufrecht in der Ecke, nur wenig zurückgelehnt. Auf dem Teppich zu seinen Füßen lag das Pistol. Entsetzt warf der Kleine den Schlag wieder ins Schloß und jammerte: »Heavens, he is dead!«*

Die Wirtsleute wurden alarmiert, und so trugen sie den Toten in seine Wohnung hinauf. (133)

Monate später schreibt Victoire an ihre Freundin Lisette und sucht die Motive für Schachs Suicid zu ergründen. Er sei der Halbgott eines prinzlichen Hofes gewesen: *An dieser Laufbahn als ein prinzlicher Liebling und plénipotentiaire,* als ein Bevollmächtigter, formuliert sie, *hätt ich ihn verhindert, ja hätt ihn bei meinen anspruchslosen Gewohnheiten aus all und jeder Karriere herausgerissen und ihn nach Wuthenow hingezwungen, um mit mir ein Spargelbeet anzulegen oder der Kluckhenne die Küchelchen wegzunehmen. Davor erschrak er. Er sah ein kleines und beschränktes Leben vor sich und war, ich will nicht sagen auf ein großes gestellt, aber doch auf ein solches, das* **ihm** *als groß erschien.* (...) *Da liegt das Kind und schlägt eben die blauen Augen auf.* **Seine** *Augen. Nein, Lisette, viel Schweres ist mir auferlegt worden, aber es federt leicht in die Luft, gewogen neben meinem Glück.* (138 f.)

Der Kopf auf dem Grab

Im Band »Havelland« berichtet Fontane von einem Fall aus Alt-Geltow, bei dem es um Mord, Diebstahl und Selbstmord geht. Der Protagonist heißt Schupke, kommt aus Schlesien und steht bei der Garde, den Jägern. Seine grüne Uniform mag ihm dabei geholfen haben, jedenfalls wird Schupke ein glücklicher Liebhaber.

Der Himmel hing ihm voller Geigen. Ob er das Mädchen heiraten wollte, weiß ich nicht, aber sie hielt zu ihm, und eines Tages, der Böse hatte sein Spiel, schenkte sie ihm Uhr und Kette. Eine goldene Uhr. Es sei ein Erbstück; ein Onkel von ihr sei gestorben.

Das hätte nun unseren Schupke wohl stutzig machen sollen; aber der Mensch ist eitel, und wenn er hübsch ist und erst 22 Jahr, dann ist er's doppelt, kurzum Schupke nahm die Uhr und freute sich dran (...). (413)

*Es sterben so viele Onkel, aber **ihr** Onkel, des Mädchens Onkel war **nicht** gestorben und schon am andern Tage hieß es: des alten Wolffenstein goldene Uhr wird vermißt, Uhr und Kette; und eine Stunde später hieß es: man weiß, wer sie hat; sie hat es gestanden.*

Das ging wie ein Lauffeuer durch die Stadt; es kam auch in die Jägerkaserne. Schupke wurde leichenblaß. Ein unbescholtener Mann, makellos, aller Leute Liebling, – und nun entehrt. »Ich hab' es nicht gewußt«; aber wer hätt' es geglaubt? Der Schein war gegen ihn. Da bleibt ihm nur noch eines: der Selbstmord. *Es **mußte** sein; er nahm seine Büchse und ging hinaus.* (414)

In der Kaserne vermißt man ihn kurz darauf, und als man seinen Schrank öffnet, findet man Uhr und Kette. Da auch seine Büchse fehlt, ist alles klar. Der Hauptmann seiner Kompanie, Graf Schlieffen, wirft sich aufs Pferd, um ihn zu suchen. Von Schupke keine Spur. Im Wald begegnet der Hauptmann schließlich einem alten Mann, der Reisig sammelt, fragt ihn nach dem Gardejäger und erhält die Antwort, auf dem Kirchhof würde einer knien und beten: *»Und denn legt he sinen Kopp up det Grab* (...).*«* (414)

Graf Schlieffen sprengt darauf zum Friedhof und findet Schupke tatsächlich in der angebenen Stellung. Als der den Hauptmann erblickt, greift er nach seiner Büchse und deutet ihm an, ihn in Ruhe zu lassen. Graf Schlieffen *aber ritt näher. Schupke winkte noch einmal. Als der Graf auch jetzt noch weiter vorritt, legte Schupke die Büchse an die Schulter: Zurück, Herr Hauptmann, oder ich schieße!*

Der Graf hielt; – ein Gardejäger trifft seinen Mann. So war Zeit gewonnen. Im nächsten Augenblick aber fiel ein Schuß. Schupke hatte sich durch die Brust geschossen.

(...) *Er schien ein Sterbender. Aber die Jugend war stärker als der Tod.* (415)

Drei Jahre liegt er im Lazarett. Man ist sich einig, daß er die leise Schuld, die er auf sich geladen hatte, mit seinem Blut reichlich bezahlt hat, und läßt ihn Förster in der Potsdamer Pirschheide werden.

Wie Fontane nun wirklich in Rage gerät

Als ich in Begleitung des Fotografen vom Essen zurückkam, riß Fontane abermals seinen Schirm von der Brüstung und legte auf mich an, als sei es ein Karabiner. Ich bin mir sicher, er hätte mich diesmal wirklich hinweggeputzt, wäre nicht der wackere Fotograf hinzugesprungen und hätte sich als lebenden Schutzschild vor mir aufgebaut.

»Wer sind Sie denn«, schrie der Alte, »daß Sie es wagen können, unbedeutend wie Sie sind, sich auch noch an dem zu vergreifen, was ich über Krieg, Kriegsgericht und Kriegsgefangenschaft geschrieben haben – und was mir besonders heilig ist! *Nie hab ich ein dummeres Stück gelesen*[1] als das, was Sie da unter der Überschrift ›Er gibt den schönsten Tod‹ verzapft haben.«

»Weiß ich gar nicht mehr ...« Ich zog meine Aktentasche auf, um das Manuskript herauszuholen, was ein Weilchen dauerte.

Der Alte grollte weiter. »*Im ganzen genommen existiert bei den Menschen eine so hochgradige Unfähigkeit, den Seelen anderer auf den Grund zu sehen, daß sich dies Hochgradige nur aus einer gewissen Unlust, ›sich auf irgendwie ernste Untersuchungen einzulassen‹, erklären läßt.*«[2]

»Halten zu Gnaden: Ich habe doch, bevor ich mich an den Computer gesetzt habe, eine Menge gelesen über Sie und Ihre Werke ...«

Doch Fontane echauffierte sich noch mehr. »Daß ich sozusagen ein dumber Militarist und Kriegstreiber sei! Wie soll ich das nur wieder geradebiegen? *Einem andern Menschen* (...) *seine schiefen und verwachsenen Gedanken or-*

thopädisch gerade zu rücken, ist eine wahre Hundearbeit.«[3]

Ich versuchte es mit einem alten Trick. »Ich hatte gedacht, ein Mann wie Sie würde über den Dingen stehen.«

»*Wenn wir über die Straße gehn, und der dummste Mensch ruft uns zu: alter Schafskopf! so ärgern wir uns; unser gutes Gewissen, daß wir zu den klügsten Leuten der Christenheit zählen, ist nicht mächtig genug, uns diesen Ärger zu ersparen.«*[4]

Endlich hatte ich die Seiten gefunden, die Fontane so sehr mißfallen hatten, und machte mich daran, sie noch einmal durchzulesen:

»Er gibt den schönsten Tod«

Unkritisch und gänzlich unkommentiert gibt Fontane im Band I seiner »Wanderungen durch die Mark Brandenburg« – »Die Grafschaft Ruppin« – ein 1792 verfaßtes Gedicht des Feldmarschalls v. d. Knesebeck wieder (42 f.), das die Überschrift »Lob des Krieges« trägt und heutzutage womöglich Gegenstand der Strafverfolgung wäre. Jedenfalls riecht das verdammt, nimmt man die deutsche Geschichte als Ganzes, nach § 80a Strafgesetzbuch, »Aufstacheln zum Angriffskrieg«: »Wer im räumlichen Geltungsbereich dieses Gesetzes öffentlich, in einer Versammlung oder durch Verbreiten von Schriften ... zum Angriffskrieg ... aufstachelt, wird mit Freiheitsstrafe von drei Monaten bis zu fünf Jahren bestraft.«

Führen wir es uns einmal zu Gemüte:

Lob des Krieges

Es leb' der Krieg! Im wilden Kriegerleben
Da stählet sich der Mut!
Frei kann die Kraft im Kriege nur sich heben;
Der Krieg, der Krieg ist gut.

Den falschen Freund, der listig Treue heuchelt,
Krieg macht ihn offenbar.
In offner Schlacht das blanke Schwert nicht
schmeichelt,
und jeder Hieb spricht wahr.

Der Krieg ist gut! Er weckt die Kraft der Jugend
Und zieht in seinem Schoß
So manchen Sinn für hohe, wahre Tugend
Zu schönen Taten groß.

Der Krieg ist gut! Er ruft aus feigem Schlummer
Den trägen Weichling auf,
Er lohnt Verdienst, und schafft er manchen Kummer,
Löst er manchen auf!

Der Krieg ist gut! Im Reiben seiner Kräfte
Ist für die Welt Gewinn.
Der Krieg macht froh, im Wechsel der Geschäfte
Nimmt er die Grillen hin.

Er lehrt die Kunst das Leben zu verachten,
wenn es die Pflicht gebeut,
Und immer nur es als ein Gut betrachten,
Das man der Tugend weiht.

Er lehret uns entbehren und genießen,
Er würzt auch schwarzes Brot, –
Und wenn durch ihn auch manche Tränen fließen,
Er gibt den schönsten Tod.

Es leb' der Krieg! wo hohe Kraft nur sieget,
Nicht Trägheit Lorbeern flicht,
Es leb' nur der Krieg! Unsterblichkeit erflieget,
Wer durch ihn Palmen bricht.

Es leb' der Krieg! nur dem geb' er Verderben,
Der frech den Frieden bricht.
Zur Schlacht, zur Schlacht! wir alle lernten sterben
Für Vaterland und Pflicht.

Nehmen wir dieses Machwerk als Zeitdokument und freuen uns, wenn wir den Kurfürstendamm entlangschlendern und links wie rechts die nach Knesebeck benannte Straße hinunterblicken können. Fontane als preußisch-märkischer Hurra-Patriot – so kenne ich ihn auch aus etlichen seiner Gelegenheits-Gedichte, und beim Abdruck von Knesebecks »Lob des Krieges« hätten ihm ein paar relativierende und distanzierende Worte gut zu Gesicht gestanden. Daß er sie vermissen läßt, zeigt doch wohl, wie sehr er mit dem Verfasser d'accord gewesen sein muß.

Aber offensichtlich sehe ich das zu kritisch, denn Fontanes Biographen betonen, daß wenigstens die Kriegsbücher »keine Herzenssache« für ihn gewesen seien und ihn der Ausbruch des Deutsch-Französischen Krieges durchaus nicht in unreflektierte »patriotische Erregung« versetzt habe (Verchau 90). Scholz erklärt sich Fontanes »4000-Seiten-Riesenœuvre« über die Kriege Preußens gegen Dänemark, Österreich und Frankreich »aus dem lebhaften altüberkommenen

Interesse, aus dem hugenottischen Interesse an Heeresangelegenheiten, an Schlachten und Waffengängen. Fontanes Darstellung zeichnet sich dabei ... durchweg durch kühle Distanziertheit aus, nichts von Gehässigkeit, von schnödem Triumph ...« (204) Okay, wer sich durch die Fontanesche Kriegsberichterstattung hindurcharbeitet, wird in der Tat ziemlich kalt gelassen. Denn: »Schon die strikte Abstinenz allem Anekdotischen gegenüber, die Fontane sich auferlegen mußte, bedeutete für einen Autor wie ihn eine beträchtliche Einbuße an Lebenswärme.« (Sichelschmidt, 191) Wo ich aber doch Anekdotisches gefunden habe – typische, balladenhafte, »lebenswarme«, abschreckende, abstoßenende und alles auf den Punkt bringende Szenen – da habe ich es, chronologisch geordnet, für diesen Band ausgewählt.

»Nun«, war mein Kommentar nach der erneuten Lektüre dieser Passage, »das scheint mir doch alles sehr ausgewogen zu sein.«

»Hören Sie doch auf: Einen ›Hurra-Patrioten‹ nennen Sie mich! *Wenige Menschen haben Grazie im Geben, nicht einmal ihren billigen Rat können Sie einem mit Anstand applizieren.*«[5]

»Es stimmt mich irgendwie traurig: Welche wunderbaren Werke hätten Sie doch schreiben können, wenn Sie die besten Jahre Ihres Lebens nicht damit verplempert hätten, diese endlosen Berichte über die preußischen Kriege und Siege zu Papier zu bringen!«

Fontane hieb mit dem Schirm auf die Brüstung. »Verplempern ... was ist denn das für ein Wort!? Gräßlich!«

»Sie selbst gebrauchen es in einem Brief an Ihren Sohn George, im November 1855. *›Hüte Dich vor Verplemperungen‹, das ist der höchste Ausdruck meiner väterlichen Weisheit. Dein Vater hat sich auch verplempert* (...).«[6]

»So?« murmelte Fontane.

»Und auch sonst war Ihre Wortwahl bisweilen etwas locker. So schreiben Sie an Ihre Tochter Martha im Jahre 1888: »(...) *die Lebenskunst besteht darin, sein Pulver nicht unnütz und nicht in jedem Augenblick zu verschießen.*«[7]

»Wie wahr!« rief Fontane und überraschte mich mit einer fußballerischen Analyse. »Das erklärt uns auch am besten den Erfolg von Bayern München.«

»Richtig, aber Traumfußball sieht halt anders aus.«

»*Die Fälle, wo alles Gute zusammenfällt, sind selten* (...).«[8]

»Doch schweifen Sie bitte nicht ab. Daß Sie vom Kriegerischen, vom Hartsein als solchen so magisch angezogen wurden, habe ich Ihnen ja schon bei unserem ersten Gespräch nachzuweisen versucht.«

Fontane konterte mit einem leichten Gähnen. »(...) *umsonst ist nichts und alle Befreiungskriege fordern Opfer.*«[9]

Ich ließ mich nicht ablenken. »Es gibt viele Belege für Ihre Faszination von allem Martialischen – nicht zuletzt Ihre Pilgerreisen zu den vielen Schlachtfeldern, die Preußens Ruhm begründet haben ... bis hin zu Ihrer eigenen Kriegsgefangenschaft in Frankreich.«

»Nun ja, ... *in eigner Sache hat man immer viel zu sagen.*[10] Und sehen Sie: ... *die Dinge an sich sind gleichgültig. Alles Erlebte wird erst was durch den, der es erlebt.*[11] Es ist ja Usus bei uns, die Kunst auf Kosten des Lebens weit zu überschätzen. *Hier hab' ich nun das Leben; die Dinge selbst, nicht mehr bloß ihre Beschreibung. Ihr Zeitungsschatten tritt an mich heran, und jede Stunde belehrt den armen Balladenmacher, daß jenseits des Berges auch Leute wohnen.*«[12]

»Ein bißchen Ernst Jünger scheint mir bei Ihnen vorweggenommen«, fuhr ich fort. »Denken wir an den Brief an Wilhelm Hertz vom Februar 1882, wo Sie den *Bücher- und*

Literaturwurm, also sich selber, als bemitleidenswert und armselig schildern und ausrufen: *Ach, wie bevorzugt sind doch Lieutenants* (...).[13] Oder nehmen wir eine Stelle aus dem ›Stechlin‹, wo Sie den Pastor Lorenzen, der in vielem denkt wie Sie, sagen lassen: ›*Heldentum ist gut und groß. Und unter Umständen ist es das Allergrößte. Lasse mir also den Heroenkult durchaus gefallen, das heißt, den echten und rechten.*‹[14] Und Dubslav v. Stechlin, den alle Welt als den Prototyp des altersweisen Mannes schätzt, legt sogar folgendes Bekenntnis ab: ›*ich liebe das Heldische.*‹«[15]

»*Die Offenheit des Geständnisses söhnt mit allem aus.*«[16]

»Das Gedicht dieses Knesebeck ist und bleibt aber für mich ein Schandfleck in Ihren Bänden, zumal Sie 1878 in einem Brief an Emilie etwas schreiben, was die Sache noch viel schlimmer macht: *Das Poetische* (...) *hat immer recht; es wächst weit über das Historische hinaus.*«[17]

Da kam er mir mit Hermann Hesse: »Im Leeren dreht sich, ohne Zwang und Not,/Frei unser Leben, stets zum Spiel bereit,/Doch heimlich dürsten wir nach Wirklichkeit,/Nach Zeugung und Geburt, nach Leid und Tod.«

»Was wir ja auch bald nach Ihrem Tode in Europa reichlich hatten ... Vielleicht haben solche wunderschönen Kriegsgedichte dabei kräftig mitgeholfen.«

Fontane wandt sich. »Nun gut, manches sah ich erst spät ein. So bekannte ich am Ende meines Lebens, 1898 in einem Brief an James Morris: *Alles, was an Patriotismus oder gar Chauvinismus appelliert, taugt nichts in der Kunst.*[18] Und in ›Ein Sommer in London‹ heißt es analog dazu: *Man darf Heldentaten nicht in der Nähe betrachten.*[19] Beachten Sie auch meine Recherchen im Hinblick auf Klinke, den preußischen Pionier vor den Düppeler Schanzen.«

Ironisch verwandte ich seine eigenen Worte gegen ihn. »*Nur immer sein Bestes tun, darauf kommt es an.*«[20]

Wieder ließ er sich nicht festnageln. »*Es gibt nur ein Mittel, sich wohl zu fühlen: man muß lernen mit dem Gegebenen zufrieden zu sein und nicht immer das verlangen, was gerade fehlt.*«[21]

»Ein klares Bekenntnis zum Pazifismus ist also auch heute von Ihnen nicht zu erhoffen?«

»*Alles kommt auf die Beleuchtung an.*«[22]

»Bedeutet das, daß ich damit sozusagen die Imprimatur, die innere Erlaubnis zur Veröffentlichung dieses sogenannten ›Fontane-Verschnitts‹ doch von Ihnen bekomme ...?«

»*Überhaupt, lächerlich zu sagen, lernt der ungelehrte Sterbliche sein Bestes aus Versen und Romanen.*[23] Also: Machen Sie mal.«

Zur Schlacht, zur Schlacht!

Mancher Pfeil bis in das Herze ging

Als Friedrich Burggraf zu Nürnberg, ein Angehöriger des Hauses Hohenzollern, 1412 nach Brandenburg kommt, um sich huldigen zu lassen, lehnen sich einige der autochthonen Adligen gegen ihn auf, an der Spitze Dietrich und Johann v. Quitzow, Caspar Gans zu Putlitz, Wichard v. Rochow und Achim v. Bredow. Sie rufen die Herzöge von Pommern-Stettin zur Hilfe, und am 24. Oktober 1412 kommt es zur Schlacht am Cremmener Damm, die aber keine Entscheidung bringt. Ein fränkischer Ritter, Kraft v. Lentersheim, versinkt dabei im Luch. Fontane beschreibt dies im Band V seiner »Wanderungen«.

Als Friedrich Bündnisse mit Mecklenburg, dem Erzbischof von Magdeburg und Herzog Rudolph von Sachsen eingeht, beschließt die märkische »Fronde«, sich zum Schein erst einmal zu unterwerfen, was auch am 4. April 1413 zu Berlin geschieht. *Aber der Hang, nach eigenem Ermessen zu handeln und ein obrigkeitliches Regiment nur insoweit gelten zu lassen als es ihnen zu Willen war, steckte den Quitzows zu tief im Blut, als daß sie sich desselben auf die Dauer und einem bloß äußerlichen Unterwerfungsakte zuliebe hätten entschlagen können.* (51)

Da sie zudem glauben, das Recht freier Fehdeführung zu haben, kommt es zu einem Guerillakrieg gegen Friedrich. Man zieht ins *Zinnasche*, wo das Kloster und etliche Dörfer dem Erzbischof von Magdeburg gehören, und plündert alles aus. *Die Bauern wurden drangsaliert und weggeschleppt und andere (...) erschlagen.* (52) Ebenso fällt die »Fronde« ins Magdeburgische ein. *Hans von Quitzow, von dem Verlangen erfüllt, den Magdeburgischen Erzbischof für Schädigungen abzustrafen, die dieser dem Wichard v. Rochow und mit ihm der ganzen Zauche zugefügt hatte, zog, vom Havelland aus, auf Ferchland zu, woselbst er am 30. November auf die von dem magdeburgischen Hauptmann **Peter v. Kotze** und dem Jägermeister **Gebhard v. Plotho** geführten erzstiftlichen Mannschaften stieß. Die Begegnung fand an dem kleinen Stremmeflusse statt und der sich hier entspinnende Kampf endete so glücklich für Hans v. Quitzow, daß alle Magdeburgischen, soweit sie nicht fielen, in seine Gefangenschaft gerieten.* (53)

Schließlich aber unterliegen die Aufständischen, denn der Nürnberger Burggraf hat neben den Rechtstiteln die besseren Waffen und die größeren Ressourcen, und am 14. Januar 1414 werden die beiden Quitzows sowie Caspar Gans zu Putlitz und Wichard v. Rochow auf Golzow vom Kaiser in die Oberacht erklärt. Nicolaus Uppschlacht, ein Bürger aus Brandenburg-Stadt, hat diesen Geschehnissen eine lange Ballade gewidmet, in deren 16. Strophe er auf die Erstürmung der Quitzow-Burg Friesack durch die Franken eingeht: *Ein Hagel von Pfeilen sie flugs empfing, / Da schützte nicht Schiene, nicht Panzerring, / Mancher Pfeil bis in das Herze ging / Und viele sanken zur Erden.* (59)

Der Privatkrieg des Heinrich v. Queiß

Der 80jährige Heinrich v. Queiß lebt in Blossin am Wolziger See und ist Lehnsträger des Bischofs von Lebus. Den bittet er nun um Hilfe, als ihm sein Schäfer, mit dem er in Streit geraten ist, seine Herde forttreibt und außerdem noch gegen Familienmitglieder tätlich wird.

Queiß ist absolut im Recht, doch der Amtmann des Bischofs, der in Storkow sitzt, verschleppt die Sache, und der Blossiner Gutsherr wittert darin eine Böswilligkeit des als arrogant verschrienen Bischofs und wendet sich an dessen Vorgesetzten, den Landvogt der Niederlausitz, die Teil des böhmischen Königreichs ist. Die höhere Behörde nun mahnt den Bischof, bürgerlich Georg v. Blumenthal, sich der Sache seines Vasallen schleunigst anzunehmen. Doch der Bischof ist in seinem Stolz verletzt, empfindet *einen Groll darüber* und äußerst wiederholt, »(...) *daß er dem Queiß den getanen Schritt nicht vergessen und ihn seinerzeit zu züchtigen wissen werde*«. (51)

Fontane berichtet dies im Band IV seiner »Wanderungen durch die Mark Brandenburg« – »Spreeland«.

Als nun der Bischof nicht nur die Verhaftung des Schäfers verhindert, sondern auch noch laute Zweifel an der Glaubwürdigkeit des alten Queiß äußert, entschließt sich der in seiner Verbitterung, »wegen ihm verweigerten Rechtes« Rache zu nehmen, und wendet sich mit der Bitte um Hilfe an Otto v. Schlieben auf Baruth und den Ritter Nickel v. Minckwitz auf Sonnenwalde. Man kommt überein, den *im Lande wenig geliebten Bischof in seiner Stadt Fürstenwalde heimzusuchen und nach Sonnenwalde hin gefangen zu setzen*. (53)

Am 7. Juli 1528 bricht man auf. 400 Berittene hat man beisammen, darunter sind auch ein Kracht von Lindenberg und die beiden Löschebrands von Saarow und Pieskow. Durch eine List gelangt man in die Stadt, doch der Bischof kann rechtzeitig fliehen. Aus Wut darüber plündert man das bischöfliche Schloß, die Domkirche, das Rathaus und das Domherrenviertel. Vor allem aber hat man es auf die beim Domkapitel aufbewahrten Schuldscheine abgesehen, die man auch findet und vernichten kann. Nun fällt man über die Bürger her, die man beschuldigt, dem Bischof die Flucht ermöglicht zu haben. *Einer, der sich widersetzen wollte, verlor sein Leben, und nur zwei Häuser entgingen der allgemeinen Plünderung* (...). (54) Den Bruder des Bischofs nimmt man noch gefangen, dann zieht man wieder ab.

Der geflüchtete Bischof eilt nun zu Kurfürst Joachim, der sich an der Grimnitz aufhält. *Dieser, nach empfangenem Bericht, befahl einem seiner Diener, dem Martin Böhme, mit acht Reitern den Räubern nachzusetzen* (...). *Dies märkische Detachement aber, das für seine Aufgabe viel zu schwach war, wurde zu Dobrilug von den Minckwitzischen überrascht, und Martin Böhme selbst fiel, als er eben sein Pferd besteigen wollte, durch einen Dolchstoß von Schliebens Hand.* (55)

Sogar Martin Luther im nahen Wittenberg zeigt sich erregt und schreibt einem Freund: *»Gäbe doch Christus, daß dem ein Ende sei, vor allem aber, daß jener Minckwitz nicht noch Schlimmeres begehe.«* (55) Der Kurfürst rüstet nun auf und bringt 6000 Reiter und 40 000 Mann Fußvolk gegen Minckwitz zusammen, der außerhalb des Landes neue Truppen anwirbt und zudem seine Burg befestigt. 50 000 Gulden hat dem Kurfürsten das Heer schon gekostet, und es könnte für ihn noch viel teuerer werden, denn seine Berater sind der Ansicht, daß die Burg des Minckwitz nicht einnehmbar sei. Da entschließt er sich, einen anderen Weg einzuschlagen: Er reicht beim Reichskammergericht zu Wetzlar Klage gegen Minckwitz als Landesfriedensbrecher ein. Und er hat Erfolg, denn über Nickel Minckwitz wird die Reichsacht verhängt, das heißt, er ist nun vogelfrei. Er zieht durch Deutschland, versteckt sich mal hier, mal dort, auch bei Eggert v. Quitzow auf Vogtshagen, und findet schließlich Zuflucht am mecklenburgischen Hof, wo man sich weigert, ihn an den brandenburgischen Kurfürsten auszuliefern.

Der alte Queiß stirbt, und Minckwitz' Freunde lenken langsam ein, weil sie das Reichsrecht letztendlich doch fürchten. Sie drängen Minckwitz, *sich vor dem Kurfürsten zu demütigen. Es geschah dies zeremoniös, im Stil einer Staatsaktion, und am 22. Oktober 1534 erschien Beklagter auf dem Schlosse zu Cölln an der Spree vor großer und feierlicher Versammlung, um zunächst vor dem Kurfürsten einen Fußfall und gleich danach vor dem Bischof und der Gesamtheit der Stände »demütiglich Abbitte zu tun«*. (58)

Nun begannen wir unsere Geschütze spielen zu lassen

So steht es im Tagebuch des kurfürstlichen Kammerjunkers Dietrich Sigismund v. Buch, das Fontane benutzt, um die Schlacht bei Fehrbellin (28. Juni 1675) lebendig werden zu lassen (Band II der »Wanderungen«). Die Gebildeten kennen das ja alles in dichterischer Überhöhung aus Kleists »Der Prinz von Homburg«, wo der Elfte Auftritt – und damit das ganze Schauspiel – wie folgt zu Ende geht:

Die Offiziere. Heil! Heil! Heil!
Alle. Dem Sieger in der Schlacht bei Fehrbellin!

(Augenblickliches Stillschweigen.)
Der Prinz von Homburg. Nein, sagt! Ist es ein Traum?
Kottwitz. Ein Traum, was sonst?
Mehrere Offiziere. Ins Feld! Ins Feld!
Graf Truchß. Zur Schlacht!
Feldmarschall. Zum Sieg! Zum Sieg!
Alle. In Staub mit allen Feinden Brandenburgs!
(Ende.)

So findet es sich im Reclam-Heft. In der Wirklichkeit – und folglich auch bei Theodor Fontane – ist alles ein wenig anders. Der Feind befindet sich schon auf dem Rückzug und hat beim Dorfe Hakenberg, zwischen Linum und Fehrbellin, Stellung bezogen. Der Plan des brandenburgischen Feldmarschalls Derfflinger ist vortrefflich: Er will alle Brücken und Dämme zerstören, um »*dadurch dem Feinde jeden Sukkurs* (Hilfe, Unterstützung) *aber zugleich auch jeden Rückzug abzuschneiden, und ihn auf diese Weise zu zwingen, in spätestens zwei Tagen um sein Leben zu bitten. – Das war ein guter Plan; aber S. K. D. meinte, da man so nahe am Feinde sei, müsse derselbe Fell oder Federn lassen* (...).«

Zähneknirschend muß sich Derfflinger S. K. D. (Seiner Kurfürstlichen Durchlaucht) fügen, und obwohl die brandenburgischen Schwadronen unter Capitain v. Kottwitz *nicht gut plaziert* waren und man kein ausreichendes *Fußvolk* hatte, startete man den Angriff auf die Schweden. »*Nun begannen wir unsere Geschütze spielen zu lassen.*« (199) Die Sache steht alsbald sehr schlecht für die Brandenburger, denn der Feind rückt mit einem Infanterieregiment gegen die Hügelstellung vor, und man gerät in Gefahr, nicht nur seine Geschütze, sondern auch die Schlacht und damit den ganzen Krieg zu verlieren. Das ist genauso wie bei Kleist, nur rettet in Wirklichkeit nicht der (historische) Prinz von Homburg Brandenburg, sondern Dietrich Sigismund v. Buch, der über den Fortgang der Dinge wie folgt Bericht erstattet:

»*Als ich drei Eskadrons* (kleinste Einheiten der Kavallerie, auch: Schwadronen) *zur Hand hatte, begegnete ich dem Prinzen von Homburg. Er fragte mich ›wohin ich wolle‹, und als ich ihm die erhaltenen Befehle* (ausgegeben vom Generalfeldmarschall Georg v. Derfflinger) *mitteilte, antwortete er mir, ›er wolle mitgehen‹. Und so nahm er das Kommando. Es war die höchste Zeit. Denn die vier Eskadrons von den Trabanten und dem Regiment Anhalt flohen bereits und schrien die Derfflinger-Dragoner um Hülfe an. Diese aber, die gewillt waren, sich bei den Geschützen niederhauen zu lassen, konnten ihnen keine Hülfe gewähren. In diesem Augenblicke war der Prinz von Homburg heran und attackierte das schwedische Fußvolk.* (...) *und nachdem der Kampf eine Weile hin und her geschwankt hatte, wurde der Feind in Stücke gehauen. Nicht zwanzig Mann entkamen; sechzig oder siebzig wurden gefangengenommen, der Rest war getötet.*« (200 f.)

Ein rasendes Gemetzel begann

In seinem »Oderland«-Band vergißt Fontane natürlich die märkischen Heerführer nicht, die (Kriegs-)Geschichte geschrieben haben – neben Otto Christoph von Sparr vor allem Hans Adam von Schöning, geboren 1641 zu Tamsel, jenseits der Oder, und Hans Albrecht Barfus, geboren 1635 zu Möglin auf dem Barnim, die beide am Zurückdrängen der Türken beteiligt waren, die ja 1683 bis an die Tore Wiens vorgedrungen waren. Es ging damals als Grundstimmung *durch die ganze Christenheit ein Doppelgefühl von Furcht und Haß gegen die Ungläubigen.* (341)

1686 kommt es zur großen Schlacht bei Ofen, bei dem an der Seite der Reichsarmee unter dem Herzog von Lothringen auch ein 8000 Mann starkes brandenburgisches *Hülfskorps* (341) unter der Führung von Hans Adam von Schöning als *Oberstkommandierender*, General von Barfus und General von der Marwitz teilnimmt. *Am 2. September schritten die Christen zum Sturm. Achttausend Mann, zur Hälfte Kaiserliche, zur Hälfte Brandenburger, jene vom Herzog von Croy, diese vom General von Barfus geführt, bildeten die Sturmkolonne und drangen unwiderstehlich vor. Nachdem die Pallisaden erklettert waren, drang man in die Straßen der Stadt ein. Nur Türken und Juden hausten darin, und alles wurde niedergemacht, leider auch Weiber und Kinder. Die Türken steckten weiße Fahnen aus, zum Zeichen, daß sie bereit seien, sich zu ergeben, aber die Stürmenden rissen die Fahnen nieder und ließen alles über die Klinge springen. Vergebens mühte sich der Herzog von Lothringen, dem Gemetzel ein Ende zu machen; neuntausend wurden erschlagen (...) die brandenburgischen Oberoffiziere waren bemüht gewesen, dem Blutvergießen Einhalt zu tun und hatten durch ihr Dazwischentreten gerettet, wo noch zu retten war. Aber nur in einzelnen Fällen war es ihnen geglückt. General von Barfus rief zwei Türken Pardon zu, welche wie Verzweifelte sich wehrten, und brachte sie dem Kurfürsten als die* ***Tapfersten*** *nach Berlin. Schöning dagegen hatte das Glück zwei schöne Türkinnen, noch Kinder, den Händen der alles niedermachenden Soldaten zu entreißen. (...) die jüngere (...) wurde, unter Beibehaltung ihres türkischen Namens,* ***Fatime*** *getauft und von Schöning, der sie mit nach Tamsel nahm, sorgfältig erzo-*

gen. (344) Fatime kommt an den polnischen Hof, wo ihre Schönheit alle in ihren Bann zieht, und schenkt dem dortigen König ein uneheliches Kind, den Grafen Rutowski, der später sächsischer Feldmarschall wird.

Hans Albrecht von Barfus ist auch 1691 dabei, als eine brandenburgische »Auxiliartruppe« bei Szalankament abermals an einer großen Schlacht gegen die Türken beteiligt ist. *Barfus rückte vor und siegreich, wie vor Buda, stieg er die Höhen hinauf. Ein rasendes Gemetzel begann. Was nicht in Stücke gehauen wurde, warf sich in die Donau und ertrank. Der Großvezier Köprili, der Stolz und Abgott der Türken, der Janitscharen-Aga, achtzehn Paschas, funfzehn Torbaschis der Janitscharen und zwanzigtausend Gemeine bedeckten das Schlachtfeld. (...) Der Verlust des Christenheeres betrug 7300 Mann darunter 1000 Brandenburger.* (407)

Nur einige Zuckungen des Körpers

Der Tragödie des Hans Hermann v. Katte (1704–1730) widmet Fontane im Band II seiner »Wanderungen« einigen Raum. Die Geschichte an sich ist einigermaßen bekannt: Schon im November 1729 hatte Kronprinz Friedrich vorgehabt, *»weil Dero Herr Vater immer ungnädiger auf ihn geworden«*, (293) außer Landes zu gehen, also – aus der Sicht dieses Vaters, des »Soldatenkönigs« Friedrich Wilhelm I. – einfach zu desertieren. Im Juli 1730, als der König und sein Hof ins preußische Ansbach und anschließend an den Rhein reisen, ist es dann soweit, und Fluchthilfe leistet ihm dabei sein Freund und Günstling Katte.

Die Flucht an einen ausländischen Hof scheitert aber wegen einer Verwechslung: Es gibt zwei Kattes im Troß, und ein kompromittierender Brief wird dem falschen Katte zugestellt, der sofort Alarm schlägt. Friedrich, nachmals »der Große«, wird ergriffen und arrestiert. Auf einem Rheinboot trifft er mit seinem Vater zusammen, 18 Jahre ist er alt. *Als der Kronprinz das Schiff betrat, stürzte sich der König auf ihn und schlug ihn* (...). (296) Später gibt es den folgenden Dialog zwischen den beiden:

»Warum habt Ihr entweichen wollen?«

»Weil Sie mich nicht wie Ihren Sohn, sondern wie einen gemeinen Sklaven behandelt haben.«

»Ihr seid nichts als ein feiger Deserteur, der keine Ehre hat.«

»Ich habe so viel Ehre wie Sie, und ich habe nichts getan, was Sie an meiner Stelle nicht auch getan hätten.«

Bei diesen Worten zog der König den Degen und wollte den Prinzen erstechen. Aber der tapfere Kommandant, Generalmajor v. d. Mosel, warf sich dazwischen und sagte: »Sire, durchbohren Sie mich, aber schonen Sie Ihres Sohnes.« (297)

Katte könnte noch fliehen, zögert aber, wird ergriffen und nach Berlin gebracht, wo inzwischen auch Friedrich Wilhelm I. eingetroffen ist und wieder Wohnung im Stadtschloß genommen hat. Sein Zorn konzentriert sich jetzt auf Katte. *Als Katte den Gefürchteten vor sich sah, warf er sich vor ihm nieder. Der König aber riß ihm das Johanniterkreuz vom Halse, mißhandelte ihn mit dem Stock und trat ihn mit Füßen.* (299)

Am 27. Oktober 1730 tritt dann in Köpenick ein aus 15 Offizieren bestehendes Kriegsgericht zusammen, das über fünf Angeklagte befinden soll, in erster Linie über den Kronprinzen Fritz und den Lieutenant v. Katte. Es enttäuscht den König, denn im Hinblick auf seinen Sohn erklärt es sich für nicht zuständig, und Katte will es nicht, wie gewünscht, zum Tode verurteilen, sondern nur zu *ewigem Vestungs-Arrest*. Der König tobt, hebt das Urteil auf und erläßt nun eine *Cabinetsordre* (304), in der es u. a. heißt: *»Also wollen Sie hiermit, und zwar von Rechtswegen, daß der Katte, ob er schon nach denen Rechten verdient gehabt, wegen des begangenen Crimen Laesae Majestatis mit glühenden Zangen gerissen und aufgehenket zu werden, Er dennoch nur, in Consideration seiner Familie, mit dem Schwert vom Leben zum Tode gebracht werden solle.«* (305)

Katte wird nach Küstrin auf die Festung gebracht, wo seine Hinrichtung am 6. November 1730 stattfindet. Der Garnisonsprediger Besser hat sie für uns festgehalten:

Nachdem Katte von Friedrich, der allem vom Fenster des Schlosses aus zusehen muß, *»mit höflichen und verbindlichen Worten in französischer Sprache«* Abschied genommen hat und ihm eine von ihm verfaßte Todessentenz vorgelesen worden ist, *»empfing* er *die letzte Absolution und die priesterliche Einsegnung mit großer Devotion, entkleidete sich selber bis auf's Hemd, entblößte sich den Hals, nahm seine Haartour vom Haupte, bedeckte sich mit einer weißen Mütze, welche er zuvor zu dem Ende bei sich gesteckt hatte, kniete nieder auf dem Sandhaufen und rief: ›Herr Jesu, nimm meinen Geist auf!‹ Und als er solcher Gestalt seine Seele in die Hände seines Vaters befohlen, ward das erlösete Haupt mit einem glücklich gerathenen Streich durch die Hand und Schwert des Scharfrichters Coblentz vom Leibe abgesondert; ein viertel auf acht Uhr, den 6. Nov. 1730. Dabei mir einfiel, was stehe 2. Marc. 7 Vers 40: ›Also ist dieser fein dahingestorben und hat seinen Trost allein auf Gott gestellt.‹ Ich nahm ferner nichts mehr wahr als einige Zuckungen des Körpers, so vom frischen Geblüt und Leben herrührten.«* (314 f.)

Die Rettung Friedrichs des Großen durch Rittmeister Prittwitz

Im Band II seiner »Wanderungen durch die Mark Brandenburg« – »Das Oderland« – gibt Fontane eine Episode aus der Schlacht bei Kunersdorf wieder, wo die preußische Armee am 12. August 1759 von russischen und österreichischen Truppen vernichtend geschlagen wurde. Und ohne den Rittmeister Joachim Bernhard von Prittwitz aus Quilitz, heute Neu-Hardenberg, hätte es mit dem König ein schreckliches Ende genommen. Völlig verzweifelt hört man ihn die Worte rufen: *»Kann mich denn heute keine verwünschte Kugel treffen!« Zwei Pferde waren ihm unter dem Leib erschossen worden, und eine dritte Kugel hatte ihm ein goldenes Etui in seiner Westentasche zerdrückt.* (141) Friedrich hat sich schon aufgegeben und sieht dem Tod durch die heranstürmenden Kosaken regungslos entgegen. Da wird Prittwitz auf ihn aufmerksam gemacht, und: *Eilig sprengte Joachim Bernhard auf ihn zu, doch nur mit Mühe vermocht' er ihn zu überreden, sich aufs Pferd zu werfen und auf seine Rettung bedacht zu sein. Endlich folgte der König seinen Bitten, indem er rief: »Nun Herr, wenn Ihr meint, vorwärts.« Aber schon waren die Kosaken ganz nahe gekommen. Joachim Bernhard wandte sich um und schoß den feindlichen Offizier vom Pferde. Dies machte die Verfolger einen Augenblick stutzen, der König gewann mit seiner kleinen Schar einen Vorsprung, und jene vermochten ihn nicht wieder einzuholen. Mehrmals rief er dabei aus: »Prittwitz, ich bin verloren!«* Doch die Rettung gelingt, man kann sich auf eine Anhöhe retten. Von dort sieht Friedrich seine zerschossenen Bataillone vorüberziehen, und mit Tränen in den Augen ruft er ihnen zu:

»Kinder, verlaßt mich heute nicht, euren König, euren Vater.« (142)

Wir dürfen uns zumindest räuspern ...

Nach der Blutarbeit

Gerade im Band I der »Wanderungen durch die Mark Brandenburg« beschreibt Fontane die Schlachten, die Brandenburger und Preußen geschlagen haben – entstammen doch »seiner« Ruppiner Garnison besonders viele ihrer Heerführer.

Zuerst geht es um das Regiment Prinz Ferdinand im Siebenjährigen Krieg (1756–1763) und die Schlacht bei Liegnitz gegen die Österreicher unter Laudon am 15. August 1760. Gemeinsam mit dem Regiment Anhalt-Bernburg errang man hier den Sieg. Dieser Truppenteil hatte sich kurz zuvor bei der Belagerung von Dresden durch mangelnde Kampfbereitschaft die Ungnade von Friedrich II. – dem Großen – zugezogen. Nun aber! *Laudon, der alles getan und sich persönlich der größten Gefahr ausgesetzt hatte, zog sich (...) zurück, und überließ dem Könige das Schlachtfeld. 6000 Oesterreicher waren gefangen, 4000 tot oder verwundet; dabei waren ihnen 23 Fahnen und 82 Kanonen verlorengegangen. Bei Friedrichs Heere zählte man 1800 Tote und Verwundete (...). Der König, dem nichts entging, hatte gesehen welche Opfer gebracht worden waren. Nach der Blutarbeit ritt er bei dem Regiment vorbei. Die Offiziere schwiegen, vier alte Soldaten aber fielen dem König in die Zügel, umfaßten seine Knie und flehten um die verlorne Gnade. »Ja, Kinder, Ihr sollt sie wieder haben, und alles soll vergessen sein!« Noch am selben Tage erhielten die Soldaten ihr Seitengewehr und die Offiziere ihre Tressen zurück.* (208 f.)

In der Schlacht bei Auerstedt gegen Napoleon am 14. Oktober 1806 wird die Infanterie des Regiments Prinz Heinrich dann fast um die Hälfte dezimiert. Was aber noch wichtiger ist: *Das Pferd des Prinzen **Heinrich** ward erschossen* (...). (220)

Die Guerilleros von der Oder

In der »Geschichte der deutschen National-Litteratur« von Professor Dr. Hermann Kluge, im Jahre 1892 »zum Gebrauche an höheren Unterrichtsanstalten« in der immerhin 23. Auflage veröffentlicht, heißt es auf der Seite 233:

»**Theodor Fontane**, geb. 30. Dezember 1819 in Neuruppin (jetzt in Berlin), trat im Jahre 1878 mit einem bedeutenden vaterländischen Roman ›Vor dem Sturm‹ hervor, dessen Handlung im Winter 1812 auf 1813 spielt.«

Hundert Jahre später gerät Schmelzer (1992, 67) ebenso ins Schwärmen: »Figuren die Fülle! Jeder Stand ist vertreten. Vom Hohenzollernprinzen bis zum geringsten Hohen-Vietzer Hütebuben hat jede einzelne ihre eigene Geschichte, ihre persönliche Mimik, ihre privaten Redensarten und Gewohnheiten.« Anfangs aber war von solcher Wertschätzung nichts zu spüren: »Man hat diesem ersten Romanwerk lange wenig Beachtung geschenkt, und es wurde wenig günstig beurteilt. Vor allem wurde die Kompositionslosigkeit beanstandet (...).« (Jolles 39) Lukács wirft Fontane vor, auch von einer völlig falschen geschichtlichen Grundlage auszugehen, denn nicht v. d. Marwitz, der Vorbild für Fontanes Helden ist, habe die Vorbereitungsperiode der Befreiungskriege gegen Napoleon geprägt, sondern das Duo Scharnhorst/Gneisenau (nach Jolles 39). Wie auch immer …

Mittelpunkt des Geschehens ist Hohen-Vietz, *ursprünglich ein altes, aus den Tagen der letzten Askanier stammendes Schloß mit Wall und Graben und freiem Blick ostwärts auf die Oder. Es lag auf demselben Höhenzuge wie die Kirche* (…). (11) Es befindet sich im Besitze derer v. Vitzewitz. Berndt v. Vitzewitz ist der Vater von Lewin und Renate v. Vitzewitz, *ein hoher Fünfziger* (23), der nach 30jährigem Dienst das Kommando der berühmten Knobelsdorff-Dragoner übernommen hatte, im Frühjahr 1795 aber, nach dem Basler Frieden, um seinen Abschied nachgekommen ist. Voller Abscheu hatte er das Paktieren Preußens mit den *Pariser Schreckensmännern* (24) verfolgt und sich nach Hohen-Vietz zurückgezogen. Seine Frau, Madeleine von Dumoulin, entstammt dem französischen Altadel.

1806 gibt es dann die Doppelschlacht bei Jena und Auerstedt mit der vernichtenden Niederlage Preußens, und elf Tage später ist man gezwungen, französische Offiziere in Hohen-Vietz willkommen zu heißen. Während des Essens geschieht es, daß ein französischer Kapitän *in unziemlichster Huldigung Worte lallte, die der schönen Frau* (v. Vitzewitz) *das Blut in die Wangen trieben. Berndt v. Vitzewitz fuhr auf den Elenden ein, andere Offiziere, dazwischen springend, trennten die miteinander Ringenden, und Partei ergreifend für den beleidigten Gemahl, steckten sie draußen im Park den Platz ab, wo der Handel auf der Stelle ausgemacht werden sollte. Berndt, ein Meister auf den Degen, verwundete seinen Gegner schwer am Kopf* (…). (25)

Dieses Ereignis wirft seine Frau aufs Krankenbett, und bald darauf stirbt sie. »*Hier ruht mein Glück.*« (25) So läßt v. Vitzewitz es auf den Grabstein schreiben und verfällt in

Depressionen, zumal sein Vaterland zerbröckelt und kaum noch ein eigener Staat genannt werden kann, es ist eher eine französische Kolonie. Zwar haßt er die Machthaber von jenseits des Rheins, nicht aber die französische Nation als solche. Sein Haß gegen Napoleon Bonaparte *sprang (...) wie ein heißer Quell aus seinem Herzen. Schon der Name widerte ihn an.* Und als der Eroberer Einzug in Frankfurt/Oder hält, ruft v. Vitzewitz seinen Kindern zu: »*Seht scharf hin, das ist der **Böseste** auf Erden.*« (26)

Inzwischen, wir schreiben das Jahr 1812, hat Napoleon weite Teile Rußlands erobert, und zwar auch mit Hilfe der zwangsverbündeten Preußen unter General Yorck von Wartenburg. Alle vaterländisch gesinnten Preußen »*schmecken bitter den Kelch der Niedrigkeit, der jetzt täglich an unseren Lippen ist*« (30), so Berndt v. Vitzewitz. Aber es gibt erheblichen Streit über das Vorgehen gegen die französische Besatzungsmacht, zumal sich Napoleons Desaster vor Moskau abzuzeichnen scheint: Soll man den Aufstand wagen, den Guerillakrieg, wie Berndt es präferiert, oder aber abwarten und taktieren, wie es die Linie des Ministers v. Hardenberg ist, aber auch von Lewin für unabdingbar gehalten wird? »*Wir werden einen frohen, einen heiligen Krieg haben. Aber zunächst sind wir unseres Feindes Freund, wir haben mit und neben ihm in Waffen gestanden; er rechnet auf uns, er schleppt sich unserer Türe zu, hoffnungsvoll wie der Schwelle seines eigenen Hauses (...).*« (30)

Zunächst aber geht das Leben in Hohen-Vietz seinen gewohnten Gang, und Fontane beschreibt es in allen Nuancen. So erleben wir Weihnachten 1812 in Hohen-Vietz mit der Familie v. Vitzewitz, ihrer Haushälterin Tante Schorlemmer, einer Herrnhuterin, Gästen wie Tubal (Pertubal) und Kathinka von Ladalinski, Justizrat Turgany, Konrektor Othegraven, Tante Amelie, Pastor Seidentopf und den bäuerlichen Honoratioren mit Schulze Kniehase an der Spitze. Seine Stieftochter Marie ist mit Lewin und Renate zusammen aufgewachsen. Dazu kommt Hoppenmarieken, das Original von Hohen-Vietz, *eine Zwergin* (54), eine Hexe, die auch die Post befördert. *Diese Botendienste bildeten aber nur die Basis ihrer Existenz; wichtiger für sie oder doch wenigstens einträglicher war das Kommissionsgeschäft, das sie nebenbei betrieb. Der Eierhandel aller Dörfer anderthalb Meilen um Hohen-Vietz herum lag eigentlich in ihrer Hand, wobei sie sich doppelter Provisionen zu versichern wußte.* (...) *Die liederlichen Dirnen schlichen sich abends in ihr Haus; sie wahrsagte, sie legte Karten.* (55) Und sie ist ein wenig in kriminelle Netzwerke eingewoben. Am Ende der Geschichte soll ihr eine entscheidende diplomatische Rolle zufallen.

Zu all den Genannten kommt noch der Kreis dazu, der sich auf dem nahe gelegenen Schloß Guse gebildet hat: Graf Drosselstein, Präsident von Krach, Generalmajor von Bamme, Baron Pohlemann, Kammerherr v. Medewitz, Hauptmann von Rutze und Doktor Faulstich. Die gewichtigste Person von allen ist zweifellos Bamme, der einem alten havelländischen Geschlecht entstammt, das mit ihm erlöschen wird. *Die Wahrheit zu gestehen, erlosch nicht viel damit. Seine eigene Jugend war hingewüstet worden* (...). *Sein Geschmack wurde immer wunderlicher. Starb wer Junges im Dorf, Bursch oder Mädchen, so ließ er ein großes Begräbnis anrichten, vorausgesetzt, daß die Leidtragenden ihre Zustimmung gaben, die Leiche zu schminken und in einem mit vielen Lichtern geschmückten Flur aufzubahren. Dann stellte er sich zu Füßen, rauchte aus einem Meerschaumkopf und sah, halb zugekniffenen Auges, die Leiche eine halbe Stunde lang an.* (132 f.) Mit einem weggeschossenen rechten Ohrzipfel und seinen Ohrringen sieht er aus wie ein Kalmück, und er wirkt auf seine Umwelt insgesamt so dämonisch, daß Berndt zu sagen pflegt: »*Bamme und Hoppenmarieken, das hätt ein Paar gegeben!*« (134)

Berndt v. Vitzewitz war in Berlin und hat mit dem preußischen Staatskanzler Karl August Freiherr von Hardenberg (1750–1822) gesprochen. Davon berichtet er nun den Freunden zu Hause in aller Ausführlichkeit. »*In der Idee sind wir einig: der Kaiser muß gestürzt, Preußen wiederhergestellt werden. Aber wie? Da werden die Herzen offenbar. Er will es auf dem Papier ausfechten, nicht mit der Waffe in der Hand, am grünen Tisch, nicht auf grüner Heide.*« (154) Eine Strategie, die Berndt in hohem Maße entrüstet.

Lewin zieht es zu Kathinka von Ladalinski hin, beide sind einander auch versprochen. Ihr Vater, Alexander von Ladalinski, 60, ist gebürtiger Pole, hat aber die preußische Staatsbürgerschaft angenommen und ist nun Geheimrat in Berlin. Kathinka ist eine ausgesprochene Schönheit, insbesondere wegen ihrer Figur und ihres kastanienbraunen Haares. *Alles, was Lewin für sie empfand, war nur zu begreiflich. Ein Anflug von Koketterie, gepaart mit jener leichten Sicherheit der Bewegung, wie sie das Bewußtsein der Überlegenheit gibt, machten sie für jeden gefährlich* (...). (168) Ihr Bruder Tubal und Renate v. Vitzewitz sind das andere Paar, von dem man erwartet, daß es alsbald vor dem Altar erscheinen wird.

Einige Aufregung gibt es in Hohen-Vietz, als Lewin und Tubal bei einem Spaziergang Hilferufe hören – »*He wörgt mi; helpt mi, Lüd!*« (185) – und mitbekommen, daß Hoppenmarieken von zwei Strolchen überfallen worden ist. Schulze Kniehase berichtet von weiteren Verbrechen, Einbrüchen und Viehdiebstählen, und Berndt ist sich sicher, daß die Täter nur marodierende Soldaten Napoleons sein können, Neapolitaner, Würzburger, Nassauer. »*Dieses ver-*

zettelte Zeug, das nicht in Festungen untergebracht werden konnte, das läuft jetzt weg wie Wasser, wenn die Reifen von der Tonne fallen. (...) Und wenn erst mal das eiserne Band fehlt, so ist nur ein Schritt noch vom Soldaten- bis zum Räuberleben. (...) Und mit diesem Gesindel (...) müssen wir ein Ende machen (...).« (190 f.) Ein *Landsturm* (191) sei nötig. Der aber, so Kniehase, ließe sich nur mit dem König aufstellen. Othegraven hingegen ist voll auf Berndts Seite. *»Ist man an oberster Stelle verblendet genug, sich der Waffe, die wir schmieden, nicht bedienen zu wollen, nun, so führen wir sie selbst. (...) Zeigen wir dem König, daß wir für ihn einstehen, auch wenn wir ihm widersprechen.«* (195) Das überzeugt auch Kniehase, und er streckt Berndt v. Vitzewitz seine Hand hin. *»Gnädiger Herr, ich glaube, der Konrektor hat es getroffen. Sich entscheiden ist schwerer als gehorchen. Ich habe mich entschieden. Wir machen uns fertig hier herum, und wir schlagen los, ohne nach ›ja‹ oder ›nein‹ zu fragen.«* (195 f.) Die Lage spitzt sich noch zu, als zwei Strolche im Herrenhaus einbrechen. Renate, Marie Kniehase und Kathinka, allein zu Hause, werden von ihnen überrascht und müssen sich verbarrikadieren. *(...) sie rüttelten jetzt an der alten Tür, die nach dem Korridor hinausführte. Wenn sie nachgab! Die Mädchen zitterten wie Espenlaub. Aber das schwere Türschloß widerstand (...).* (203) Dann aber erscheint einer der Verbrecher, am wilden Wein hochkletternd, im Fenster. Mit der linken Hand klammert er sich draußen fest, *während die mit einem Fausthandschuh überzogene Rechte die Scheibe eindrückte und nach dem Fensterriegel suchte, um von innen her zu öffnen.*

Alle drei Mädchen schrien laut auf und stoben auseinander; Kathinka, aller sonstigen Entschlossenheit bar, faltete die Hände und versuchte zu beten, Renate riß an der Klingelschnur, gleichgültig gegen die Vorstellung, daß niemand da sei, die Klingel zu hören, während Marie, von äußerster Angst erfaßt, in die Gefahr hineinsprang und, ohne zu wissen, was sie tat, zu einem Stoß gegen die Brust des Draußenstehenden ausholte. Aber ehe der Stoß traf, knackte und krachte die Spalierlatte, und die dunkle Gestalt draußen stürzte auf den Schnee des Hofes nieder. (204)

Ein Trupp von zehn Männern macht sich nun auf die Suche nach den Verbrechern. Ein gefundener Knopf, von einer französischen Uniform stammend, heizt die Stimmung noch gehörig an, doch als man die beiden Gejagten endlich hat, stellt sich heraus, daß es nur zwei heruntergekommene Einheimische sind, die mit einer Frau und einem kleinen Kind auf einer winzigen Insel im Oderstrom leben. Berndt v. Vitzewitz erleidet also mit seine These von den »Marodeurs« und »Deserteurs« eine erhebliche Niederlage. Es stellt sich zudem heraus, daß Hoppenmarieken die Hehlerin der Diebe war, doch man zeigt sich milde. *»Laß es hingehen, Papa«*, ruft Lewin (241), als man nach einer Haussuchung bei ihr allerlei Diebesgut findet.

Anderes tritt wieder in den Vordergrund: Konrektor Othegraven erscheint bei Kniehases und hält um die Hand Maries an. *Marie war heftig erschrocken, faßte sich aber und folgte der Mutter treppab* (245). Othegraven erzählt ihr, welchen Eindruck sie bei seinem ersten Besuch in Hohen-Vietz auf ihn gemacht hat. *»Das Herz, wenn es überhaupt sprechen will, spricht schnell. Es ist jetzt ein halbes Jahr, Marie, daß ich Sie zum ersten Male sah (...). Ich habe nichts davon vergessen, und als ich an jenem Abend nach Frankfurt zurückfuhr, wußte ich, daß ich Sie liebte.«*

Marie schwieg; das Spinnrad surrte, man hätte eine Nadel fallen hören.

»Haben Sie mir nichts zu sagen, Marie?«

Sie schritt jetzt rasch auf ihn zu, reichte ihm die Hand

und sagte mit einer Entschlossenheit, in der das voraufgegangene Bangen nur noch leise nachklang: »Es kann nicht sein; Sie selbst haben mir die Antwort auf die Lippen gelegt, als Sie sagten, das Herz spräche schnell, wenn es überhaupt sprechen wolle.« (246)

Silvester auf Schloß Guse kommt Berndt v. Vitzewitz auf seine Pläne zurück, den Aufstand gegen die französische Besatzung zu wagen, und konferiert darüber mit Bamme, wobei ein stolzer Satz sein Ausgangspunkt ist: *»Wir waren vor den Hohenzollern da.«* (255) Bamme entschließt sich zum Mitmachen: *»Es kann uns den Kopf kosten; aber ich für mein Teil finde den Einsatz nicht zu hoch. Ich bin der Ihre, Vitzewitz.«* (255)

Bei der nächtlichen Heimfahrt nach Hohen-Vietz kommt Lewin im Schlitten neben Kathinka zu sitzen. *Ein leidenschaftliches Verlangen ergriff ihn, ihr zu Füßen zu stürzen und ihr seine Liebe, die sie verspottete, weil er nicht den Mut eines Geständnisses hatte, unter tausend Schwüren und Küssen zu bekennen; aber er schüttelte den Kopf, denn er fühlte wohl, daß es umsonst sei und daß er sie nie besitzen werde.* (267)

Im roten Frackrock der kurbrandenburgischen Ritterschaft und nicht in seiner neumärkischen Dragoneruniform spricht Berndt v. Vitzewitz nun in Berlin bei Prinz Ferdinand vor, um die Chancen eines Aufstandes zu eruieren. Dabei erfährt er, daß nicht Hardenberg zaudert, der Kanzler, sondern der König selber. *»(…) weil er in einer Politik des Abwartens allein das Richtige sieht. Die Zeit allein wird die Lösung dieser Wirren bringen.«* (272)

Berndt, das wissen wir, sieht es anders. *»Ich möchte glauben, Königliche Hoheit, der Tag der Auflehnung sei angebrochen.«*

»Womit? Wir haben keine Armee.«

»Aber wir haben das Volk.« (273)

Doch zunächst beschäftigt man sich an der Oder noch mit Soiree und Ball, und Lewin schnürt es das Herz zusammen, als er Kathinka mit dem Grafen Bninski Mazurka tanzen sieht, einem Exil-Polen, dem er sich, was Kraft, Grazie und Leidenschaft betrifft, rettungslos unterlegen fühlt. (...) *was bedeutete daneben sein gutes Herz? Ein Lächeln zuckte um seine Lippen; er kam sich matt, nüchtern, langweilig vor.* (322)

Mitten in den Ball platzt nun die Nachricht, daß General Yorck kapituliert hat, also wohl zu den Russen übergelaufen ist, und wenig später ist sich Fichte, der große Philosoph, sicher, *»daß dies der erste Schritt ist, der, während er uns zu erniedrigen scheint, uns aus der Erniedrigung in die Erhöhung führt.«* (331)

Doch vorerst kümmert sich Lewin nur um die Geschicke der »Kastilia«, einer Berliner Dichtervereinigung, während »seine« Kathinka ihrem Vater, dem Geheimrat Alexander v. Ladalinski, ihre wahren Gefühle gesteht: *»Ich habe Lewin lieb, aber ich liebe ihn nicht. Alles an ihm ist Phantasie; er träumt mehr, als er handelt.«* (354) Unzweideutig gibt sie zu verstehen, daß ihre große Liebe ein anderer ist: Graf Jarosch Bninski. Ladalinski ist zutiefst erschrocken, denn Bninski gilt als polnischer Nationalist, und er selber hat mit Polen gebrochen und kann nicht mehr zurück. Er wünscht die Heirat mit Lewin, fügt aber hinzu, nicht darauf zu bestehen. *»Worauf ich bestehe, das ist allein die Nichtheirat mit Bninski.«* (356)

Inzwischen hat Kutusow die Führung der russischen Truppen übernommen, und Napoleons Grande Armée erleidet vom 26. bis 29. November 1812 beim Übergang über die Beresina schwere Verluste. Bald ist sie nur noch ein Trümmerhaufen, und die Soldaten fluten nach Westen zurück. Ungeordnete Trupps schaffen es bis zur Oder hin. *Sie trugen graue Mäntel samt einem Tschako und konnten auf den ersten Blick noch als eine uniformierte Truppe gelten, aber bei genauerer Musterung zeigte sich der ganze Jammer ihres Zustandes.* Was ihre Kleidung betraf: *Alles desolat. Ihre teils froststarren, teils längst erfrorenen Hände waren in Tuch- und Zeuglappen gewickelt, und von Waffen hatten sie nichts mehr als das Seitengewehr. (...) ein Leichenzug, der sich selber zu Grabe trug.* (387) Es ist ein so elender Haufe, daß Lewin nur Mitleid empfinden kann. *»Das sind die, denen wir (...) Fallen legen und die wir dann hinterrücks erschlagen sollen. Nein, Papa, das wäre schlimmer als den Schlaf morden, schlimmer als das Schlimmste.«* (388) Nichtsdestoweniger treibt sein Vater alles voran, was die Erhebung betrifft, und schreibt Lewin am 20. Januar 1813: *Unsere Organisation ist beendet.* (395) Zusammen mit Drosselstein, Bamme und Othegraven hat er eine Landsturmbrigade mit vier Bataillonen gebildet. Das Landsturmbataillon Lebus unter dem Kommando von Bamme umfaßt vier Kompanien: 1. Kompanie Hohen-Ziesar: Graf Drosselstein, 2. Kompanie Alt-Medewitz-Protzhagen: Hauptmann v. Rutze, 3. Kompanie Hohen-Vietz: Major v. Vitzewitz, 4. Kompanie Neu-Lietzen-Dolgelin.

»Vor drei Wochen glaubte ich«, schreibt Berndt v. Vitzewitz an seinen Sohn, *»daß es ohne den König geschehen müsse, jetzt weiß ich – und gesegnet sei dieser Wandel der Dinge –, daß es mit ihm geschehen wird.«* (396)

Graf Bninski zieht indessen in einem Gespräch mit Kathinka über die Preußen her. *»Angenähtes Wesen, Schein und List und dabei die tiefeingewurzelte Vorstellung, etwas Besonderes zu sein. Und woraufhin? Weil sie jene Rauf- und Raublust haben, die immer bei der Armut ist. Nie ist es satt, dieses Volk; ohne Schliff, ohne Form, ohne alles, was wohl-*

tut und gefällt, hat es nur ein Verlangen: immer mehr!« (424) Und er kann nicht verstehen, wie sich Kathinkas Vater gerade dieses verlogene Preußen zum neuen Vaterland erwählen konnte; er jedenfalls möchte nach Polen und bestürmt Kathinka, mit ihm zu gehen.

Sie schwieg.

»Lieben wir uns?«

»Du sagst es.« (424) Ihr Schwanken hat einen Grund – und der heißt Lewin. *»Er liebte mich, und ich war ihm gut von Jugend auf.«* (425) Sie fürchtet die bitteren Worte der Menschen in Hohen-Vietz, den Treuebruch ihnen gegenüber. Doch schließlich nimmt sie Bninskis Hand: *»Und so sei es denn, Jarosch! Ich fühle, es ist beschlossen, und nicht bloß durch uns. Wir erben alles: erst das Blut und dann die Schuld. Ich war immer meiner Mutter Kind. Nun bin ich es ganz. Sei gut zu mir. Ich habe nur noch dich.«*

Und sie warf sich an seine Brust. (426)

Lewin ist in Berlin, als er von Tubal erfährt, daß Kathinka mit Bninski auf und davon ist. Er ist zutiefst getroffen und irrt durch die Straßen, weit hinaus aus der Stadt, *bis ihm die letzten Kräfte versagten und er lautlos inmitten des Weges niederstürzte.* (439) Zum Glück findet ihn ein Knecht, und er wird in den Bohlsdorfer Krug gebracht, wo ihn die Wirtin und, sogleich herbeigeholt, Tante Schorlemmer und Renate, seine Schwester, gesund pflegen. Eine *Nervenüberreizung* (445) hat der Arzt diagnostiziert. Wieder genesen, kehrt er nach Hohen-Vietz zurück. Er atmet den Duft der Maiblumen ein, die Renate in sein Zimmer gestellt hat, *während sich ihm ein beglückendes Gefühl des Geborgenseins in Heimat und treuer Liebe um das schwergeprüfte Herz legte.* (467)

In Küstrin desertieren die Soldaten der französischen Armee schon reihenweise, Leute aus der Altmark und aus Westfalen. 17 von ihnen flüchten sich nach Kirch-Göritz, das auf der anderen Seite der Oder liegt, und der Handschuhmacher Pfeiffer bildet mit ihnen und elf Schützen seines Dorfes einen Trupp, mit dem er die Franzosen in Frankfurt überfällt. Vier Franzosen fallen, aber die anderen erwischen einen blutjungen Mann und schleppen ihn mit sich fort. Der junge Scharwenka aus Hohen-Vietz ist Zeuge, wie der Deserteur von seinen eigenen Kameraden hingerichtet wird, und er berichtet den anderen davon: »(...) *und sie verbanden ihm die Augen mit seinem Taschentuch. Ein altes blaues Tuch mit weißen Punkten. Und nun sollt er niederknien. Aber da mit eins riß er das Tuch wieder ab und trat auf den General zu, der keine zehn Schritt von ihm hielt, und sagte was, was ich nicht hören konnte. Aber ich sah, daß der alte Füllgraf nickte und mit der Hand über seine Augen fuhr. Und da war es, als ob dem jungen Menschen leicht ums Herz geworden wäre, und er stellte sich gerad aufwärts hin und sah lange gen Himmel, wohl eine Minute lang. Und nun war er fertig, und mit der linken Hand, in der er noch das blaue Tuch hielt, schlug er an seine Brust und rief: ›Hierher, Kameraden, hier sitzt das preußische Herz. Feuer!‹ Und die Salve krachte, und im nächsten Augenblicke war alles vorbei.*« (480 f.)

Doch das kann den Landsturm nicht abschrecken. Hohen-Vietz wird zum Hauptquartier ernannt, und als erstes will Berndt v. Vitzewitz die französische Kriegskasse rauben. Doch dieser Coup scheitert, weil die Franzosen Wind von der Sache bekommen.

Tubal erhält einen Brief von seiner Schwester Kathinka, in dem sie ihm von ihrer Hochzeit in Polen berichtet. Anschließend will sie mit Bninski nach Paris reisen. »(...) *ich bin glücklich*«, schreibt sie, »*ganz glücklich. Freilich, ein Rest bleibt.*« (510) Dadurch aufgewühlt, ergreift Tubal Renates

Hand und ruft, indem er sie mit Küssen bedeckt: »*O diese deine Hand, daß ich sie halten dürfte mein Lebelang, immer, immer.*«

»*Ich werde sie keinem andern reichen. Aber verlange von dieser Stunde nicht mehr, und am wenigsten binde dich. Ich, ich bin gebunden.*«

»*Oh, sage, daß du mich liebst, Renate. Sprich es, es hängt so viel an diesem Wort.*«

»*Nein, nicht jetzt. Es sind nicht Zeiten für Bund und Verlöbnis oder doch nicht für uns. Aber andere Zeiten kommen. Und hast du dann das eigene Herz geprüft und das meine vertrauen gelehrt, dann, ja dann!*« (511)

Die nächste Initiative kommt von Justizrat Turgany aus Frankfurt/Oder. Seit drei Tagen befinde sich der französische General Girard mit zwei schwachen Regimentern in der Stadt, meldet er nach Hohen-Vietz, und das solle man nutzen. »*Othegraven, der an der Spitze steht, ist entschlossen, mit zwölf Mann alten Soldaten, die sich freiwillig gemeldet haben, den General Girard gefangenzunehmen.*« (524) Die Vorbereitungen beginnen. Bamme sitzt über Plänen und Karten, Berndt v. Vitzewitz inspiziert seine Truppenteile, und Drosselstein verhandelt im russischen Hauptquartier, das sich jenseits der Oder befindet, mit Tschernitscheff, um ein Bündnis zu bilden. *Der Überfall Frankfurts, wenn nur von allen Seiten rechtzeitig eingegriffen würde, böte geringere Schwierigkeiten, als es auf den ersten Blick erscheinen möchte. Die französischen Truppen seien decouragiert.* (527)

Das berichtet Drosselstein, und in der Hohen-Vietzer Kirche spricht Pastor Seidentopf Sätze wie diesen: »*Ein heiliger Krieg ist es, der beginnt, ein Krieg voll Hoffnung* ***auf innerliche Befreiung.***« (530) Und zum Abschluß seines Gottesdienstes betet er: »*Barmherziger Gott und Herr. Du hast*

Großes an uns getan, daß du uns berufst, um ein freies und würdiges Dasein zu kämpfen. Steh uns bei. Der Sieg kommt von dir, und mit Vertrauen ist es, daß wir Heil und Segen für unser Tun von dir erflehen. Schütze den König, verleihe Weisheit und Kraft den Heerführern, Mut denen, die die Waffen tragen, treue Ausdauer aber allen, auch uns.« (532)

Alle streben nun nach Hause, doch Marie kehrt noch einmal in die Kirche zurück, weil sie ihr Gesangsbuch vergessen hat. Tubal folgt ihr, und als sie eingeschlossen werden, versucht er, sie zu verführen. Renate solle nicht länger zwischen ihnen stehen. *Und er warf sich nieder und umklammerte sie, während er sein glühendes Gesicht an ihrem Kleide barg.* (...) *»Und ob Leben und Sterben zwischen uns stünde«, rief er, »ich lasse dich nicht, Marie ... ich will es ...«* (535) Marie will um Hilfe rufen, doch bevor sie es tut, ist der Küster zur Stelle, um sie zu befreien.

Berndt v. Vitzewitz und General Bamme begeben sich nun zu einer *Rekognoszierungsfahrt* (536) nach Frankfurt, das heißt, sie erkunden zusammen mit Turgany und Othegraven die Altstadt, wo die französischen Offiziere in Gasthäusern und Bürgerquartieren untergebracht worden sind. Othegraven kennt sich bestens aus. *»In diesem Gasthofe wohnen General Girard und sein Stab. Auch drei oder vier Ordonnanzen. In demselben Augenblick, in dem der erste Schuß fällt, brechen wir, von der Kirche her, vor. Es sind keine zwanzig Schritt. Ehe der General noch den Schlaf abgeschüttelt hat, ist er gefangen. Stab und Ordonnanzen mit ihm.* (...) *Fünf Minuten später müssen auch die Mannschaften in unseren Händen sein* (...)*.«* (541) Bamme lobt ihn. Es muß gelingen, gleichviel, ob die Russen zur Hilfe eilen werden oder nicht. *»Alles Kriegsspiel ist Würfelspiel.«* (542)

Und dann ist er da, der Tag, an dem sich alles entscheiden soll. Auf einer Brache bei Hohen-Vietz versammeln sich die

Kompanien des Landsturms zu einer *Revue*. Bamme spricht zu seiner Truppe.

»Kerls, sollen wir schlechter sein als unsere Väter waren? Sollen wir, wenn uns der Alte Fritz ansieht, die Augen niederschlagen?«

»Nein, nein!«

»Es wird nicht viel kosten; die Bürger helfen und die Russen auch. Aber ›wo Holz gehauen wird, fallen Späne‹. Ein paar von uns werden die Zeche bezahlen müssen. Wollt ihr?«

»Ja!« (561)

Und als es neun schlägt, neun Uhr abends, heißt es: *»An die Gewehre!«* und *»Bataillon marsch!«* (562) Die Kolonne setzt sich Richtung Frankfurt in Bewegung, *und durch die Nacht hin hörte man nichts als den schweren Tritt der Landsturmmänner auf dem hartgefrorenen Schnee und von Zeit zu Zeit das Klappern ihrer Piken und Gewehre, wenn sie diese von der einen Schulter auf die andere legten. Um zehn Uhr passierten sie Podelzig, um elf die Lebuser Schäferei. Von hier aus war es noch anderthalb Stunde; immer schwankender wurde der lange schattenhafte Zug, bis man es von der Oberkirche her Mitternacht schlagen hörte* (...). (571)

Ohne Schwierigkeiten kann man die Vorstadt passieren, und mit der Kompanie Hohen-Vietz und Berndt v. Vitzewitz an der Spitze versucht man nun, über Dammbrücke und Lebuser Tor in die Altstadt einzudringen. *Dieses war geschlossen, und durch das obere Gatter fielen einzelne Schüsse. Kümmeritz, der schon Anno vierundneunzig als »Kugelfang« gegolten hatte, erhielt einen Streifschuß, gleich darauf einen zweiten, ohne daß seine gute Laune oder die der Zunächststehenden gestört worden wäre; jetzt aber stürzte der Sohn des alten Bauers Püschel zusammen, Kugel durch die Brust, und Vitzewitz, zurückprallend, murmelte vor sich hin: »Der erste Tote.« Alles stockte; Schreck und Ratlosig-*

keit. Doch da ist Bamme zur Stelle. »*Vier Mann vor! Ich kenn unsere Stadttore; wurmstichig wie Bierpfropfen. 'ran! Und weg mit dem Bettel!*«

Und krach, da lag es, und unter Hurra brachen jetzt unsere Vordersten in Alt-Frankfurt ein. Alles vom Feinde floh in die Wache; nur der Posten vorm Gewehr, ein Voltigeur (miltärisch: Jäger) *mit einem Spitzbart, hielt noch aus, und Vitzewitz hob eben den Arm, um ihn in Revanche für den Toten, der draußen vor dem Gattertore lag, niederzuhauen, als Hanne Bogun aalglatt an ihm vorbeischoß und den Voltigeur von der Seite her niederstach.* (573)

Man erreicht den Kirchplatz, wo Othegraven meldet, daß man General Girard und seinen Stab wie geplant gefangengenommen habe. Sie seien unter Ehrenwort auf ihren Zimmern belassen worden. Inzwischen schlägt aber der Feind zurück, und geschlossene Grenadierkompanien ziehen heran. Anfangs kommen die französischen Voltigeurs nicht über die Oder hinüber, weil die Kietzer Fischer eine Rinne ins Eis geschlagen haben, dann aber bauen sie eine Pontonbrücke, und für die Guerilleros aus dem Barnim wird die Lage immer brenzliger, denn die Russen, so sehr man sie erhofft, kommen nicht. Ihre Pikeniere sind dem Feuer des Feindes schutzlos ausgesetzt und weichen zurück. Bamme will sie wieder vorwärts treiben, doch der verwirrte Hornist verwechselt die Signale und bläst statt des Angriffs- das Rückzugssignal. Bamme kann nicht mehr eingreifen, denn seine rote Fuchsstute erhält eine Kugel und bricht zusammen. Die Voltigeurs rücken weiter vor, und jetzt schießen auch die in den Bürgerhäusern untergebrachten Franzosen aus den Fenstern.

Es sieht hoffnungslos aus, doch Berndt v. Vitzewitz hofft noch auf die verbliebenen Frankfurter Bürgerschützen und seine tapferen Hohen-Vietzer. »*Vorwärts! ... Nicht schießen,*

Bajonett!« ruft er und lenkt sein Pferd in ein dichtes Knäuel hinein, *wo er den mit einem alten Kavalleriesäbel sich nach links und rechts hin wie wahnsinnig verteidigenden Konrektor deutlich erkannt hatte.* (...) *Er sah, daß Kniehases Stirn blutete und daß Grell, der in dem wirren Durcheinander seine Kappe verloren hatte, von einem französischen Offizier niedergehauen wurde. Dann aber umschleierte sich alles vor seinen Augen, Schüsse fielen, französische und deutsche Fluchwörter, und als er eine Minute später aus dem Knäuel wieder heraus war, mußte er wahrnehmen, daß alle ihre Anstrengungen nichts erreicht hatten und daß es mißglückt war, Othegraven zu befreien. Wer außer Grell noch gefallen oder gefangen war, ließ sich im Momente nicht mit Bestimmtheit übersehen. Lewin wurde vermißt* (...). *Bamme gab Befehl erst zum Abbrechen des Gefechtes, dann zum Rückzuge.* (578 f.)

Am nächsten Morgen, wieder in Hohen-Vietz zurück, fühlte sich Berndt v. Vitzewitz so müde, daß er am liebsten auf der Stelle umgefallen wäre. *»Alles gescheitert«, sagte er.* (581)

Renate flog ihm entgegen. »Mein einziger lieber Papa«, rief sie und hing an seinem Halse. Dann ließ sie von ihm ab und fragte wie sein Gewissen: »Wo ist Lewin?«

Der alte Vitzewitz rang, ein Wort zu finden. Endlich in einem Tone, in dem sich der ganze Jammer seines eigenen Herzens aussprach: »Ich weiß es nicht.«

»Also gefangen, tot?«

»Nein, nicht tot, noch nicht.«

Angst und Zittern ergriffen Renate; aber in demselben Moment sah sie, daß Marie schwankte und wie leblos zu Boden stürzte. (582)

Renate kennt den Grund für ihre Ohnmacht: *»Sie liebt ihn.«*

Alsbald trifft ein Brief von Turgany aus Frankfurt ein: »*Hochgeehrter Herr und Freund! Ich habe die traurige Pflicht, Ihnen anzuzeigen, daß der Kampf dem Feinde zwei Gefangene in die Hände fallen ließ: Ihren Sohn und den Konrektor Othegraven. Ihr Sohn wird im Laufe des Vormittags unter Eskorte nach Küstrin geschafft werden. Konrektor Othegraven wurde bei Tagesanbruch am Lohhof erschossen.*« (585 f.)

Lewin lebt also noch, und man kann hoffen. Schnell wird der Gedanke geboren, ihn mit List wieder zu befreien. *Hoppenmarieken sollte dabei helfen. Diese, wie Berndt sehr wohl wußte, lebte mit der Küstriner Garnison auf dem allerbesten Fuße; war sie doch jedem einmal mit Kauf oder Kuppelei zu Diensten gewesen.* (588) Als Berndt v. Vitzewitz mit ihr spricht, ist sie auch sofort zu allem bereit.

»(...) *wir müssen ihn frei kriegen.*«

»*Dat möten wi, dat möten wi.*«

»*Und du sollst helfen.*«

»*Dat will ick.*«

»*Gut, so steck dies Knäuel ein und spiel es ihm heimlich zu. Er sitzt auf Bastion Brandenburg* (...).« (591)

Lewin steckt dort in der Tat in einem Rundturm, dem »Weißkopf«, in dem schon der unglückliche Katte auf seine Hinrichtung gewartet hatte, und ist sich seines baldigen Todes gewiß. (...) *allmählich stieg die ganze furchtbare Wirklichkeit vor ihm herauf, und er lauschte, ob er nicht schon den Tritt eines ihn abholenden Wachkommandos hören könne. Wußte er doch, daß die Morgendämmerung die Zeit für solche Szenen sei.*

Aber was war die Stunde? Er griff nach der Uhr und ließ sie repetieren. Fünf. Das war noch zu früh; es konnte nicht vor sechs geschehen. Also noch eine Stunde Leben, aber auch noch eine Stunde Tod, und er wünschte sich die Minu-

ten weg, um Gewißheit zu haben. Das Letzte, das Schreckliche konnte nicht so schrecklich sein wie diese Qual. (...) *Und dann sah er wieder nach Hohen-Vietz hinüber, nach dem Fleckchen Erde, das ihm vor allem teuer war, und er winkte und grüßte mit der Hand. »Lebt wohl, all ihr Geliebten.«* (598 f.)

Als er sein Frühstück bekommen hat und ein wenig ißt, liest er in der Bibel. Dabei hört er draußen vor der Bastion ein Räuspern, steht auf, tritt ans Fenster und sieht Hoppenmarieken. Im selben Augenblick wirft sie das Knäuel zu ihm hinauf, das eine Hanfleine ist. Als er sie vorsichtig abwickelt, kommt ein Stein zum Vorschein, um den ein Papierstreifen gewickelt ist. Schnell rollt er diesen auseinander und liest: *»Wirf Schlag zwölf (Ablösung ist erst um eins) dieses Knäuel über das Bastion; halte den Faden fest und sorge, daß er abläuft. Wenn er sich strafft, ziehe die Strickleine hinauf. Dann laß dich hinab. Schlimmsten Falles springe! Unten tiefer Schnee – und wir.«* (601)

Pünktlich sind die Hohen-Vietzer – mit Berndt v. Vitzewitz, Tubal, Kniehase und anderen – zur Stelle und häufen unter dem Rundturm, in dem Lewin gefangen ist, so viel Schnee auf, daß er wie ein Sprungtuch wirken muß. Der junge Scharwenka kauert mit der Strickleine unten am Fuße der Bastion. Nun schlägt es Mitternacht.

Lewin riß das Fenster auf, zählte bis zwölf, und im selben Augenblicke warf er das Knäuel, dessen loses Ende er um die linke Hand geschlungen hatte, mit der Rechten über den Rand des Bastions. Er hörte, wie es aufschlug; und nun wickelte sichs ab. Eine kleine Weile noch, dann sah er, daß sich die dünne Hanfleine zu straffen anfing. Die Strickleine mußte also von den Freunden unten angeknotet worden sein. Und nun begann er mit aller Kraft zu ziehen. Aber eben jetzt kam ein französischer Wachtposten in Sicht, um seinen vorgeschriebenen Weg von Eck zu Eck zu machen. Er war schon dicht heran; hielt er sich in Nähe des Fensters, so ging das Bajonett unter der Leine weg, hielt er sich aber mehr rechts am Rande des Bastions hin, so traf er die Leine. Lewin war schon darauf gefaßt, sie fallen lassen zu müssen, und dann blieb nur noch der Sprung. Aber der Posten schritt, eine Melodie summend, hart an dem Unterbau des Weißkopfs vorbei. (607)

Lewin kann die Strickleine glücklich nach oben ziehen, an seiner Bettstelle befestigen und sich dann an ihr hinablassen. Zwar bricht der Bettfuß, an dem sie hängt, als er erst auf halber Höhe ist, doch er landet unten im aufgehäuften Schnee, ohne sich weh zu tun. *Er war gerettet, und ein seliges Gefühl wiedergewonnenen Lebens durchdrang ihn, als er sich aus den lockeren Schneemassen herauswühlte. Was noch an Gefahr da war, war keine Gefahr mehr; ein Schuß in die Nacht hinein hatte nicht viel zu bedeuten.* (607)

Die Seinen erwarten ihn mit einem großen Hurra. Sein treuer Hund Hektor, der dem Zug unerlaubt gefolgt war, springt außer sich vor Freude an ihm hoch. Da fallen Schüsse, und Hektor wird getroffen. *Alles stürzte den Schlitten zu, und nur Hektor, zurückgelassen, lag winselnd am Fuße des Bastions.*

»Nein«, rief Tubal, »das soll nicht sein.« Und wieder umkehrend bückte er sich und lud das treue Tier, das sich vergeblich fortzuschleppen trachtete, auf seine beiden Arme. Aber lange bevor er den nächsten Schlitten erreicht hatte, folgte der ersten Salve eine zweite, und Tubal, unterm Schulterblatt getroffen, taumelte und fiel. (608) Schwerverwundet wird er nach Hohen-Vietz gebracht. Als sie in den Hof einfahren, sehen sie Hoppenmarieken. *Sie lehnte sich wie gewöhnlich an ihre Kiepe und hielt den Hakenstock in ihrer*

Hand. Aber sie salutierte nicht – und rührte sich nicht. (608) Ob erfroren oder vom Schlag getroffen, sollte nie herausgefunden werden.

Das Ende ist nun schnell erzählt: Lewin heiratet Marie, Tubal stirbt, und Renate geht in ein Kloster.

Mit Hurra

Im Band I der »Wanderungen« gibt es eine sehr plastische Schilderung aus den Befreiungskriegen, aus der Schlacht an der Katzbach am 26. August 1813, an der auf deutscher Seite auch das 12. Reserve-Infanterieregiment aus Ruppin beteiligt ist. Zu Beginn des Kampfes stehen sich die preußischen Bataillone v. Laurens, v. Zepelin und v. Othegraven und drei französische Bataillone gegenüber.

Das Bataillon Othegraven warf sich mit Hurra auf das einzelne, schon auf dem Plateau haltende Bataillon und schlug es mit dem Kolben zusammen. In zehn Minuten lag alles tot am Boden. Unsere am äußersten linken Flügel aufgestellten Bataillone v. Laurens und v. Zepelin aber stürzten sich gleichzeitig auf die noch am Abhange marschierenden zwei französischen Carrés, und trieben alles, was nicht dem Kolben und Bajonett erlag, die Schrägung hinunter, in die wütende Neiße hinein. (229 f.)

Bei diesem Vorbrechen unserer beiden Bataillone litten dieselben außerordentlich durch Gewehrfeuer, das sie von links her empfingen. Gegen diese französischen Schützen wirft sich nun Lieutenant v. Gaza, vertreibt sie auch und setzt sich im Buschwerk fest, wo er aber im folgenden erst von der eigenen Kavallerie niedergeritten wird und dann die Säbel französischer Husaren zu spüren bekommt. *Er suchte die Hiebe zu parieren, bis endlich ein derberer Hieb, der durch die Kette und den Adler des Tschakos ging, ihm diesen vom Kopf schlug. Drei Hiebe auf den Kopf und einer in den Arm folgten augenblicklich. Lieutenant v. Gaza mußte sich gefangen geben und bald darauf sehen, wie die Franzosen, in deren Händen er war, mehrere Gefangene mit Pistolen (...) niederschossen. Schon glaubte er diesem Schicksale glücklich entgangen zu sein, als plötzlich ein zurückgebliebener Husar zu Fuß auf ihn zulief, und in gebrochenem Deutsch fluchend, ihn mit der Pistole durch den Hals schoß. Lieutenant v.* ***Gaza*** *fiel wie tot nieder, kam aber wieder zu sich, als beim allgemeinen Vorrücken preußische Kameraden ihn an dieser Stelle fanden* (229 f.) – und er überlebte.

Die Wahl zwischen Sieg und Tod

Einige Seiten später berichtet Fontane von der Schlacht bei Möckern, die am 16. Oktober 1813 stattfindet. Napoleon stellt hier der heranrückenden schlesischen Armee sein 6. Korps unter Mamont entgegen. Möckern ist hart umkämpft. *Das Dorf wurde mit dem Bajonett genommen, verloren und wieder genommen. Ein Häuserkampf folgte. Chaotisches Getümmel. (...) Gegen die östlich vom Dorf gelegene* ***Höhe*** *von Möckern waren inzwischen die Brigaden Steinmetz und Carl von Mecklenburg avanciert. (...) Jetzt erging Befehl auch an die Brigaden Horn und Hünerbein sich von Lindenthal aus (...)* ***rechts*** *zu schieben und bei Wegnahme der Höhe von Möckern mit einzugreifen. Eine allgemeine Begeisterung ergriff die Gemüter; Generale, Offiziere, Soldaten,* *alle waren von dem Gedanken beseelt, daß hier nur zwischen Sieg und Tod zu wählen sei.* (232)

Um den »Tag von Möckern« möglichst plastisch darstellen zu können, greift Fontane im folgenden auf das Tagebuch des Lieutenant Goßlar vom 1. Bataillon des 12. Reserve-Infanterieregiments zurück, in dem es u. a. heißt: *Eine Kanonenkugel schlug (...) in unser 1. Bataillon und tötete den Secondelieutenant Knopki, mit dem ich mich kurz vorher wegen seines reglementswidrigen Platzes in der Kolonne gestritten hatte. Er usurpierte den Platz, der mir zukam, und wurde dafür statt meiner mit dem Tode bestraft.* (232)

Mit dem Dunkelwerden haben die Preußen den Sieg erfochten, und General v. Horn läßt »Nun danket alle Gott!« blasen. Danach wirft er sich mit allen Soldaten auf die Knie, um entblößten Hauptes ein Gebet zu verrichten.

Der Morgen des Tages nach der Schlacht ist kalt und regnerisch, und Goßlar schreibt: *»Der alte **Hünerbein** ging mit uns auf dem nahe gelegenen Schlachtfeldterrain umher und wendete mit seinem Krückstock die schon ihrer Kleider beraubten Leichen von Freund und Feind um, wenn sie, wie gewöhnlich, auf dem Bauche lagen und mit ihren Zähnen ins Gras gebissen hatten. Und hier war es auch, wo wir die erschütternde Szene erlebten, daß unser Premierlieutenant v. **Kessel** seinen getöteten Bruder vom brandenburgischen Regiment erkannte und ihn durch Soldaten unseres 1. Bataillons in ein Grab verscharren ließ.«* (235)

Die drei Bataillone aus der Grafschaft Ruppin hatten insgesamt 773 Mann und 12 Offiziere verloren.

An die Gewehre!

Im Band »Spreeland« darf die Schilderung der Schlacht bei Großbeeren am 23. August 1813 natürlich nicht fehlen (285 f.).

Die preußische Vorhut muß sich aus dem Dorf Großbeeren zurückziehen, als aus Berlin die Ordre kommt, *»bis in die Verschanzungen vor Berlin und demnächst bis über die Spree zurückzugehen«*. (285) Da bekundet General Bülow, sich nicht ohne vorherigen Kampf zurückziehen zu wollen, und schließt mit dem berühmten Satz: *»Unsere Gebeine sollen diesseits Berlin bleichen, nicht jenseits.«* (285) Also südlich und nicht nördlich der Stadt. Alle Generale stimmen ihm zu. *Als die Truppen von diesem Entschlusse hörten, erfüllte sie plötzlich ein Geist der Zuversicht, und wiewohl sie durch 24 Stunden hin nicht Holz und nicht Stroh, kaum Kommißbrot und Branntwein und eigentlich nichts als Regen und wieder Regen gehabt hatten, verlangte doch jeder nach Kampf und brach in hellen Jubel aus, als es hieß: an die Gewehre!* (285 f.) Der französische General ist überrascht, daß ganze Bülowsche Corps gegen Großbeeren heranrücken zu sehen. *Ein erbitterter Kampf entspann sich.* (287) Die Wiedereroberung des Dorfes gelingt schließlich. *Der erste Versuch Napoleons, sich Berlins zu bemächtigen (...) war gescheitert und hatte dem Corps Reynier, insonderheit den beiden sächsischen Divisionen, einen starken Verlust bereitet. Allein diese letztgenannten verloren 28 Offiziere und 2096 Mann an Toten, Verwundeten und Gefangenen. 14 Kanonen und 52 Munitionswagen waren außerdem eingebüßt worden. Unser Verlust bezifferte sich auf nicht mehr als 1100 Mann* (...). (289)

Fontane selbst an und zwischen den Fronten

Das Bombardement von Swinemünde

Nach dem Schrecken der letzten Seiten sollten wir einen Augenblick innehalten und uns einer Episode aus Fontanes Kindheit zuwenden, die er in seinem autobiographischen Roman »Meine Kinderjahre« beschreibt (hier nach der Nymphenburger Taschenbuch-Ausgabe, Bd. 15, 15. Kapitel).

Seit Juni 1827 lebt er in Swinemünde auf der Ostsee-Insel Usedom, in der preußischen Provinz Pommern also, wo der Vater die Adler-Apotheke übernommen hat. »Swinemünde wird Fontanes Kinderparadies. Bis zu seinem zwölften Lebensjahr verlebt er hier seine fünf glücklichsten Kinderjahre, wo noch alles, wie er schreibt, ›Poesie‹ war.« (Schmelzer 1987, 22) Das Kessin in »Effi Briest«, so sagt man, sei Swinemünde nachempfunden.

In der Sozialisation der damaligen Zeit war es selbstverständlich, in den Jungen die Lust am Krieg zu wecken, und so ist es auch ein *Hauptvergnügen* (152) des kleinen Theodor, aus sogenannten Schlüsselbüchsen zu schießen. *Es waren*, berichtet er uns, *Hohlschlüssel von ganz dünner Wandung, also sozusagen mit ungeheurer Seele, womit die Wäschetruhen und namentlich die Truhen der Dienstmädchen zugeschlossen wurden. Solche Schlüssel uns anzueignen, war unser beständiges Bemühen, worin wir bis zur Piraterie gingen. (...) Wir bemächtigten uns seiner* (des Schlüssels) *und durch die einfache Prozedur eines Zünd-*

locheinfeilens war nun die Schußwaffe hergestellt. Da diese Schlüssel immer rostig, mitunter auch schon ausgesplittert waren, so war es nichts Seltenes, daß sie sprangen; wir kamen aber immer heil davon. (152) So auch beim Basteln von pyrotechnischen Gegenständen wie Sonnen, Feuerrädern und Schwärmern mit Hilfe von Schwefel und Salpeter aus der väterlichen Apotheke.

Dann kam das nächste Abenteuer. *Herbst 31* (1831 – Fontane war da knapp zwölf Jahre alt) *war mir von einem Berliner Anverwandten eine Kanone als Geschenk verehrt worden, nicht etwa ein gewöhnliches Kinderspielzeug, wie man es beim ersten besten Kupferschmied oder Zinngießer kaufen kann, sondern eine sogenannte Modellkanone, wie man ihnen nur in Zeughäusern begegnet – ein wahres Prachtstück an Schönheit und Eleganz, die Lafette fest und sauber, das Geschützrohr blitzblank und wohl fast anderthalb Fuß* (etwa 25 Zentimeter) *lang. Ich war selig und beschloß alsbald, zu einem Bombardement von Swinemünde zu schreiten. Zwei Jungens meines Alters und mein jüngerer Bruder bestiegen mit mir ein an »Klempins Klapp« liegendes Boot, und nun fuhren wir, die Kanone vorn am Steven, flußabwärts. Als wir etwa in Höhe des Gesellschaftshauses waren, hielt ich die Zeit zum Beginn der Beschießung für gekommen und gab drei Schuß ab, bei jedem Schuß abwartend, ob wir vom Bollwerk aus beobachtet und in dem Ernst unsres Tuns gewürdigt würden. Beides blieb jedoch aus. Was aber nicht ausblieb, das war, daß wir inzwischen in die Strömung hineingeraten waren und, von dieser gefaßt und getrieben, uns mit einem Male zwischen den Molendämmen sahen. Und nun erfaßte mich eine furchtbare Angst. Ging das so weiter, so waren wir in zehn Minuten draußen und konnten dann auf Bornholm und die schwedische Küste zufahren. Es war eine ganz verteufelte Situation, und wir grif-*

fen zuletzt zu dem wenigst tapferen, aber doch schließlich verständigsten Mittel und begannen, ungeheuer zu schreien, zugleich winkend und schwenkend, und erwiesen uns überhaupt als geradezu erfinderisch in Notsignalen. Endlich wurden wir von einigen auf der Westmole stehenden Lotsen bemerkt, die nun mit dem Finger drohten, aber doch auch vergnüglich dreinschauend uns schließlich ein Tau zuwarfen. Und damit waren wir aus der Gefahr heraus. (153 f.)

Man weiß nie, wie die Kugeln fliegen

In seinem autobiographischen Roman »Von Zwanzig bis Dreißig« (als Buch 1898 erschienen) beschreibt Fontane seine Erlebnisse während der Märzrevolution 1848 (unter der Überschrift »Der achtzehnte März« enthalten im Band 15 der Nymphenburger Taschenbuch-Ausgabe). Er hat 1847 die Approbation als »Apotheker erster Klasse« erworben und arbeitet zu dieser Zeit in der Jungschen Apotheke in Berlin, Ecke Königs- und Georgenkirchstraße, geht also auf die Dreißig zu.

Vor dem 18. März hatte es schon einige kleinere Straßenkrawalle gegeben, denn es gärte überall. 24 Millionen Preußen gab es jetzt, und vieles vom Geist der Französischen Revolution war bis Berlin gedrungen. Friedrich Wilhelm IV. hatte nach einem gewissen anfänglichen Einlenken den Befehl zum Räumen des Schloßplatzes gegeben. Dabei waren Schüsse gefallen, und hernach hatten die Bürger begonnen, Barrikaden zu errichten, und sich Waffen und Pulver verschafft.

Fontane gerät in die Menge und bekommt einen verrosteten Karabiner in die Hand gedrückt, in den er so viel Pulver hineinschüttet, *als ob eine Felswand abgesprengt werden sollte. Lächerlich! Und mit solchem Spielzeug ausgerüstet, nur gefährlich für mich selbst und für meine Umgebung, wollte ich gegen ein Gardebataillon anrücken! Ich war unglücklich, daß ich mir das sagen mußte; aber war doch zugleich auch wie erlöst, endlich zu voller Erkenntnis meiner Verkehrtheit gekommen zu sein. Das Hochgefühl, bloß zu fallen, um zu fallen, war mir fremd, und ich gratuliere mir noch nachträglich dazu, daß es mir fremd war. Heldentum ist eine wundervolle Sache, so ziemlich das Schönste, was es gibt, aber es muß echt sein.* (...) *Kleinlaut zog ich mich von der Straße zurück und ging auf mein Zimmer* (...). (199 f.)

Dort aber wird ihm das stupide Hinbrüten unerträglich, und er streift durch die Stadt, um mitzuerleben, was dort geschieht. Auf dem Alexanderplatz ist kein Mensch zu sehen, an der Spandauer Straße und am Schloßplatz blitzen die Helme und werden die Geschütze aufgefahren. Fontane steigt über einige Barrikaden hinweg und kommt über das Kastanienwäldchen am Museum und die Dorotheen- in die Friedrichstraße, wo es mehrere Barrikaden gibt, *mit deren Wegräumung eben Mannschaften aus der Friedrichstraßenkaserne beschäftigt waren. Hinter ihnen rückten Ulanen heran, augenscheinlich in der Absicht, die wiederhergestellte Passage freizuhalten. Ich wartete, bis die Ulanen vorüber waren; zwei, drei Minuten später wurde der das Ulanenpikett führende Offizier, ein Leutnant von Zastrow, von einem Fenster aus erschossen.* (201) Bald darauf beginnen an vielen Stellen Gefechte. *Das meiste davon vollzog sich auf weniger als tausend Schritt Entfernung von mir, und so klangen denn, aus verhältnismäßiger Nähe, die vollen Salven zu mir herüber, die die Truppen bei ihrem Vordringen unausgesetzt abgaben, um die namentlich in den*

Eckhäusern der Friedrichstraße postierten Verteidiger von den Fenstern zu vertreiben. (202) Ein Herr v. Bülow, später Gesandter beim Vatikan, wird durch einen Schuß in den Oberschenkel schwer verwundet.

Im folgenden zitiert Fontane den Augenzeugenbericht des Druckereibesitzers Eduard Krause, der sich mit anderen Revolutionären im Köllnischen Rathaus festgesetzt hatte, das nun von den Truppen gestürmt wird: *»Von der Brüder- und Scharrnstraße, will also sagen von Rücken und Seite her, war man in das Rathaus eingedrungen. Jeder von uns wußte, daß wir verloren seien. In einem unsinnigen Rettungsdrange verkroch sich alles hinter den großen schwarzen Kachelofen, während mir eine innere Stimme zurief: ›Überall hin, nur nicht da.‹ Das rettete mich. Ich trat dem an der Spitze seiner Mannschaften eindringenden Offizier entgegen, empfing einen Säbelhieb über den Kopf und brach halb ohnmächtig zusammen, hörte aber gleich danach noch Schuß auf Schuß, denn alles, was, die Büchse in der Hand, sich hinter dem Ofen geborgen hatte, wurde niedergeschossen ...« – Auf diese Weise, wie hier erzählt, sind am achtzehnten März die meisten zu Tode gekommen, namentlich auch in den Eckhäusern der Friedrichstraße; die Verteidiger retirierten von Treppe zu Treppe bis auf die Böden, versteckten sich da hinter die Rauchfänge, wurden hervorgeholt und niedergemacht.* (203 f.)

Als Fontane wieder in sein Zimmer kommt, findet er eine seiner Fensterscheiben zerschossen und philosophiert: *Wenn die Gewehre erst losgehen, weiß man nie, wie die Kugeln fliegen.* (207)

In der Nacht vom 18. auf den 19. März 1848 spielen sich weitere unglaubliche Szenen ab, und Fontane berichtet u. a. auch über das Ende eines Stadtstreichers und Alkis: *Unter denen, die auf seiten des Volks die Zeche hatten bezahlen müssen, befand sich auch ein Liebling von mir, dessen Tod mir beinahe zu Herzen ging. Es war dies ein großer, bildschöner Kerl, der täglich in der Apotheke vorsprach und dem ich dann, weil er mir so gefiel, immer etwas Furchtbares – denn das war ihm das liebste – aus den bittersten und namentlich brennendsten Tinkturen zusammenbraute. Dieser gemütliche Süffel von Fach hatte denn auch das Anrücken des Leibregiments ganz von der humoristischen Seite genommen, was in seinem Falle – denn er war ein alter Gardesoldat – eine doppelte Dummheit bedeutete. Just als die Tete* (Spitze) *bis in die Mitte der Landsberger Straße gekommen war, stellte er sich gemütlich vor eine Barrikade, drehte dem Grafen Lüttichau den Rücken zu und machte ihm und seinem Bataillon eine unanständige Gebärde. Fast in demselben Augenblicke fiel er, von zwei Kugeln getroffen, tot vornüber.* (208)

Pulversack und Heldentod: Der Pionier Klinke

In den modernen Gesamtausgaben Theodor Fontanes ist »Der Schleswig-Holsteinsche Krieg im Jahre 1864« nicht mehr zu finden, und ebensowenig bekommt man ihn heutzutage im Buchhandel. Als Dr. Helmut Lindner diese »bibliophile Kostbarkeit« dann endlich in einer Bibliothek gefunden hatte, durfte er sie nicht selber fotokopieren, und das staatliche Fotokopieren war mit so vielen – teils irrwitzigen – Auflagen verbunden, daß er sich schließlich in den Lesesaal gesetzt hat, um die Episode um den Pionier Klinke Wort für Wort abzuschreiben. Ich hoffe, alles richtig entziffert und in den Computer eingegeben zu haben ... Im Berliner Bezirk Spandau gibt es ja einen Klinkeplatz und ein Klinke-Denkmal, und ich hätte es nicht verwinden können, in diesem Buch ohne diesen Herrn auszukommen.

Fontane beklagt sich eingangs darüber, daß der Krieg Preußens (und Österreichs) gegen Dänemark – um den Besitz von Schleswig, Holstein und Lauenburg – vielfach in *krittelnder Verkleinerung* zu einer *»militairischen Promenade«* herabgewürdigt werde. (373) Zwar sei man, was die Zahl der Soldaten anginge, dem Feinde zwei zu eins überlegen gewesen, doch habe der Gegner immerhin über zwei als uneinnehmbar geltende Stellungen verfügt: Dannewerk und Düppel. Und dennoch sei Düppel gefallen. *Der 18. April* (1864) *flocht ein neues Blatt in den vollen Kranz preußischer Ehren. Es war ein glänzender Sieg, aber kein leichter und alle die ihn erringen halfen, dürfen in Demuth sich dieses stolzen Tages freuen. Und wir mit ihnen! – Vor allem aber möge gute Saat sprießen aus dem Blute derer, die gefallen; der Aera des Haders, des stillen und offenen Krieges, folge Friede, Freiheit, frischer Wind und frische Fahrt. Die meerumschlungenen Lande sind unser, werd' es auch das Meer. Das walte Gott!* (374)

Bevor es an die Erstürmung der Düppeler Schanzen geht, verharrt Fontane noch beim Lagerleben, das durch die Anwesenheit zweier japanischer Marine-Offiziere – Enomotto Kamadiro und Finne Taki – seinen exotischen Touch erhält. *Für das musikalische Amüsement* (und nur für dieses?) *sorgten zwei italienische Harfenistinnen, die den ganzen Tag zur Erheiterung der Officiere die Garibaldi-Hymne singen mußten.* (185) Der später gefallene Lieutenant v. Schmidt dichtete dazu einen eigenen Text, den seine Kameraden jubelnd sangen und dessen Schlußzeile lautete: *Evviva Prussiano, evviva Ré!* (185)

Dann aber kommt es zum legendären Sturm auf die

Schanze II, und Pionier Klinke wird mit ihm eine Person der Zeitgeschichte:

Die drei Schützen-Compagnieen brachen vor: Hauptmann v. Leszcinski links, Hauptmann Krähe rechts, Hauptmann v. Spies in der Mitte. Während die beiden Flügel-Compagnieen – übrigens unter heftigem Widerstande des Feindes – die Communikationen links und rechts von der Schanze mit der blanken Waffe nahmen, richtete sich die Compagnie des Hauptmanns v. Spies gegen die Schanze selbst und traf dieselbe an der rechten Seite, etwa dort, wo Schanze und Communikation einen stumpfen Winkel bilden. Sei es, daß die Pallisaden-Verkleidung an dieser Stelle bereits gelitten hatte, oder daß es glückte, alle entgegenstehenden Hindernisse rasch zu überwinden, – gleichviel, die Compagnie drang ein, warf alles Entgegenstehende nieder und ging dann wie ein Sturmwind durch die Schanze hindurch, der rückwärts gelegenen zweiten Linie zu. Hauptmann v. Spies und Premierlieutenant v. Saß-Jaworski waren die ersten in der Schanze.

Unmittelbar nach diesem ersten Erfolg entstand eine Pause, vielleicht nur eine halbe Minute, aber doch eine Pause. Die mittlere Schützen-Compagnie war so rasch durch die Schanze – deren eine Ecke sie ohnehin nur getroffen hatte – hindurchgegangen, daß die Schanze schon wieder frei von ihnen war, eh noch die nächsten Compagnieen die Pallisadenwand hatten erreichen, geschweige überwältigen können. Diese nur nach Secunden zählende Pause benutzten die Dänen, nahmen die Waffen wieder auf, die sie, um Pardon bittend, bei dem ersten Ansturm des Hauptmann von Spies niedergeworfen hatten und sprangen aufs Neu auf die Brustwehr, um dem weiteren Angriff zu begegnen. Als jetzt die Arbeiter-Compagnie und die beiden Sturm-Compagnieen heran waren, fanden sie die Brustwehr aufs

Neu vom Feinde besetzt, der die Anstürmenden mit raschen Salven empfing. Die Vordersten der Unsrigen warfen sich nieder und eröffneten ein Schnellfeuer auf die Vertheidiger der Schanze. Unter dem Schutze dieses Feuers stieg der Ingenieurlieutenant Diener mit einigen Pionieren in den Graben hinab, ließ einen Pulversack an die Pallisadenwand legen, welche das Vordringen hinderte, und eine Oeffnung in dieselbe sprengen. Den Pionier Klinke, welcher den Pulversack anlegte, verbrannte die Explosion in solcher Weise, daß er einige Zeit nach der That, bei der gesprengten Lücke liegend, seinen Geist aufgab.

Diese That entschied über das Schicksal der Schanze. Lieutenant Diener, wiewohl an der Hand erheblich verbrannt, drängte sich durch die Oeffnung hindurch, herzuspringende Arbeiter und Pioniere verbreiterten die Oeffnung bis auf 12 oder 15 Fuß und durch diese Oeffnung nun, wie durch ein Pallisaden-Thor, drängten die Sturm-Compagnieen nach. Die Besatzung vertheidigte sich hartnäckig; ein dänischer Corporal (Nellemann nennt ihn der dänische Bericht) ergriff die erste preußische Fahne, die auf der Brustwehr aufgepflanzt wurde und zerbrach sie auf seinem Knie; als er sich aber auf die nächste warf, fiel er tödtlich getroffen. Mit ihm fielen Capitain Grüner und Lieutenant Knorring. Am ausdauerndsten hielt sich die Artillerie; 25 bis 30 Mann, die bis zuletzt ihre Kanonen bedient, dann aber sie zu vernageln gesucht hatten, wurden an den Geschützen niedergemacht. Lieutenant Anker, von allen Seiten umringt, überreichte dem auf ihn eindringenden Lieutenant Schneider (von der 7. Compagnie des 35.) seinen Säbel. Hiermit war der Widerstand gebrochen; die Schanze dauernd im Besitz der Preußen. (...)

Wie die Schanze, eh sie fiel, den Belagerern ein gewisses romantisches Interesse einflößte, so auch nach ihrem Fall.

Die Gefangennahme Ankers und der Opfertod Klinkes sind ein Lieblingsgegenstand für jegliche Art von Darstellung geworden; Bild und Lied haben das eine wie das andere gefeiert. Wir verweilen deshalb noch einen Augenblick bei diesen beiden Episoden. (...)

Wie über die Gefangennehmung Ankers, so gehen über den Opfertod Klinkes die Ansichten auseinander. »Beim Anlauf gegen die Schanze, so sagt ein längerer Bericht, war ein dichtes Aufschließen der Pioniere, wie es der Seconde-Lieutenant Diener seinen Mannschaften anempfohlen hatte, nicht zu ermöglichen, da ein Theil der Leute, welche mit den zur Beseitigung der Hindernißmittel erforderlichen Geräthschaften belastet waren, mit den übrigen nicht gleichen Schritt halten konnten und außerdem viele der Vordersten gleich zu Anfang außer Gefecht gesetzt wurden. So kam es, daß Lieutenant Diener in dem Momente, wo er an dem Grabenrande ankam, nur den Unterofficier Lademann, den Gefreiten Siedschlag mit einer Axt, den Pionier Kitto mit einem Pulversack und den Pionier Klinke mit der Lunte zur sofortigen Verfügung hatte. Da der Lieutenant Diener die Grabenpallisadirung fast noch ganz unversehrt vorfand und ihre Beseitigung durch die Axt nicht so schnell ins Werk gesetzt werden konnte, als es der Augenblick erforderte, so beschloß er in Ermangelung anderer Mittel sofort eine Sprengung mit Pulver zur Anwendung zu bringen. Pionier Kitto, auf Befehl des Officiers, setzte den Pulversack dicht am Grabenrande nieder, umfaßte denselben mit beiden Händen und warf ihn, sobald die Zündung des Granatzünders durch die Lunte des (Pioniers) *Klinke bewerkstelligt worden, an den Fuß der dicht an der Contre-Escarpe stehenden Pallisadirung in den Graben. Bevor jedoch die hierbei Beschäftigten Zeit hatten, der ihnen gegebenen Anweisung entsprechend, sich platt auf den Boden hinzule-*

gen, erfolgte bereits die Explosion, durch welche 4 Pallisaden nach der Schanze zu umgebogen, der Pionier Klinke links und Lieutenant Diener rechts in den Graben geschleudert wurden. Letzterer, mit verbrannter Hand, sonst unversehrt, erstieg sofort durch die entstandene Oeffnung, welche durch die inzwischen herbeigekommenen übrigen Mannschaften ohne Schwierigkeit erweitert wurde, die Brustwehr. Nachdem die Schanze genommen, kehrte der Lieutenant Diener zur Contre-Escarpe zurück und fand dort den Pionier Klinke, stark im Gesicht verbrannt und mit einer Schußwunde durch Arm und Brust, noch am Leben vor. Derselbe hatte diese Verwundung beim Herausklettern aus dem Graben erhalten, wie er dem Lieutenant selbst sagte. Er verstarb demnächst auf dem Transport nach dem Lazareth.«

Nach dieser Schilderung wäre Klinke gefallen wie jeder andere; ein braver Soldat, aber nicht mehr. Andere Berichte heben jedoch eigens hervor, daß die That Klinkes eine freiwillige und vorbedachte war, und Generalmajor v. Canstein, aus dessen Brigade, wie wir wissen, die zweite Sturmkolonne gebildet war, sagt wörtlich: »Die 4. Pionier-Compagnie unter Hauptmann Daun sprengte einen Durchgang durch die Pallisaden des Grabens, wobei der Pionier Klinke, der seine Aufopferung vorher ausgesprochen, den Heldentod fand.« Damit stimmt ein anderer Bericht: »... Die Stürmenden standen vor den Pallisaden, eine Oeffnung war nirgends vorhanden. Da trat Pionier Klinke vor und sagte: ›ich werde Luft schaffen, Herr Lieutenant; besser einer als zehn.‹ Damit warf er den Pulversack unter die Pallisaden und stieß die Lunte hinein. Halb verbrannt flog Klinke nach der einen, die Pallisaden nach der anderen Seite und durch die gewonnene Oeffnung hindurch ging es zum Siege.« Welche Lesart aber auch immer die richtige sein mag, das Volk wird sich seinen »Klinke« ebenso wenig nehmen lassen wie seinen »Froben«. Mit der historischen Aufhellung – die ohnehin höchst mißlich ist und oft noch mehr vorbeischießt als die Dichtung – ist dem Bedürfniß des Volkes nicht immer am meisten gedient. (200–204)

Das Ende eines Zieten-Husaren

Im Band I seiner »Wanderungen« kommt Fontane auch in das Dorf Krenztlin, das zu seiner Zeit den Familien Scherz und Zieten gehört, und er findet in der Kirche u. a. folgende Gedenktafel: *»Mit Gott für König und Vaterland. Ernst Herrmann Scherz, geb. den 8. September 1848 zu Krentzlin, Einjährig Freiwilliger im Brandenburgischen Husaren-Regiment Nr. 3 (Zieten-Husaren) fiel am 26. December 1870 bei Olivet südlich Orleans.«* (481)

Wie er gestorben ist, erfahren wir wenig später. Als eine preußische Patrouille von französischen Franktireurs (Partisanen) beschossen wird, will man den Bürgermeister von Chaumont verhaften. *Als der Zug das Wäldchen erreicht hatte, aus dem am Tage zuvor auf die Patrouille geschossen worden war, nahm Hermann Scherz, der die Tête* (Spitze) *hatte, eine an der Lisière* (Grenze, Saum) *hin aufgestellte, kaum noch nach Deckung suchende Franktireurabteilung wahr und rief dem Unteroffizier zu: »Wir werden gleich unter Feuer kommen!« Dies waren seine letzten Worte. Schüsse fielen und H. Scherz stürzte leblos aus dem Sattel; ebenso wurde das Pferd seines Nebenmannes tödlich getroffen, der, rasch erkennend, daß in dieser Lage nichts mehr zu helfen sei, sich in den Sattel des stehengebliebenen Scherzschen*

Pferdes warf und in Gemeinschaft mit dem Rest des kleinen Kommandos auf Olivet zusprengte.

Hier wurde sofort Meldung gemacht. Der Rittmeister ließ 100 Husaren aufsitzen, requirierte 26 Jäger vom 3. Jägerbataillon und fort ging es, wieder dem Wäldchen zu. Als man den Punkt erreichte, wo der Überfall stattgefunden hatte, lag die Leiche des Gefallenen, ausgeplündert und entkleidet, auf der Chaussee. Die wütenden Kameraden wandten sich von der Leiche fort, umstellten das Gehölz und gingen wie zu einem Kesseltreiben vor. Der ganze Franktireurhaufen steckte noch darin, einzelne fielen, bis man zuletzt ein Dutzend auf engstem Raume zusammengetrieben hatte. Widerstand wie Flucht waren gleich unmöglich und so streckten sie die Waffen und ergaben sich unsern Jägern und Husaren. Unter den Gefangenen war auch der Anführer. Man fand H. Scherz' Wertsachen in seinem Besitze, riß ihn an die Stelle, wo die durch ihn geplünderte Leiche lag, und erschoß ihn neben derselben. (482)

Tod durch Erschießung

Rahnsdorf, wo die Spree von Osten her in den Müggelsee mündet, war zu Fontanes Zeiten ein Fischerdorf am Rande Berlins, in dem viele Hauptstädter ihre »Sommerfrische« verbrachten. Im »Spreeland«-Band seiner »Wanderungen« macht uns der Dichter nun mit Alexander Anderssen bekannt, einem jungen Mann, der hier in Rahnsdorf des öfteren über Wochen hinweg gelebt hatte.

Er war ein Wildfang, eitel und übermütig, und über den See schwimmen oder bei heraufziehendem Unwetter einen

Kahn nehmen und windan rudern, all das zählte so recht eigentlich zu seinem Urlaubsglück. (119) Anderssen wird am 19. November 1847 in Berlin geboren, besucht das Werdersche Gymnasium, studiert Jura in Heidelberg, duelliert sich des öfteren, unter anderem auch, extra deswegen angereist, in der Hasenheide, geht im Sommer 1868 nach Paris, kehrt aber im Herbst wieder in die Heimat zurück, um sein Militärjahr bei den Fürstenwalder Ulanen zu absolvieren. Er bleibt Soldat und ist 1870 bei Ausbruch des Deutsch-Französischen Krieges Fähnrich bei den Schneidemühler Ulanen. Er macht einige Gefechte mit, *zeichnete sich durch Bravour aus und sollte am 16. Oktober vor der Front belobt und zum Offizier ernannt werden, als auf den Anruf des Regimentskommandeurs: »Fähnrich Anderssen!« die Antwort gegeben werden mußte: »fehlt seit gestern«.* (122)

Warum, was war geschehen?

Anderssen sitzt in Garsch, einem Ort zwischen Metz und Thionville, auf der Straße und schnitzt Spielzeug für die Kinder, als sein Wirt, Bauer mit Namen, der zudem der Maire ist, auf einem leichten Ackerwagen vorbeikommt und ihn im Spaß fragt, ob er – der deutsche Soldat – nicht mit nach Thionville kommen wolle, das noch von den Franzosen gehalten wird.

»Gewiß!«

Ehe zwei Minuten um waren, hatte der Angerufene, mit der ihm eigenen Raschheit des Entschlusses die Kleider gewechselt und fuhr nun in blauer Bluse, neben seinem Quartiergeber sitzend, plaudernd und rauchend auf Thionville zu. Ohne Aufenthalt oder Schwierigkeit ging es über die Festungsbrücke fort; in das Tor hinein, bis der Wagen inmitten der Stadt vor dem vielbesuchten Café Luxembourg hielt. Das Publikum desselben, so wenigstens haben später eingezogene Erkundigungen ergeben, scheint unsern Anderssen gleich von Anfang an in seiner Verkleidung erkannt, an dieser Entdeckung aber nicht den mindesten Anstoß genommen zu haben. (123)

Alles geht wunderbar glatt, der kleine Spaß scheint voll geglückt zu sein. Und so will sich Anderssen, als sie kurz vor Verlassen Thionvilles an einem Bierhaus vorbeikommen, noch einen kleinen Abschiedstrunk gönnen. Doch hier verkehrt ein anderes Publikum, und *zehn Minuten später* (...) *sah sich Anderssen als preußischer Spion und Mr. Bauer als sein Complice verhaftet.* (...) *Unter dem Jubel Hunderter, die mit jedem Schritt anwuchsen, wurden die beiden Gefangenen nach dem Arresthause gebracht.* (124) Ein Kriegsgericht tritt zusammen und fällt, obwohl die deutsche Seite in einem Schreiben die »exzentrische Natur« des Angeklagten betont, ein auf »Tod durch Erschießung« lautendes Urteil. Vollstreckt werden soll es am 29. Oktober 1870.

Um 6½ Uhr hielt der Wagen vor dem Maison d'Arrêt. Anderssen war fertig. Eine Zigarette anzündend, ein paar andere zu sich steckend, stieg er rasch in den Fiaker hinein. Angesichts des Todes hatte er ganz jene elastische Nervosität, jene Beherrschungskraft wiedergewonnen, die ihn von Jugend auf so sehr ausgezeichnet hatte. (...) *In dem Wallgraben angekommen, wo die Exekution stattfinden sollte, lehnte er Niederknien und Augenverbinden ab. Aufrecht stellte er sich vor die Gewehrläufe. »Gut schießen«, wandte er sich an die Mobilegardensektion; »hierher«, und dabei legte er die Hand auf die Brust. Dann warf er mit der Linken die Zigarette in die Luft und rief: »Es lebe der König«. Von neun Kugeln durchbohrt, brach er zusammen.* (127)

Stirb, Hund

Wo von Krieg die Rede ist, denkt man immer auch an Kriegsgefangenschaft, und so liegt es nahe, den Bericht eines Kriegsgefangenen in dieses Kapitel aufzunehmen. Es handelt sich um keinen anderen als Theodor Fontane selber.

Am 2. September 1870 hat die französische Armee bei Sedan kapituliert, und Kaiser Napoleon III. ist zusammen mit 100 000 Soldaten in Gefangenschaft geraten. Zwei Tage später wird in Paris die Republik ausgerufen, und am 25. September bricht Fontane nach Frankreich auf, um die Schlachtfelder zu beschreiben und in Paris zu sein, wenn die preußisch-deutschen Truppen dort einziehen. Am 2. Oktober ist er in Domremy und wird im »Café de Jeanne d'Arc« als Spion bzw. preußischer Agent verhaftet. Man bringt ihn in verschiedene Gefängnisse, und wie es ihm in Neufchateau ergeht, erfahren wir aus seinem Tagebuch, das er im Oktober 1870 während seines unfreiwilligen Aufenthaltes auf der Atlantikinsel Oléron begonnen hat und das uns unter dem Titel »Kriegsgefangen« heute in Gänze vorliegt.

Doch vorher wollen wir uns noch mit dem vertraut machen, was Fontane auf der Ile d'Oléron zu hören bekommt, einer Insel zwischen den Mündungen der Loire und Gironde in der Nähe von La Rochelle beziehungsweise Rochefort. Auf der Zitadelle hat man viel Zeit zum Lesen und zum Plaudern, und Fontane findet die Erzählungen einiger preußischer Mitgefangener so interessant, daß er sie in »Kriegsgefangen« ausführlich wiedergibt. Auf den Seiten 157 bis 160 beginnt Sergeant Polzin von den 16. Schleswig-Holsteiner Husaren zu erzählen ...

In Chartres stand der Feind, und man wurde von Rambouillet aus in Bewegung gesetzt. Im Dorfe Ablis traf man mit 60 Mann vom 11. Bayrischen Regiment zusammen und nahm Quartier in den Bauerngehöften. Gegen drei Uhr morgens bemerkt Polzin verdächtige Geräusche an der Stalltür und ruft: *»'Raus, Kerls, wir sind überfallen.«*

In meinem Stall lagen 10 Mann. Wie ein Wetter waren sie auf, aller Schlaf wie weggeblasen; Karabiner in Hand stürzten wir hinaus. Als wir in die Dorfgasse traten, stand schon alles im Gefecht. Von rechts her, aus der Mitte des Dorfs, wo die beiden Gassen sich schneiden, hörten wir das Kommando der Bayrischen Offiziere, von links her blitzten die Karabinerschüsse der Unseren oder leuchtete mitunter das Blau und Weiß der Uniformen. Der Feind schien überall. (...) *Unsere dünne blaue Linie wurde immer dünner; die anstürmenden Franktireurs* (Freischärler, hinter der Front kämpfende Zivilisten) *drängten uns von der Straße auf das Gehöft, von dem Gehöft in die Ställe; hier standen wir jetzt ratlos bei unsren Pferden; von außen her, durch Türen und Luken, knallte der Feind aufs Geratewohl in die dunklen Räume hinein. Unteroffizier Balzer, eines reichen Gutsbesitzers Sohn, unser aller Liebling, sprang, als er Mann und Pferd neben sich fallen sah, mitten in den Haufen der Draußenstehenden hinein und rief: »Pardon!« Sein gutes Gesicht, seine bittende Stimme schienen ihn retten zu sollen: der Zunächststehende setzte das Gewehr ab und sah ihn an; aber im selben Augenblick sprang ein Zuave* (Angehöriger einer von den Franzosen zuerst in Algerien gebildeten, ursprünglich nur aus Einheimischen bestehenden Kolonialtruppe) *vor und jagte ihm mit einem deutsch gesprochenen »stirb, Hund« die Kugel durch den Kopf.* (159 f.)

Schindlers Lanze

Als nächster Soldat erzählt Unteroffizier Janeke von den 3. Garde-Ulanen über seine Erlebnisse bei einem *Rekognoszierungsritt* in der Nähe von St. Denis, auf den er auch den Sattler Gemke und den rothaarigen Schindler mitnimmt (»Kriegsgefangen«, 164–168). Als sie durch das Dorf Ezonville kommen, werden sie von Franktireurs umringt und beschossen. Gemke bekommt eine Kugel in den linken Arm, und Janeke ruft ihm zu: *»Gemke, helfen is nich; Sie müssen sehen, wie Sie durchkommen, immer querfeldein; Gott verläßt keinen Ulanen nich.«* (166) Janeke selber muß mit seinem Trupp durch das Dorf hindurch. Schindler ist neben ihm. *»Mann,« rief ich ihm zu, »wir müssen durch!« Sein Sommersprossengesicht nickte mir zu, und der rote Spitzbart tupfte ihm dabei vorn auf die Ulanka und das Kreuz von 66. So ging es hinein; Schindlers Lanze immer um drei Fuß vor. Ich faßte meinen Säbel krampfhaft fest und stieß und hieb, aber das war nur Spielerei; davon ist nicht zu sprechen neben der Lanze meines Rotkopps. Was ich sonst nur immer gehört hatte, hier sah ich es: die* ***Lanze ist eine furchtbare Waffe****.* (167) So können sie sich eine Gasse bahnen und scheinen fast gerettet. Janeke sieht schon die Pappeln der Chaussee und denkt: *»Sie schießen doch zu schlecht«, klatsch, da hatt' ich eins weg in den Schenkel, nicht viel, aber mein Pferd mußte scharf getroffen sein, denn das Blut spritzte hoch auf, und meine weißen Fangschnüre waren wie getränkt damit.* (167) Auch Schindler wird getroffen, zudem bricht sein Pferd zusammen. Für Janeke kommt es ebenso schlimm: *Mein Pferd, von einer zweiten Kugel in den Kopf getroffen, stürzte zu Boden; ich lag drunter und verlor die Besinnung.*

Als ich wieder zu mir kam, war ich unter einem Dach von Bajonetten. Man zog mich hervor und schleppte mich im Triumph in die Mitte des Dorfes, an meinem treuen Schindler vorbei. Er richtete sich noch einmal auf; der Todesschmerz stand ihm ins Gesicht. Es hat nicht lange mehr gedauert. Einer von den Franktireurs gönnte ihm eine letzte Kugel. Es war auch das beste.

Sattler Gemke, wie ich gehört habe, ist durchgekommen und hat seine Meldung gemacht. Ich gönn's ihm; einer hat eben Glück vorm andern; die Lose fallen verschieden. Gemke lebt, Schindler ist tot, und ich – sitze hier. (168)

Dies Blut kam über uns

Der dritte Erzähler auf der Ile d'Oléron (»Kriegsgefangen«, 169–173) ist der Jäger Schönfeld vom 14. Jägerbataillon, Teil der 17. Brigade, der langsam der Proviant ausgeht. Da bekommt der Kommandeur des Bataillons, Major v. Gaza, die Nachricht, daß in einem Städtchen namens Nogent ein deutscher Kaufmann Brot, Kognak und Tabak anzubieten habe, und er entschließt sich, ein Detachement mit hundert Talern loszuschicken, um die Sachen zu kaufen. Neben dem Jäger Schönefeld gehören ihm an: Unteroffizier Ellis, Gutsbesitzer; Gefreiter Fritsche, Schiffskapitän bzw. Steuermann aus Rostock, Sohn eines Professors; Jäger Lübbe, Apotheker; und Jäger Jahn, Mediziner aus Schwerin und Sohn des dortigen Hofpredigers. Zuerst geht alles gut, doch dann kommt die Katastrophe für die kleine Truppe, weil es in Frankreich anderthalb Dutzend Nogents gibt und sie irrtümlich beziehungsweise ahnungslos in das »Franktireur-

Nogent« geraten, also mitten in eine Schar von Widerstandskämpfern, Guerilleros, Freischärlern und Aufständischen. Sie sitzen nicht auf ihren Pferden, sondern auf dem Wagen, der zum Transport ihrer Waren gedacht ist. Zuerst gelingt die Flucht, doch dann sind die beiden Braunen am Ende und bleiben plötzlich stehen – inmitten der Freischärler. Alle springen vom Wagen, nur Fritsche bleibt oben; *er hatte die angeborene Heldennatur* (172). Nach einem erregten Wortwechsel stürmen die Dorfbewohner auf ihn ein. *Ein Franktireur, ein schöner junger Kerl mit Klapphut und roter Schärpe, an ihrer Spitze. Ich seh' ihn noch. Fritsche schlug an, und der Franktireur stürzte zu Boden. Ich habe nie so viel Blut an einem Menschen gesehen. Aber dies Blut kam über uns. Eh' uns noch klar war, was geschehen, waren wir entwaffnet. Fritsche, der sich auch jetzt noch zur Wehr setzte, wurde vom Wagen gezerrt und an die Wand des nächsten Hauses gestellt* (...). *Er wußte jetzt, daß er vor dem Tode stand, richtete sich in die Höh, riß Rock und Weste auf und schrie: »Tirez.«* (»Schießen Sie!«) *Im selben Moment lag er tot am Boden. Ellis, in Verzweiflung, machte sich gewaltsam los, um die Hand des Toten noch einmal zu fassen; aber eh' er zehn Schritt gemacht hatte, trafen ihn drei Kugeln in Kinnbacke, Brust und Schenkel; er kroch jetzt heran und umarmte zärtlich die am Boden liegende Leiche des Freundes. Selbst die Feinde hielten einen Augenblick inne und sahen dem grausig-rührenden Schauspiel zu. Aber im nächsten Augenblick war Lübbe auf den Tod getroffen, und Jahn und ich wurden an die Bäume der Chaussee gestellt, um hier das Schicksal Fritsches zu teilen. Ich war fertig und hatte nur noch ein Flimmern vor den Augen; aber Jahn (Gott segne jede französische Privatstunde, die er gehabt) sprang jetzt vor und haranguierte* (anreden, ansprechen) *die tobende Volksmasse. Ich weiß nicht mehr, was er sagte, er wird es selber kaum wissen, aber als er schwieg, setzten sie die Gewehr ab und erklärten uns als Gefangene.* (172 f.)

Unerbittlich mähte Schnitter Tod

Hierzu passend ist eine Textpassage aus dem Band 37 der »Fontane Bibliothek« des Verlages Ullstein, der den Titel »Aus den Tagen der Okkupation« trägt, eine Art Reisebetrachtung des Deutsch-Französischen Krieges von 1870/71 mit ausführlichen Schilderungen von Schlachten und Schlachtfeldern – Sedan zum Beispiel, Amiens und Gravelotte. Auf der Seite 286 beginnt die Beschreibung der Schlacht von St. Privat, der Fontane ein Gedicht von Ernst Curtius voranstellt: »Ein Vermächtnis/Ist euer Tod für jedermann,/ Und eure Taten im Gedächtnis/Wächst unser deutsches Volk heran.«

Etwa von dem Punkt an, wo die Offiziere vom Franz-Regiment ihr Grab haben, traten unsre stürmenden Garde-Bataillone in den eigentlichen Feuerbereich des Feindes ein. Die Entfernung von hier bis hinauf zu den vordersten Häusern von St. Privat mag noch 1500 Schritt betragen. Bis zu dieser Stelle waren einzelne gefallen, vielleicht auch Hunderte schon; aber erst über diese Stelle hinaus begann das große Sicheln. In ganzen Garben sanken sie dahin, die großen schönen Garde-Leute; unerbittlich mähte Schnitter Tod. Oben auf der Höhe von St. Privat aber standen die französischen Offiziere (wie mir versichert worden ist) und folgten kopfschüttelnd, in Tränen und in Bewunderung, dem großartigen Schauspiel, das hier Mannesmut und Vaterlandsliebe, Disziplin und Ehrgefühl vor ihren Augen aufführ-

ten. Ganze Sektionen stürzten; aber die zerrissenen Linien schlossen sich wieder, und stumm, ohne einen Schuß zu tun, rückten die Bataillone weiter hügelan; – nur das Kommandowort der Offiziere, und das beschwörende »vorwärts, vorwärts« lief durch die Reihen. (...) Der Abend riß den Nachmittag wieder heraus. Die sächsische Brigade Craushaar war endlich heran; sie griff ein (General v. Craushaar fiel); der Feind sah jetzt, was ihm drohte; ***dieser*** *Moment der Erschütterung war der rechte; mit frischen Bataillonen vor, und – St. Privat war unser. Ein furchtbares Gericht brach jetzt über die Tapfern herein, die hier oben hatten aushalten* ***wollen****, oder aber hatten aushalten* ***müssen****. Hinter den niedrigen Mauern lagen sie und feuerten bis zuletzt. Unser 4. Garde-Regiment stand plötzlich zwischen und hinter ihnen. »Da sah ich – so erzählte mir ein Augenzeuge – daß die wütenden Grenadiere, um ihrem Zorn ein volleres Genüge zu tun, die losen Feldsteine der Mauer packten und die unten noch im Anschlag liegenden Franzosen mit diesen Steinen niederschmetterten. Es war wieder jener Momente einer, wo das Menschenherz nur noch das* ***Elementare*** *will (den Stein, die Keule) und Zündnadel und Chassepot* (französisches Standardgewehr) *wie bloße Nippsachen bei Seite wirft.«* (288 f.)

Das höllische Getier

Nun aber soll Fontane endlich selber berichten, und zwar über eine ganze besondere Nacht im Gefängnis von Neufchateau (»Kriegsgefangen«, 36 f.):

Ich kann nicht sagen, daß mich ein Schrecken angewandelt hätte; im Gegenteil, ich hatte das Gefühl einer inner-

lichen Befreiung; ich war allein. In diesem Wort liegen Himmel und Hölle. Ich empfand zunächst nur jenen. Der übliche Gefängnisapparat, der Schemel, der Wasserkrug, das eiserne Bett machten mich lächeln. Ich sprach vor mich hin: alles echt. Das Ganze hatte zudem nichts Abschreckendes. Die Wände waren weiß, die Laken sauber, durch das breite Gitterfenster fiel das Mondlicht bis in die halbe Tiefe des Zimmers, drunten, in weißem Schimmer, lag die Stadt. Ich schritt eine Viertelstunde lang auf und ab; dann entkleidete ich mich und wickelte mich in die Decken. Ich war todmüde und hoffte »einen guten Schlaf zu tun.«

Es war anders beschlossen. Ich mochte fünf Minuten geschlafen haben, als mich ein lautes Nagen und Knabbern weckte. Ich fuhr auf und horchte. Kein Zweifel, Ratten. Wie mir dabei zumute wurde, kann ich nicht beschreiben. Ich wußte sofort: einen Schlaf gibt es in dieser Nacht nicht mehr für dich. Hätt' ich auch anders darüber gedacht, die Bewohner hinter Wand und Diele hätten mich bald eines andern belehrt. Nie hab' ich diese Tiere mit solcher Frechheit sich gebärden sehen; sie waren überall, zupften und zerrten an den Decken, ließen sich durch mein Husten und Zurufen nicht im geringsten stören und machten, wenn sie unter dem Fußboden geschwaderartig und mit stampfendem Gepolter hinjagten, den Eindruck einer infernalen Kavallerie auf mich. Jeden Augenblick mußt' ich fürchten, daß sie mein Bett mit Sturm nehmen würden.

Der erste Seufzer kam aus meiner Brust. Bis dahin hatt' ich mich gehalten. Ich stand auf, kleidete mich an, wickelte mich in meine Reisedecke und setzte mich auf das Fensterbrett, das gerade breit genug war, meinem Körper Platz zu geben. In solcher Stellung, nur mal rechts, mal links meine Rückenlehne suchend, durchwachte ich die Nacht, zählte ich die Viertelstunden. Das höllische Getier, das mich ein-

fach als einen Eindringling betrachtete, ließ übrigens auch jetzt nicht von mir ab; sie drängten sich an den Schemel, den ich als eine Art Treppenstufe an das Fenster geschoben hatte, und suchten diesen zu erklettern; als sie aber ihre Anstrengungen scheitern und mich beständig auf Wache sahen, gaben sie endlich ihre Chargen auf. Um 4 Uhr wurde es still; um 5 Uhr dämmerte es.

Wie sich Fontane um das Schlusswort müht

Anfang Januar dudelte eines Mittags mein Telefon. Ich dachte, der Schlag träfe mich, als ich eine sonore Männerstimme hörte, die mir inzwischen allzu vertraut war.

»Hallo, hier ist Ihr Theodor Fontane aus Neuruppin. Jemand hat sein Handy am Denkmal vergessen, und da dachte ich ...«

»Wie geht es Ihnen ...?« stammelte ich – eine, wie ich gestehe, in diesem Falle wohl höchst sinnlose Frage.

»Danke«, lachte er. »*Ach, man muß an das Leben glauben, um glücklich zu sein* (...).[1] Auch wenn man sich schon in seiner Bronzezeit befindet.«

»Darf ich vielleicht mit einem Vor- oder Nachwort von Ihnen rechnen? Vielleicht können Sie's mir ja direkt in den Computer diktieren, denn darauf zu hoffen, daß nun auch noch jemand ein Laptop bei Ihnen liegen läßt, wäre wohl zuviel des Guten verlangt. Zehn Zeilen Original-Fontane aus dem Jahre 1998 vielleicht ...«

»Ach, wissen Sie: *Durch zu viel entwertet man sich.*[2] Was ich von Ihrer Graphorrhoe[3] halte, habe ich Ihnen ja bereits gesagt.«

»Alles in allem ist ja dieses Lesebuch doch ein Loblied geworden, eine Hymne auf Sie.«

»*Lob zu hören, ist freilich immer angenehm, das hängt nun mal mit der Ichheit zusammen, aber für einen leidlich verständigen Menschen fällt doch die Qualität mehr ins Gewicht als die Quantität* (...).«[4]

Ich flehte ihn an. »Einen einzigen Satz, der alles zubindet, das ist es, was ich mir von Ihnen so sehnlich wünsche. Ein hehres Schlußwort – bitte!«

»Da haben Sie's: ***Die** Kunst, schlechte Stücke schlecht zu finden, und es doch **so** zu sagen, daß der Getroffene sich geschmeichelt fühlt, die Kunst wird nie gelernt werden.*«[5]

Anhang

Fundstellen

Wie Theodor Fontane ein wenig mit mir geplaudert hat

1 Aufsätze zur Literatur, 130 f.
2 Aufsätze zur Literatur
3 Reclam, 87
4 Reclam, 87
5 Nürnberger, 133
6 Reclam, 90
7 Reclam, 110
8 Reclam, 110
9 Sichelschmidt, 31
10 Reclam, 111
11 Reclam, 87
12 Reclam, 148
13 Schmelzer 1987, 17
14 nach Schmelzer 1987, 21
15 Reclam, 131
16 Schmelzer 1992, 81
17 vgl. Rückseite Grawe, Führer
18 Reclam, 131
19 Reclam, 20
20 Nürnberger, 7
21 Autobiographisches, Gedichte (N 15), 286
22 Schmelzer 1987, 82
23 Reclam, 81
24 Reclam, 50
25 Reclam, 52
26 Schmelzer 1992, 93
27 Reclam, 16
28 Reclam, 28
29 Reclam, 46
30 Reclam, 46
31 Reclam, 156
32 Reclam, 55
33 Schmelzer, 33
34 vgl. Schmelzer 1987, 33
35 Reclam, 115
36 Schmelzer 1987, 67
37 Vgl. Schmelzer 1987, 68 ff.
38 Reclam, 114
39 Frau Jenny Treibel, N 11, 32
40 Reclam, 78
41 Schmelzer 1992, 72
42 Schmelzer 1992, 74
43 Reclam, 147
44 Reclam, 91
45 Schmelzer 1992, 77
46 Schmelzer 1992, 79
47 Schmelzer 1992, 74
48 Schmelzer 1992, 92
49 Sichelschmidt, 323
50 Reclam, 98
51 Reclam, 78
52 Reclam, 115

53 Reclam, 116
54 Reclam, 116
55 Reclam, 97 f.
56 Reclam, 98
57 Reclam, 94
58 Reclam, 74
59 vgl. Schmelzer 1987, 51
60 Nürnberger, 105 f.
61 Reclam, 148
62 Reclam, 155

Wie Fontane mein Manuskript beckmesserisch begutachtet

1 Reclam, 76
2 Reclam, 73
3 Reclam, 72
4 Reclam, 67
5 Reclam, 70
6 Reclam, 24
7 Reclam, 26
8 Reclam, 24
9 Reclam, 52
10 Reclam, 26
11 Reclam, 24
12 Reclam, 28
13 Reclam, 28
14 Reclam, 94
15 Reclam, 22
16 Reclam, 84
17 Reclam, 92
18 Reclam, 54
19 Reclam, 117
20 Reclam, 46
21 Reclam, 72
22 Scholz, 271
23 Reclam, 58
24 Reclam, 112 f.
25 Reclam, 88
26 Reclam, 154
27 Reclam, 23
28 Reclam, 82
29 Reclam, 28
30 Reclam, 27
31 Reclam, 140
32 Reclam, 131
33 Scholz, 242
34 Reclam, 120
35 Reclam, 141
36 Reclam, 69
37 Reclam, 149
38 Reclam, 128
39 Reclam, 126
40 Scholz, 290
41 Scholz, 290
42 Reclam, 50
43 Reclam, 68
44 Reclam, 129
45 Reclam, 24
46 Reclam, 23
47 Reclam, 30
48 Reclam, 37
49 Reclam, 111
50 Scholz, 292
51 Reclam, 77
52 Reclam, 31

53 Reclam, 27
54 Reclam, 79
55 Reclam, 146
56 Reclam, 146
57 Reclam, 153
58 Reclam, 147
59 Reclam, 146
60 Reclam, 67

Wie Fontane nun wirklich in Rage gerät

1 Reclam, 20
2 Reclam, 26
3 Reclam, 22
4 Reclam, 15
5 Reclam, 22
6 Scholz, 245
7 Reclam, 31
8 Reclam, 152
9 Reclam, 69
10 Reclam, 74
11 Reclam, 76
12 Scholz, 264
13 Reclam, 32
14 Reclam, 33
15 Reclam, 32
16 Reclam, 155
17 Reclam, 80
18 Reclam, 84
19 Reclam, 32
20 Reclam, 149
21 Reclam, 150
22 Reclam, 150
23 Reclam, 93

Wie sich Fontane um das Schlußwort müht

1 Reclam, 154
2 Reclam, 72
3 Dieser Begriff ist eine gemeinsame Schöpfung von Peter Heinrich, der auch des Altgriechischen mächtig ist, und mir. Vgl. Peter Heinrich, Sprache als Instrument des Verwaltungshandelns, Berlin 1994
4 Reclam, 150
5 Reclam, 92

In die Auswahl einbezogene Werke Theodor Fontanes

Die erste Jahreszahl meint die Entstehungszeit, die zweite das Jahr des Vorabdrucks und die dritte das Jahr der ersten Buchausgabe. Alle sind der »Nymphenburger Taschenbuch-Ausgabe« in 15 Bänden entnommen, wobei die Zahl in Klammern die Bandnummer bezeichnet.

Vor dem Sturm – 1863/77 – kein Vorabdruck – 1878 (VdS I = Bd. I, Seiten 3–352, VdS II = Bd. II, S. 353–639)
Grete Minde – 1878/79 – 1879 – 1880 (4/Seiten 5–91)
Ellernklipp – 1879/80 – 1881 – 1881 (4/Seiten 93–193)
Schach von Wuthenow – 1878/82 – 1882 – 1882
Graf Petöfy – 1880/83 – 1884 – 1884 (6/Seiten 127–290)
Unterm Birnbaum – 1884/85 – 1885 – 1885 (7/Seiten 221–313)
Cécile – 1884/85 – 1886 – 1887 (8)
Frau Jenny Treibel - 1888/91 – 1892 – 1892 (11)
Stine – 1881/88 – 1890 – 1890 (9)
Quitt – 1885/89 – 1890 – 1891 (7/Seiten 5–220)
Unwiederbringlich – 1887/90 – 1891 – 1892 (10)
Effi Briest – 1889/94 – 1894/95 – 1895 (12/Seiten 6–301)
Aufsätze zur Literatur (14)
Autobiographisches – Gedichte (15)

Dazu kommen aus anderen Verlagen:

Aus den Tagen der Okkupation. Kleinere autobiographische Texte. Fontane Bibliothek, Verlag Ullstein, Band 37, hrsg. von Walter Keitel und Helmuth Nürnberger, Frankfurt/M–Berlin–Wien 1980
Der Schleswig-Holsteinsche Krieg im Jahre 1864, Berlin 1866. Verlag der Königlichen Geheimen Ober-Hofbuchdruckerei (R. v. Decker)

Der Stechlin – 1895/96 – 1897 (»Über Land und Meer«) – 1898 (Diogenes)

Kriegsgefangen. Erlebtes 1870. Hrsg. v. Otto Drude, insel taschenbuch 143, Frankfurt/M und Leipzig 1993

Wanderungen durch die Mark Brandenburg in der Fontane-Bibliothek des Ullstein-Verlags:

Band I: Die Grafschaft Ruppin (4501) – 1861

Band II: Das Oderland (4502) – 1863

Band III: Havelland (4503) – 1872

Band IV: Spreeland (4504) – 1881

Band V: Fünf Schlösser (4505) – 1888

Sekundärliteratur

Bosetzky, Horst, und Peter Heinrich, Mensch und Organisation, Köln 1994

Grawe, Christian, Führer durch die Romane Theodor Fontanes, Frankfurt/M – Berlin – Wien 1980

Grawe, Christian (Hrsg.), »Alles kommt auf die Beleuchtung an«. Fontane zum Vergnügen, Reclam 9317, Stuttgart 1994

Heinrich, Peter, Sprache als Instrument des Verwaltungshandelns, Berlin 1994

Jolles, Charlotte, Theodor Fontane, 4. Aufl., Stuttgart/Weimar 1993

Kluge, Hermann, Geschichte der deutschen National-Litteratur, 23. Aufl., Altenburg 1892

Nürnberger, Helmuth, Fontane, rororo bildmonographien rm 145, Reinbek 1968

Schmelzer, Hans-Jürgen, Der alte Fontane, Berlin 1992

Schmelzer, Hans-Jürgen, Der junge Fontane, Berlin 1987

Scholz, Hans, Theodor Fontane, München 1978

Sichelschmidt, Gustav, Theodor Fontane. Eine Biographie, Berg o. J.

Verchau, Ekkhard, Theodor Fontane. Individuum und Gesellschaft, Frankfurt/M–Berlin–Wien 1983

Dank

Mein herzlicher Dank für ihre Hilfe bei der Beschaffung des Materials gilt Dr. Helmut Lindner sowie Liane und Peter Hüne.